本书受国家社会科学基金一般项目
"安德鲁·马歇尔净评估思想及其在大国战略竞争中的运用研究"
（项目编号：23BGJ021）资助

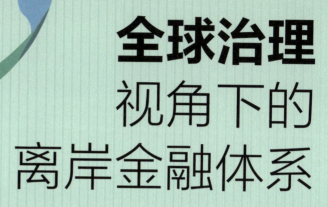

全球治理
视角下的
离岸金融体系

Offshore Financial Systems in
the Context of
Global Governance

廖凯 著

社会科学文献出版社
SOCIAL SCIENCES ACADEMIC PRESS (CHINA)

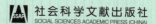

摘　要

本书深入探讨了离岸金融体系的起源、发展及对全球金融体系的影响。离岸金融体系自 20 世纪 50 年代起，尤其是在冷战期间随着欧洲美元市场的兴起，逐渐成为全球资本流动的重要机制。该体系为跨国公司和高净值个人提供了避税和规避监管的渠道，推动了国际资本的自由流动。然而，离岸金融体系也助长了洗钱、逃税、跨国腐败等金融犯罪行为，给全球金融监管带来了严峻挑战。

本书详细分析了美国在反洗钱和反腐败领域的治理矛盾性。一方面，美国通过《海外反腐败法》和《反洗钱法案（2020）》等立法，强化了全球金融治理，并依靠美元的主导地位，通过制裁和冻结资产等手段推动全球金融透明度提升。另一方面，美国自身也依赖离岸金融体系的某些利益，未能彻底解决国内和国际金融市场中的漏洞问题。这反映了美国在打击金融犯罪时的矛盾：一方面维护全球金融控制权，另一方面不得不面对体系内部的潜在风险。美国在推动全球反腐败的同时，也经常将其作为大国竞争的工具，利用制裁手段实现地缘政治目标。

国际组织，如反洗钱金融行动特别工作组（FATF）和国际调查记者同盟（ICIJ），在推动反洗钱、反腐败和全球金融治理中扮演了重要角色。这些组织通过制定全球反洗钱和反腐败标准，提升了全球金融透明度，并加强了各国的监管协调。然而，全球金融治理的实施仍存在不平衡，许多国家在落实这些标准时面临执行挑战。

本书指出，中国不仅应在全球金融治理中发挥更加积极的作用，还可以借鉴欧洲美元市场发展经验推动人民币国际化。通过借鉴欧洲美元市场的成功经验，中国可以推动离岸人民币市场的建设，扩大货币互换协议，发展以人民币计价的金融工具，提升人民币的国际地位。同时，中国还需加强金融监管，积极参与国际反洗钱和反腐败的合作，确保离岸金融体系的活动处于可控范围内，并推动全球金融体系的公平与稳定发展。

目　录

第一部分　全球离岸金融体系介绍

第二部分 离岸金融体系的起源与发展

第三部分 全球治理视角下的离岸金融体系与未来发展

导　论

全球化的加速与金融自由化的推进，使得离岸金融体系逐渐成为国际金融市场的重要组成部分。离岸金融体系不仅为全球资本的自由流动提供了便利，还带来了广泛的税收、监管和金融创新问题。自 20 世纪 50 年代欧洲美元市场兴起，离岸金融体系迅速发展，成为跨国公司、银行和富裕个人规避资本管制与避税的主要工具。本书从历史、政治和经济的多维视角，系统分析了离岸金融体系的构成、起源与发展、优势与缺点，以及其在全球反洗钱和反腐败、国际金融体系治理改革中的角色，最后提出了中国可以从这一体系的发展中获得的借鉴及针对国际金融体系改革的方案。

一　研究背景：离岸金融体系的兴起与发展

离岸金融体系可以追溯到 20 世纪 50 年代末冷战时期，最早由欧洲美元市场的兴起推动。冷战的地缘政治背景、美国资本管制政策以及苏联对美元的需求，共同催生了欧洲美元市场。在美国境外进行的美元存款和借贷活动，绕过了美国的监管和资本管制，形成了最早的离岸金融市场。伦敦作为这一市场的核心，凭借其宽松的金融监管和灵活的法律体系，迅速发展为全球最重要的离岸金融中心。

离岸金融体系的发展不仅依赖市场需求，更得益于一些战略性外交资本家的推动。这些人通过其国际网络和广泛的金融影响力，推动了跨境资本流动和政策改革。乔治·博尔顿（George Bolton）和西格蒙德·沃伯格（Siegmund Warburg）等人是代表人物，他们不仅推动了欧洲美元市场的

发展，还为伦敦离岸金融中心的崛起提供了战略支持。此外，美国在 20
世纪 60 年代初的资本管控、布雷顿森林体系的崩溃和 1973 年的第一次石
油危机等事件，也为离岸金融体系的发展提供了机遇。随着各国资本管制
的加强，更多的资金涌入了离岸市场，进一步推动了全球离岸金融中心网
络的形成。

二　研究目的：分析离岸金融体系的优势与缺点

离岸金融体系的发展使得全球资本流动更加灵活，但其运行模式也带
来了诸多争议。本书的一个重要目的是全面分析离岸金融体系的优势与缺
点，从而为理解其对全球经济和政治的影响提供理论支持。

离岸金融体系的优势：离岸金融体系的最大优势在于其灵活的税收和
监管环境。通过避开传统的国家税收和监管体系，离岸金融中心为跨国公
司和富裕个人提供了资本运作的高效平台。这不仅提高了全球资本的流动
性，还促进了金融市场的创新。例如，欧洲美元市场的兴起，推动了全球
外汇市场的发展和金融工具的创新。此外，离岸金融体系还通过吸引跨国
资本，促进了某些发展中国家和地区的经济增长。

离岸金融体系的缺点：尽管离岸金融体系在促进全球资本流动方面具
有重要作用，但其缺点也同样显著。首先，离岸金融中心为全球范围内的
避税、洗钱和非法资金流动提供了便利。近年来的一系列国际金融丑闻，
如"潘多拉文件""巴拿马文件""天堂文件"等，揭示了离岸金融中心在
隐匿财富和规避法律方面的作用。其次，离岸金融体系的影子银行活动对全
球金融稳定构成了威胁。2008 年全球金融危机就是一个典型的例子，离岸金
融体系中的高风险金融操作被认为是危机的重要推手之一。最后，离岸金融
体系的存在削弱了各国的税收基础，导致了全球范围内的税收公平问题。

三　当前国际社会与美国的角色：反洗钱、
反腐败与全球治理

随着离岸金融体系对全球经济和金融稳定的影响越来越大，国际社

会，如美国等主要国家，开始打击和治理通过离岸金融体系进行的洗钱等金融犯罪。近年来，国际组织如反洗钱金融行动特别工作组（FATF）、经合组织（OECD）等，也积极推动全球金融治理，试图通过提高金融透明度，打击跨国洗钱和腐败，来改善全球金融体系的健康状况。

国际社会的努力：国际社会在离岸金融体系的治理方面采取了诸多措施。例如，反洗钱金融行动特别工作组通过制定反洗钱和反恐融资标准，督促各国政府加强金融监管。这些措施虽然取得了一定的成果，但离岸金融体系的复杂性和其背后的巨大利益网络，使得这些改革措施在实际执行中面临诸多挑战。

美国的角色：作为全球最重要的金融大国，美国在离岸金融体系的治理中扮演了关键角色。美国不仅通过自身的立法，如制定《银行保密法》（*Bank Secrecy Act*，BSA）、《爱国者法案》（*Patriot Act*）和《反洗钱法案（2020）》（*Anti-Money Laundering Act of 2020*），加强了对跨国资本流动的监管，还将反洗钱和反腐败作为其大国竞争的工具，这既是为了维护其金融霸权地位，也是为了遏制其竞争对手（如中国和俄罗斯）在国际金融体系中的扩张。

四 中国的借鉴与应对：从离岸金融体系的起源和发展中汲取经验

在当前大国竞争和全球金融治理的背景下，中国如何从离岸金融体系的发展中汲取经验，并制定相应的应对策略，是本书的一个重要议题。离岸金融体系的发展历程，为人民币国际化提供了重要的借鉴。通过分析欧洲美元市场的兴起，中国可以更好地理解全球货币的形成机制，并为人民币成为国际储备货币铺平道路。

借鉴离岸金融体系的成功经验中国可以从如下方向着手。首先，中国可以借鉴离岸金融体系在推动全球资本流动和提升市场效率方面的经验。通过优化国内金融环境，提供更具吸引力的税收和监管政策，中国有望在未来吸引更多的跨国资本流入，为人民币国际化创造条件。其次，离岸金融体系的成功经验表明，灵活的货币政策和创新的金融工具是推动国际货币市场发展的关键。因此，中国应积极推动金融创新，发展离岸人民币市场，提升人民币在国际金融交易中的使用率。

应对离岸金融体系的挑战：离岸金融体系的缺点也为中国提供了重要的警示。有效防范洗钱、逃税和非法资金流动，是中国在推动人民币国际化过程中必须面对的挑战。为此，中国应加强与国际社会的合作，积极参与全球反洗钱和反腐败的治理机制，提升金融透明度，确保人民币市场的健康发展。

推动全球货币体系改革：中国还可以借鉴国际社会在离岸金融体系治理中的经验，提出自己的全球金融治理方案。通过推动全球范围内的金融透明度提升和税收公平，中国不仅可以提高自身在国际金融体系中的话语权，还可以为全球治理体系的改革贡献力量。特别是在当前大国竞争的背景下，中国应通过积极参与国际金融治理，推动全球金融体系的稳定与健康发展。

五 本书结构

本书分为三个主要部分，分别介绍了全球离岸金融体系的构成与运作机制、起源与历史发展，以及全球治理视角下的离岸金融体系与未来发展方向。每个部分通过系统分析，为读者提供全面的视角，理解离岸金融体系在全球资本流动中的作用及对国际金融体系的影响。

第一部分：全球离岸金融体系的构成与运作机制。该部分重点介绍了离岸金融体系的核心组成及其运作机制。首先，本部分讨论了离岸货币市场，特别是欧洲美元市场的兴起及其对国际资本流动的推动作用。通过绕过传统监管，这些市场促进了跨境资本的自由流动，成为全球资本市场的重要组成部分。其次，本部分分析了离岸金融中心的形成和运作，探讨了这些中心如何通过提供低税率、保密性和灵活的监管环境，吸引全球资本，并成为跨国公司和富裕个人进行税务优化与财富管理的关键枢纽。最后，本部分进一步阐述了离岸金融体系的主要用途，特别是其在规避监管、资产保护及金融创新中的作用，展示了其在全球资本市场中的深远影响。

　　第二部分：离岸金融体系的起源与历史发展。该部分回顾了离岸金融体系的历史起源与发展历程。首先，本部分探讨了冷战时期的地缘政治背景，特别是英国衰退和美苏竞争如何推动了欧洲美元市场的崛起，并促成了离岸金融网络的初步形成。其次，本部分分析了布雷顿森林体系的瓦解及其对离岸金融体系扩展的影响，特别是欧洲美元和石油美元循环的兴起如何促使更多资本流入离岸市场。通过对历史事件的剖析，本部分揭示了离岸金融体系从一个跨境融资、避税工具，逐渐演变为全球金融网络不可或缺部分的复杂过程，以及推动这一变化的外交资本家和金融创新者所扮演的角色。

　　第三部分：全球治理视角下的离岸金融体系与未来发展方向。本部分集中讨论了当前国际社会对离岸金融体系的治理努力，特别是反洗钱、反腐败和提高金融透明度的举措。美国作为全球最大的金融中心，如何利用离岸金融体系进行大国竞争以及推动金融改革成为本部分的重点。此外，本部分结合中国的实际情况，探讨了离岸金融体系对人民币国际化的启示，并提出中国在未来全球金融治理中的角色。通过展望未来，本部分为读者提供了离岸金融体系可能的发展趋势及其在全球大国竞争中的潜在影响。

　　离岸金融体系作为全球资本市场的重要组成部分，其历史和发展过程为我们理解全球金融市场的动态提供了丰富的线索。通过对地缘政治、外交资本家和突发金融危机等因素的详细分析，本书不仅揭示了离岸金融体系的内在运作机制，还为中国参与未来全球金融治理提出了具体的应对策略。在全球大国竞争日益加剧的背景下，深入研究离岸金融体系的发展历史和未来走向，将为中国在国际金融体系中的崛起提供宝贵的经验和参考。

第一部分　全球离岸金融体系介绍

离岸金融体系是指由离岸金融中心（Offshore Financial Centre，OFC）和离岸货币市场（Offshore Currency Market）构成的全球网络。离岸金融中心是提供低税率、保密性和灵活监管的区域，如开曼群岛和瑞士。离岸货币市场，如欧洲美元市场，则指在发行国之外进行的货币交易，其规避了本国的监管。这一体系通过跨境资金流动、避税和规避监管，优化了全球资本配置，推动了全球化，但也伴随产生了金融透明度不足和金融犯罪等问题。

总的来说，离岸金融体系涵盖了以下两个主要方面。

（一）离岸金融中心组成的网络

离岸金融中心组成的网络（简称"离岸金融中心"）是指在低税收、轻监管的环境中提供金融服务的地区或国家。这些中心主要吸引非居民资金，并通过离岸金融中介机构将资金转移给其他非居民借款人。离岸金融中心的出现和发展主要归因于工业化国家在 20 世纪 60 年代和 70 年代实施的严格监管和高税收政策，这些政策促使企业将部分金融活动转移到监管和税收负担较轻的司法管辖区。主要的离岸金融中心包括巴哈马、巴林、开曼群岛、中国香港、荷属安的列斯群岛、巴拿马和新加坡等地。

离岸金融中心是富裕个人和跨国公司通过合法或非法手段减少税费的枢纽，经常被称为避税天堂（Tax Havens）或保密管辖区（Secrecy Jurisdictions）。这些地区提供高度保密的金融服务，并在税务问题上对居民和非居民进行区分。此类金融中心的起源可以追溯到 19 世纪末 20 世纪初的瑞士、列支敦士登和卢森堡等地，最初只是零星存在，为附近国家极少数个人和企业提供避税和资产隐藏方面的服务。这些避税地真正形成规模并向全球扩散是依托 20 世纪 50 年代末伦敦发展起来的离岸货币市场（欧洲美元市场）。六七十年代，瑞士、卢森堡及其他一些国家（尤其是小岛屿国家）逐渐将避税服务扩展到多种金融服务，并将其作为一种有益经济发展战略，吸引国际资本流入，形成了现代意义上的离岸金融中心。因此，本书将散布在全球各地的离岸金融中心组成的网络作为离岸金融体系的一个主要方面进行研究。这些中心的共同特征是其银行的外部资产和负债远远超出其国内经济的经常账户交易量。

（二）离岸货币市场

离岸货币市场也称欧洲货币市场（Eurocurrency Markets），包括在货币发行国以外进行的存款和贷款交易。这些市场的交易对象主要包括欧洲货币存款、欧洲债券、欧洲票据和欧洲商业票据①，主要由 20 世纪五六十年代发展起来的欧洲美元市场构成。这个市场的形成是伦敦金融城（The City of London）为了应对二战后美国和英国严格监管的经济环境而推动的。二战后监管环境限制了英国国际银行的业务运作，因此，一些银行决定利用国际业务的美元储备向非居民银行提供美元信贷，从而规避美国和英国的金融法规。而美国实施的资本管制措施，如 1963 年的利息平衡税（IET）和 1965 年的自愿性外国信贷限制计划（VFCR），也促使美国银行将其外汇业务转移到海外分行和欧洲货币市场，从而避免国内的监管限制。1960~2008 年，欧洲美元市场经历了几乎完全脱离监管的迅猛增长，并逐渐扩展到海峡群岛、开曼群岛、新加坡、中国香港等地。它不仅推动了传统避税天堂的业务扩展，还促进了分布于世界各地的大量新的离岸金融中心的崛起，最终形成了一个全球性的离岸金融网络，本书将它们定义为离岸金融体系。

离岸金融中心与离岸货币市场之间存在密切联系。首先，离岸金融中心为欧洲货币市场提供了一个低税、低监管的环境，使得金融机构能够在这些市场中自由操作。例如，伦敦作为一个主要的国际离岸金融中心，其在欧洲货币市场中的活动量占全球总量的近 20%。② 其次，离岸金融中心的银行在欧洲货币市场中的跨境贷款和存款活动也占据了重要地位，显示了其在全球金融活动中的关键角色。许多学者认为，20 世纪 50 年代末欧洲货币市场的兴起与离岸金融中心的出现是紧密交织在一起的。早期的离岸金融中心，如巴哈马、开曼群岛、爱尔兰，从某种程度上看，最初都是

---

① Cassard M., *The Role of Offshore Centers in International Financial Intermediation*, International Monetary Fund，1994.

② Cassard M., *The Role of Offshore Centers in International Financial Intermediation*, International Monetary Fund，1994.

为欧洲货币市场设立的预订中心。到了1990年，离岸金融中心在全球国际贷款总额中已占超过18%的比重。最后，在微观层面上，欧洲货币市场的许多主要参与者也是离岸金融中心的主要参与者。研究这些市场的监管变革对理解离岸金融中心的运作至关重要。特别是60年代，这一时期对离岸金融和离岸金融中心的发展起到了决定性的推动作用，标志是泽西岛作为离岸金融中心崭露头角。①

"离岸"并不是指具体的地理位置，离岸金融体系是指一种跨多个司法管辖区的复杂虚拟金融体系。这些司法管辖区由法律和准法律实体组成，这些实体共同构建了一个管理和控制私人财富的"虚拟"金融空间。离岸体系的核心在于它提供的功能和服务，比如资产保护、税收最小化以及金融隐私保护，而不是某个特定的物理地点。离岸金融中心分布在全球各地，涉及那些提供优惠监管、低税或免税以及强隐私保护的司法管辖区。离岸金融体系的实质在于它能够跨越国界运作，利用不同国家的法律基础设施来创建一个可以有效管理资产并保持低调的环境。这个体系得到了一个全球专业网络的支持，包括私人银行家、律师和会计师，他们专门从事创建和维护这些离岸结构。因此，"离岸"的概念更多是强调其提供的功能，而不是强调任何单一的地理位置。

总体而言，离岸金融体系是一套全球性的金融服务网络。离岸金融服务都表现了相同的四个核心特征：①专门向非居民提供；②零/低税收和监管；③具有隐秘性；④遵循"精心设计的模糊性"逻辑。②

尽管不同离岸金融中心提供的离岸产品和服务可能有所差异，但这些产品和服务的共同特点在于追求"精心设计的模糊性"。这种模糊性是指通过故意设计的金融工具和结构，根据不同受众的需求，提供合法但可能矛盾的解释。这种策略使得个人和公司能够利用不同的监管环境为自己谋取最大利益，通过操作财务状况和活动的合法解释，实现他们的目标。例如，一家公司可以同时向投资者报告高利润以吸引投资，同时向税务机关申报低利润以减少税负。这种做法在法律上具有合理性，并且能够极大地

---

① Hampton M., *The Offshore Interface：Tax Havens in the Global Economy*, Palgrave Macmillan, 1996.

② Binder A., *Offshore Finance and State Power*, Oxford University Press, 2023.

优化公司的财务表现和税务支出。许多在岸企业也会利用多个离岸子公司，以实现既能向投资者展示高利润，又能向税务机关申报低利润的目的。

离岸金融体系所提供的金融服务也被用于非法用途，为逃税、腐败甚至恐怖主义提供温床。企业和个人利用离岸金融服务来降低或逃避税费，向债权人或家庭成员隐瞒他们的财富，并合法或非法地逃避监管。从"潘多拉文件""巴拿马文件""天堂文件"等一系列信息披露看，富裕的个人和公司经常大规模地使用离岸金融服务。可以说，离岸金融体系创造了两种平行的法律制度。一方面，是针对各国普通公民的标准监管和税收制度；另一方面，是一个"域外"的秘密离岸空间，专门为外国企业、富豪或非居民资本而设，包括一套零/低监管和税收的司法领域，因为只有这些企业或富人才能够负担起高昂的律师费、会计和其他费用。① 总的来说，离岸金融体系扮演的角色主要包括以下几个方面：获得在岸无法获得的信贷，最大限度降低税费，规避政府监管，以及掩盖合法和非法所得。

"离岸"概念的由来。最初"离岸"这个词可能是指那些"离岸"电台，如英国的卡罗琳电台或以色列的和平电台，它们效仿卢森堡电台，通过设在各自国家领海之外的船只上来规避国家广播限制。这些电台实际上是"离岸"的。这个名称后来被广泛采用，因为人们直观地认识到，在金融、航运、制造和电信领域都有一个基本的类似原则在运作。② "离岸"概念的精髓在于它假设任何活动只要是离岸发生的，就意味着它是在其他地方（Elsewhere）发生的，也可以理解为"法律上不存在而实际存在"。它给客户"提供一个法律空间，在这个空间里，你可以假装经济活动并不是在真正发生的地方进行的。把经济活动从其被监管和征税的地方拿走，假装它是在其他地方发生的"。③ 例如，开展不受监管的"欧洲

---

① Hendrikse R. , and Rodrigo F. , "Offshore Finance," Transnational Institute, https: // longreads. tni. org/stateofpower/offshore-finance.

② Palan R. , "Trying to Have Your Cake and Eating It: How and Why the State System Has Created Offshore," *International Studies Quarterly* 42 (1998).

③ Holdsworth N. , "Britain's Hidden Empire," *Modern Times Review*, June 3, 2018.

美元"（Eurodollar）业务的银行有两个账户：一个账户负责一些无用的交易，用来交易的英镑都服从外汇等方面的管制，这些交易被称为"在岸交易"；另一个账户负责"欧洲美元"交易，这些交易被称为"离岸交易"，就好像它们是在英国领海之外进行的，英国对它们没有管辖权。而实际上这两笔交易发生在同一地理位置——伦敦金融城。但从法律上讲，其中一个账户是在其他地方，即规则不适用的地方。①

离岸金融体系的核心特点在于它并不局限于具体的地理位置，也不隶属任何特定的司法管辖区。相反，离岸金融体系是一种虚拟的、没有固定位置的空间，创建这个体系的法律意图是将其置于"别处"。这种设计使得在这个体系内进行的金融交易不受创建这个空间的国家或地区的管辖，或者在所有相关方知情同意的情况下几乎完全不受监管。因此，从监管的角度来看，这些活动实际上发生在"无处"（Nowhere）。②

离岸金融是一种利用法律手段进行的金融活动。当一个国家的银行在另一个国家筹集资金，并将这类资金借给第三国市场的客户，而不是在国内使用时，这就是所谓的"离岸"金融活动。这种交易方式不仅不受银行所在国的监管，而且不受任何强制性法规的约束。如果能够将国外账户的账簿与国内的金融和资本交易账簿分开，就可以建立离岸金融市场。③

为了更清晰地理解这一概念，我们可以举一个具体的案例来说明。假设有一家总部位于美国的大型银行 A，这家银行希望在不受美国严格金融监管的情况下，利用国际市场筹集和分配资金。为此，银行 A 在英国伦敦的分行筹集资金。这些资金以美元计价，并存放在伦敦的账户中。由于这些资金在美国之外筹集，伦敦的资金不受美国金融监管的约束。

接下来，银行 A 将这些筹集到的资金借给新加坡的一家跨国公司 B。这笔贷款的交易发生在英国伦敦和新加坡之间，而不是美国国内。为了确

① Oliver Bullough, *Moneyland: The Inside Story of the Crooks and Kleptocrats Who Rule the World*, New York: St. Martin's Press, 2019.

② Palan R., "Trying to Have Your Cake and Eating It: How and Why the State System Has Created Offshore," *International Studies Quarterly* 42 (1998).

③ Mark P. Hampton, and Jason P. Abbott, *Offshore Finance Centers and Tax Havens: The Rise of Global Capital*, Purdue University Press, 1999.

保这笔离岸交易不受美国和英国的严格监管，银行 A 在其账簿上将这笔借贷交易与其在美国的金融和资本交易账簿分开记录。这种分开记录的方式使得这笔离岸交易不受美国国内金融法规的约束，同时也规避了英国对其在伦敦分行的监管。

在这个案例中，银行 A 通过在英国筹集资金，并将其借给新加坡的客户，成功利用了离岸金融的法律手段，实现了资金的国际流动。这种操作模式不仅帮助银行 A 规避了国内的金融监管，还为跨国公司 B 提供了更灵活的融资选择，同时确保了交易的隐秘性。这正是离岸金融活动的核心特点和优势。通过将国外账户的账簿与国内账簿分开，银行 A 成功建立了一个离岸金融市场，使得资金在全球范围内流动的同时，保持了高度的隐私和自由度。

离岸金融体系规模非常庞大。超过一半的全球贸易至少在名义上是通过离岸金融中心进行的，约 85% 的国际银行业务和债券发行在欧洲市场完成。几乎每一家跨国公司都利用这些金融中心来避税。[①] 此外，全球约有一半的资金通过离岸管辖区流动，同时大约 1/3 的外国直接投资也是通过这些司法管辖区进行的。据估计，登记在离岸管辖区的私人财富总额超过 21 万亿美元，占全球财富总额的近 18%。[②]

本部分将对离岸金融体系进行详细介绍，包括其运作机制、优势与挑战。第一章将详细讨论离岸货币市场的运作机制，包括其在全球资本流动中担任的角色，特别是欧洲美元等货币市场如何通过规避国家监管来促进国际资本自由流动。第二章将探讨离岸金融中心，特别是这些中心在提供税收优惠、保密性和灵活监管方面的优势，从而吸引全球资本。第三章将综合分析离岸金融体系的主要功能、积极贡献及其引发的问题与挑战。内容包括其在避税、资产保护、跨境投资中的广泛应用，及其通过促进资本流动和提升金融市场效率推动经济一体化的积极作用。同时揭示其在金融犯罪、洗钱和避税监管漏洞等方面的负面影响，探讨其对全球金融稳定和

---

① Shaxson N. , *Treasure Islands: Tax Havens and the Men Who Stole the World* , Random House , 2011.

② Palan R. , and Anastasia N. , "Shadow Banking and 'Offshore Finance'," *Handbook of Global Economic Governance* , 2013.

各国税收主权的挑战。

通过这一部分的内容，读者将对离岸金融体系的构成、运作及其在全球金融中的双重角色有更全面的了解。这为我们进一步研究全球治理背景下离岸金融体系的改革及其未来发展奠定了基础。

第一章　离岸货币市场

一　基本概念

（一）离岸货币市场的相关概念

离岸货币市场是国际银行业务中一个重要的组成部分，尤其是"欧洲货币市场"（Eurocurrency Market），其核心包括"欧洲美元市场"（Eurodollar Market）以及其他主要货币的离岸交易市场。理解这些概念及其相互关系，有助于更好地把握全球金融体系的运作机制。

国际银行业务涉及以任何货币进行的跨境交易以及以外币进行的本地交易。根据交易中借款人和贷款人的货币是否为外币，国际清算银行（BIS）将国际银行业务分为传统国际银行业务和离岸货币市场业务。

传统国际银行业务的特征在于，交易的货币对借款人或贷款人之一来说是外币，但不同时为外币。传统国际银行业务又细分为两类市场。一是跨境贷款（借款人为非居民），在这种交易中，贷款人使用其本国货币向非居民借款人提供贷款。例如，纽约的一家银行向伦敦或东京的借款人提供美元贷款。在这种情况下，美元对借款人来说是外币。二是跨境贷款（贷款人为非居民），在这种交易中，借款人向境外的银行借用其本国货币。例如，纽约的一家公司从伦敦或东京的一家银行借用美元。在这种情况下，美元对贷款人来说是外币。

离岸货币市场，也被称为"欧洲货币市场"，与传统国际银行业务有所不同。其特点是交易双方使用的货币对双方来说都是外币。例如，东京的一家银行向伦敦的一家银行提供美元贷款，伦敦的银行再将美元贷款给另一位伦敦的借款人。虽然这些交易包括跨境和本地交易，但对双方来说，美元都是外币，因为他们都是非美国居民。同样，在欧元区以外进行的以欧元计价的交易，以及在日本以外进行的以日元计价的交易，都属于离岸市场。①

国际货币基金组织（IMF）认为，离岸银行间市场或欧洲货币市场是离岸金融中心的共同点，也是这些离岸金融中心金融机构活动的最重要部分。离岸金融中心和市场的出现主要归因于 20 世纪六七十年代工业国家实行严格监管和高税收政策，这鼓励了企业将其部分金融活动转移到更有利的司法管辖区。在此期间，大多数经合组织国家对资本设置了限制，如准备金要求、利率上限、财务披露程序、金融产品限制等，并引入了大量旨在扩大国家税收基础的税种，包括资本利得税、财富税、遗产税和赠与税等。这些限制和税收促使大型跨国公司和金融机构寻找监管和税费负担较轻的中心，这些中心允许开展更广泛的金融服务活动（如共同基金、专属保险），并因借贷成本较低和存款利率较高而带来更好的回报。同时，电信的普及和资金转移机制的技术革新使得世界各地的金融联系更加快捷和广泛，增加了获取全球金融信息的机会，并大大降低了从遥远的中心开展业务的成本。各种限制和技术变革的结合使银行的国际网络大为扩展，分行如雨后春笋般在全球各地出现，并从事各种金融活动。②

离岸货币市场的一个显著特征是其不受任何单一国家政府的严格监管，这使得这些市场在全球范围内流动，逐渐摆脱了传统的地理和法律限制。这些市场的存在，推动了国际银行业务的全球化，打破了金融中心所在地与借贷货币之间的传统联系。③

欧洲货币市场中的"欧洲美元"是离岸货币市场中最为活跃的部分。

---

① McCauley R. , McGuire P. , and Wooldridge P. , "Seven Decades of International Banking," *BIS Quarterly Review* 20 （2021）.

② Cassard M. , *The Role of Offshore Centers in International Financial Intermediation*, International Monetary Fund, 1994.

③ McCulloch R. , Maurice R. Greenberg, and Lionel H. Olmer, "International Competition in Services," *The United States in the World Economy*, University of Chicago Press, 1988.

欧洲美元指的是在美国货币市场监管之外持有和交易的美元。这意味着这些美元不受美国国内银行法规及其利率结构的约束。虽然欧洲美元实际上仍然在美国银行系统中，但其最终控制权属于外国的银行机构，且不在美国货币当局的直接控制之下。[①]

欧洲美元市场的起源可以追溯到 20 世纪 50 年代，当时主要是少数欧洲商业银行和中央银行使用的小型银行间业务。随着第二次世界大战后重建成本增加，欧洲经济对美国的出口和融资严重依赖，这促使欧洲美元市场发展。欧洲美元市场逐渐成为全球较有效的货币市场之一，到 1970 年，它已经成为世界上高效的货币市场之一。[②]

今天，欧洲美元市场已经发展为覆盖全球的国际资本市场，参与者包括为国外业务提供资金的美国公司、外国公司以及外国政府机构。欧洲美元市场的运作不仅限于欧洲地区，也扩展到包括巴哈马、开曼群岛、新加坡等全球多个金融中心。尽管最初欧洲美元存款的银行都位于美国境外，但自 1981 年底起，非美国居民也可以通过国际银行设施（International Banking Facilities，IBF）在美国办理不受美国银行监管的业务。[③]

欧洲美元市场的一个显著特征是其采用伦敦银行同业拆借利率（LIBOR）这一基准利率，它是全球短期资金借贷的基准。LIBOR 的诞生可以追溯到 20 世纪 60 年代末，当时为了满足伊朗的大规模借贷需求，欧洲美元市场创造了这个标准利率。随着时间的推移，LIBOR 逐渐成为全球金融市场的重要指标，对全球金融体系产生了深远影响。

总的来说，离岸货币市场通过削弱传统地理和法律限制，成为国际银行业务的重要平台。它促进了全球资金的自由流动，尤其是在欧洲银行中心，打破了金融中心所在地与借贷货币之间的必然联系，推动了国际银行业务的多样化和全球化。离岸货币市场相关概念的关系如图 1-1 所示。

---

①　The Congress of the United States, Congressional Budget Office, *The Economic Effects of Capital Controls*, August, 1985.

②　Marcia Stigum, and Anthony Crescenzi, *Stigum's Money Market*, 4th ed., New York: McGraw-Hill, 2007.

③　M. Goodfriend, "The Nature of the Eurodollar," Federal Reserve Bank of Richmond, 1998.

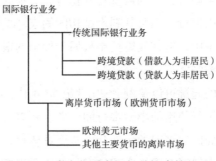

图 1-1 离岸货币市场相关概念的关系

（二）离岸货币市场的规模和影响

离岸货币市场，尤其是欧洲美元市场，在全球金融体系中的地位持续提升，规模一直在不断扩大。数据显示，大多数贷款人和借款人选择在离岸市场进行外汇交易。具体而言，美国境外的非银行机构通常只将少部分美元存款存放在美国银行。20 世纪 90 年代初，这些机构在美国境外银行的美元存款比例高达 90%，2000～2021 年平均比例仍保持在 77%。[①]

尽管难以精确量化，但欧洲美元市场的交易规模庞大。据估计，欧洲美元资产总额约为 12 万亿美元，相当于美国银行所有资产总额（约 22 万亿美元）的一半左右。这意味着欧洲美元市场已经成为全球经济中极其重要的一部分，影响着世界上许多主要经济体的运作。[②] 2014 年的数据显示，通过经纪商借入的隔夜欧洲美元日均交易量约为 1400 亿美元。[③] 这表明欧洲美元市场不仅规模庞大，而且交易活动非常频繁且相对稳定。

在 1990 年之后，欧洲美元市场迅速扩张，成为美国银行的重要资金

① McCauley R., McGuire P., and Wooldridge P., "Seven Decades of International Banking," *BIS Quarterly Review* 20 (2021).

② "Oil Price, The U. S. is Facing a Major Challenge as Petrodollar Loses Force," Business Insider, February 2, 2023.

③ Marco Cipriani, and Julia Gouny, "The Eurodollar Market in the United States," Federal Reserve Bank of New York, May 27, 2015.

来源。从 20 世纪 80 年代占资金来源一半的比例增长到如今几乎相当于联邦基金市场的规模（87%），这种扩张不仅使欧洲美元市场成为国际贸易和外汇储备管理的关键工具，也使其成为全球银行的重要资金来源。①

欧洲美元市场对全球外汇储备管理和汇率波动的影响也非常重要。中央银行使用欧洲美元存款来管理其外汇储备，并为海外业务提供资金。企业则使用欧洲美元贷款为其海外业务融资，以降低汇率波动的风险。

（三）欧洲美元市场的形成与功能

欧洲美元市场的形成源于两大主要因素。首先，作为全球最重要的国际货币，美元的广泛使用使得美国境外的个人和机构需要以美元进行支付和收款。然而，由于历史上的资本管制和对美元的严格监管，这些交易在美国境内难以顺利进行。为了解决这一问题，欧洲美元市场应运而生，提供了不受美国当局控制的金融服务。尽管许多历史障碍已经被消除，欧洲美元市场仍作为独立实体继续存在，发挥着重要作用。其次，欧洲美元市场不仅是一个美元支付系统，更是一个全球融资市场。如果企业或政府需要为无法在本地融资的项目筹集资金，往往会选择借入美元。欧洲银行在其中充当了全球美元市场的货币交易商的角色，这种全球性的金融功能使得欧洲美元市场在国际金融体系中具有不可或缺的地位。

总之，欧洲美元市场不仅是一个重要的美元支付系统，更是世界范围内的融资市场。无论在全球何处，如果需要为项目筹集资金，往往会选择通过借入美元的方式进行，这使得欧洲银行在全球金融体系中发挥了关键作用。

欧洲美元市场之所以能够取得成功，归功于以下几个关键要素。

（1）政府干预最小化。欧洲美元市场几乎不受政府的直接干预，这使得市场能够灵活地应对全球资本供需的变化，提供更为自由的资金流动环境。

（2）广泛性和便利性。该市场提供了广泛的资金来源和使用渠道，

---

① Neels Heyneke , and Mehul Daya, "The Rise and Fall of the Eurodollar Sysetm," Nedbank, September, 2016.

为全球的银行、企业和政府提供了便捷的资金流动途径。这一特点使得欧洲美元市场在当时的金融环境中独树一帜，成为不可替代的国际资金流动平台。

（3）低成本和有利的利率。欧洲美元市场因其较低的运营成本和对借贷双方都有利的利率设置，吸引了大量的国际资金。这种低成本、高效率的优势，使得资本的筹集和续借变得更加快捷和容易，尤其是在避开国家利率控制的情况下。

（4）快速和灵活的信贷筹集能力。欧洲美元市场能够迅速且灵活地提供信贷资源，满足国际借款者快速应对资金需求的需要。

（5）强大的经济基础和美元国际地位的支持。美国经济的强大以及美元作为国际储备货币的地位，为欧洲美元市场的发展提供了坚实的基础，增强了市场的稳定性和吸引力。

（6）集中的市场结构。市场的大部分业务集中在伦敦的几家美国和英国银行，这些银行的国际网络和专业知识有助于欧洲美元市场的高效运作，确保了市场的流动性和稳定性。

与当前的数字货币尤其是比特币相比，欧洲美元市场在以下几个方面表现出显著的相似性。

（1）超国家货币属性。欧洲美元作为一种超国家货币，突破了传统货币由国家主权和政府担保的限制。类似比特币等数字货币，欧洲美元不受单一国家的监管，能够在全球范围内自由流通。

（2）虚拟性和数字化。欧洲美元的交易主要依靠账面上的数字变化而非实物货币的转移，这与数字货币的虚拟性和数字化特性相似。通过信息技术，欧洲美元市场的交易变得更加便捷和高效。

（3）隐蔽性和模糊性。由于其复杂的金融中介和跨境交易结构，欧洲美元市场的资金流动难以追踪，这种隐蔽性使其具有类似比特币的难以监管的特点。

（4）去国家化。欧洲美元市场的货币创造和流通脱离了国家的直接控制，与比特币去中心化的特点相呼应。两者都代表了货币创造和管理方式的一种去国家化趋势，挑战了传统的货币体系。

二 运作机制

欧洲美元市场的运作机制极为复杂且具有高度的国际性，它在全球金融体系中扮演着至关重要的角色。该市场主要涉及在美国境外持有和交易的美元，这些美元由外国银行或其境外分行持有，并通过私人结算网络（如 CHIPS）进行结算，而非通过美联储系统。这种安排使得欧洲美元可以绕过美国国内的监管，自由地在国际流通。全球欧洲美元市场的中心是伦敦，而不是纽约。

欧洲美元市场的核心在于满足全球范围内对美元的需求，特别是那些希望持有美元余额或获得美元贷款的国际客户。外国银行的客户，例如跨国公司和国际投资者，通常需要美元来支付或扩展业务。为满足这种需求，银行间市场成了调节美元供需平衡的关键平台。在这个市场中，拥有多余美元存款的银行会将其借给需要美元贷款的银行，而借贷利率则由伦敦银行同业拆借利率（LIBOR）决定。LIBOR 不仅是欧洲美元市场的基准利率，还反映了全球市场上美元的借贷成本。

欧洲美元市场的交易通常并不涉及实际的美元现金，而是通过账本系统来完成。例如，当泰国的一家银行需要借用美元时，它可能没有足够的美元储备。这时，该银行可以将其持有的美国国债作为抵押品，向新加坡的一家货币借贷者借入美元。这笔交易完全通过账本记录进行，资金的实际转移依赖银行之间的信任和高质量的抵押品，如美国国债。通过调整账本上的记录，欧洲美元市场能够快速、有效地进行货币转移，而无须进行实际的现金流动。

欧洲美元市场的关键特性之一是其跨国运作和隐蔽性，这使得资金能够绕过单一国家的监管限制。在这个市场中，资金可以在全球范围内自由流动，不受制于各国严格的金融法规，如准备金要求和利率限制。这种特性为银行和金融机构提供了更大的操作空间，也提高了资金的灵活性。例如，一家总部位于纽约的跨国公司 A 需要一笔美元贷款来支持其在亚洲的业务扩展计划。如果直接从美国银行借款，公司 A 将受到美国金融监管的限制。然而，通过伦敦的一家欧洲银行 B，公司 A 可以获得更低利率和更灵活的贷款条件，因为这些美元属于欧洲美元存款，不受美联储的监管。这笔资金最终被转移到公司 A 的亚洲分支机构，整个过程避开了美国国内的金融监管。这展示了欧洲美元市场利用其跨国特性，使资金在全球范围内高效运作。

欧洲美元市场还展示了其高度的灵活性和适应性。在全球金融危机期间，该市场通过灵活调整资金配置和提供信贷资源，发挥了重要的缓冲作用。这种灵活性源于市场参与者能够根据全球需求迅速调整其资金策略，而不受单一国家的监管约束。这种市场结构使得欧洲美元市场不仅在日常运营中具有很强的适应性，而且在全球经济面临压力时展现强大的韧性。

总的来说，欧洲美元市场通过其复杂的账本系统、灵活的资金调配机制以及高度国际化的运营模式，成为全球金融体系中不可或缺的一部分。它不仅为全球的银行和企业提供了重要的资金来源，还通过其独特的市场机制支持了国际资本的自由流动。尽管这一市场的运作带来了一些潜在的风险，但它的成功运行也为全球经济的稳定和发展做出了重要贡献。

三　欧洲债券

欧洲债券（Eurobond）是一种在国际市场上发行的债务工具，以发行人所在国以外的货币计价。它通常由跨国公司、政府或国际组织发行，并通过国际银团承销。欧洲债券不受单一国家的管辖，常常在发行人所在国之外的多个市场中进行交易。这种债券通常在场外交易市场（OTC）进行交易，以其匿名性、税收优惠和高流动性吸引国际投资者。

欧洲债券市场作为全球离岸金融体系的一部分，与欧洲美元市场密切相关，两者共同支撑了国际资本的无缝流动。欧洲美元市场提供了充裕的美元流动性，欧洲债券市场则利用这一优势，为全球企业、政府和超国家组织提供了一个有效的融资平台。这些债券通常以美元或其他主要国际货币计价，在全球范围内进行交易，成为国际资本市场中重要的融资工具。

欧洲债券的发行涉及多个国际市场，通常由债券发行人（包括跨国公司、各国政府或国际组织）发起。发行人选择在一个或多个国家的市场上发行债券，以吸引全球范围内的投资者。这些债券的发行一般由国际承销团（包括多家银行和金融机构）负责。承销团的职责包括设定发行条款、定价、分销债券，确保债券在国际市场上成功发行。

在欧洲债券市场中，国际承销团通常会组织一个国际银团（International Banking Syndicate），即一个由多家银行和金融机构组成的联合体。这些机构共同承担债券发行的风险，并通过全球网络向各类国际投资者推销债券。银团的存在确保了债券的广泛分销，提高了市场的流动性和投资者的参与度。

欧洲债券市场的交易大多通过场外交易市场（OTC）进行，而非集中在某一交易所。这意味着债券的买卖并不需要在公开的交易所进行，而是通过银行、金融机构之间的双边协议完成。OTC 的运作模式为交易提供了更多的灵活性，允许更大规模的定制化交易。此外，欧洲债券通常在伦敦、卢森堡等全球主要金融中心的交易平台进行交易，确保了这些债券在国际市场上的广泛流通。①

欧洲债券的清算和结算通常通过国际结算系统来完成，最常用的包括欧洲清算银行（Euroclear）和明讯银行（Clearstream）。这些结算系统为全球投资者提供了安全、便捷的债券交易服务，确保了交易的高效清算。通过这些系统，投资者可以方便地买卖债券，而不必担心交易过程中的任何技术性障碍。

欧洲债券市场有几个显著的特点，使其成为国际资本市场的重要组成部分。首先，欧洲债券往往以不记名（Bearer Form）债券形式发行，这意味着债券持有人的身份不会被记录，这种匿名性为投资者提供了高度的隐私保护。其次，欧洲债券的利息支付通常免征预扣税，这一税收优势使其对国际投资者极具吸引力，尤其是那些希望降低税务负担的高净值个人和机构投资者。再次，欧洲债券的货币计价通常与发行人的本国货币不同，这种跨国货币计价方式不仅为发行人提供了接触全球投资者的机会，还帮助其分散了融资风险。最后，欧洲债券市场的高流动性和全球覆盖确保了其在国际融资和投资中的重要地位，使其成为全球投资者分散投资风

---

① Richard Benzie, *The Development of the International Bond Market*, Bank for International Settlements, Monetary and Economic Department, BIS Economic Papers, No. 32, 1992.

险和实现高收益的理想选择。

欧洲债券因其独特的匿名性和税收优惠特性，常被用于避税和洗钱活动。首先，欧洲债券通常以不记名形式发行，这意味着持有人无须登记身份，只需持有债券即拥有所有权。这种匿名性使得投资者能够隐藏资产，不必向税务机关申报收益，从而实现避税。此外，欧洲债券支付的利息通常免除预扣税，这进一步减轻了税务负担，使其对想要减少税收支出的投资者具有吸引力。

其次，欧洲债券的全球性和跨境特性使其成为洗钱的工具。犯罪分子可以通过购买欧洲债券，将非法所得转移至海外，并利用债券的匿名性隐瞒资金的来源和去向。由于欧洲债券主要在场外交易市场（OTC）中进行交易，且涉及多个国家的法律和监管系统，这使得资金流动的追踪更加困难，从而增加了洗钱活动的隐蔽性。

总的来说，离岸货币市场的发展，尤其是欧洲美元市场的崛起，极大地改变了国际金融体系的运作方式。通过提供一个高效的美元交易平台，欧洲美元市场使得全球范围内的美元流动更加便利，促使美国和其他国际银行在伦敦设立分行，并推动伦敦成为全球离岸金融网络的中心。这一市场的跨国特性和灵活性，不仅提高了国际资本流动的效率，也使得规避资本管制变得更加容易。

欧洲债券市场作为离岸金融体系的另一个重要组成部分，与欧洲美元市场密切相关。以其跨国发行、匿名性和税收优惠的特点，欧洲债券市场为国际融资和投资提供了独特的渠道。然而，这种隐蔽性也使欧洲债券成为避税和洗钱的工具，增加了全球金融监管的复杂性。这两个市场共同推动了国际资本的自由流动，但同时也带来了新的监管挑战和潜在的金融风险。

第二章　离岸金融中心

一　离岸金融中心基本概念

离岸金融中心（Offshore Financial Center，OFC）作为离岸金融体系的一大支柱，与离岸货币市场共同构成了这一复杂而庞大的国际金融网络。离岸金融体系的运作依赖两者的紧密互动，既为全球资本提供了高效的流动渠道，又通过其独特的功能和特性，影响着全球经济和金融格局。

（一）离岸金融中心的定义与功能

离岸金融中心通常指那些金融活动主要服务于非居民客户的国家或司法管辖区。这些中心提供低税或零税政策，具备灵活或宽松的金融监管制度，并且以高度保密和匿名性为特征。离岸金融中心的金融活动大部分涉及非居民客户，包括跨国公司、富裕个人和国际组织，其资产和负债的对手方多为非居民，交易通常由境外发起。此外，这些中心还具备广泛的金融基础设施，支持复杂的国际金融交易，如银行业务、资产管理、信托服务和国际债券发行。离岸金融中心在全球金融体系中扮演着关键角色，通过其跨国货币交易和资产管理功能，在国际资本流动、财富管理和全球金融稳定等方面发挥了重要作用。

IMF 和其他国际机构对离岸金融中心的定义各有侧重，但一般认为，离岸金融中心主要具备以下几个特点。①

---

① International Monetary Fund, *Offshore Financial Centers*, IMF Background Paper, 2000; Zoromé, Ahmed, "Concept of Offshore Financial Centers: In Search of an Operational Definition," International Monetary Fund, 2007.

（1）低税或零税收：离岸金融中心通常提供极具吸引力的税收政策，包括低企业税率或免税待遇，吸引了大量的国际金融活动。

（2）宽松的金融监管：离岸金融中心以灵活的金融监管闻名，这使得国际银行和金融机构能够在更少的限制下进行金融创新和操作。

（3）高度的金融保密性：离岸金融中心通常实行严格的银行保密法律，为投资者提供匿名和资产隐蔽的机会。这种保密性使得这些中心成为全球富裕个人和跨国公司进行财富管理的理想场所。

这些特性使得离岸金融中心不仅仅是资本避税和财富保值的工具，更是全球金融市场中一个重要的枢纽。随着全球化的深入发展，离岸金融中心的作用愈发重要，特别是在跨境资本流动和国际融资方面。

（二）离岸金融中心与避税天堂的关系和区别

虽然避税天堂和离岸金融中心在很多方面表现了相似的特征，如低税收、高度保密性和宽松的监管环境，但两者之间仍存在一些关键区别。

首先，避税天堂通常基于国家之间的税收差异，通过提供低税或无税的环境来吸引国际资本。其主要目的是帮助个人和企业减轻税务负担，通常与财富隐藏和税收规避密切相关。避税天堂可能并不提供广泛的金融服务，而是更多地集中于税收优惠。

其次，相较之下，离岸金融中心不仅提供税收优惠，还拥有发达的金融基础设施，能够为国际投资者和金融机构提供全面的金融服务。这些服务包括银行业务、信托服务、资产管理和其他金融活动。离岸金融中心的功能更广泛，影响力也更大，超越了简单的税收优势，成为全球金融体系的重要组成部分。

最后，还有一个关键区别在于经济基础。避税天堂往往规模较小、经济结构单一，主要依赖其税收政策吸引外资。离岸金融中心则通常具有更为多样化的经济基础，包括成熟的金融市场和广泛的国际业务网络。因此，虽然离岸金融中心可能具备避税天堂的某些特点，但其角色和功能在国际金融体系中更为复杂和重要。

（三）离岸金融中心与离岸货币市场的关系

离岸货币市场特别是欧洲美元市场，与离岸金融中心有着密不可分的关系。欧洲美元市场的兴起，是推动离岸金融中心发展的关键动力之一。20世纪六七十年代，随着发达国家实施严格的资本管制和税收政策，许多企业和金融机构为了避开这些限制，转向离岸金融中心进行金融操作。这些中心通过提供宽松的监管环境和便利的金融服务，成为全球资本的集散地。① 1974年国际清算银行（BIS）第一次在年度报告提到离岸金融中心时，将其等同于"欧洲货币"或国际银行活动中心。② 直到1994年，IMF还将离岸金融中心称为"非居民外币资金存放的金融中心"。③

在这些离岸金融中心内，离岸货币市场为国际金融机构提供了流动性支持，特别是通过欧洲美元市场，银行和其他金融机构能够有效地管理和配置全球范围内的资金。这些资金往往以非居民外币的形式存放，并通过离岸金融中介机构在全球范围内借贷给其他非居民借款人，从而实现国际资本的高效配置。

（四）离岸金融中心的作用与挑战

离岸金融中心的存在极大地促进了国际资本流动，为全球金融市场提供了充裕的流动性和多样化的融资渠道。然而，正是由于其高度的保密性和宽松的监管环境，离岸金融中心也成了逃税和规避国际制裁的温床。对全球经济治理和国际金融稳定来说，离岸金融中心既带来机遇，也带来挑战。

值得注意的是，金融保密性作为离岸金融中心的重要特征，已经不再局限于一些小型的岛屿国家和司法辖区，甚至包括美国这样的主要经济体，也成了重要的离岸金融中心。在2022年的金融保密指数（Financial

---

① Cassard M., *The Role of Offshore Centers in International Financial Intermediation*, International Monetary Fund, 1994.

② P. Pogliani, G. V. Peter, and P. Wooldridge, "The Outsize Role of Cross-border Financial Centres," *BIS Quarterly Review*, 2022.

③ Cassard M., *The Role of Offshore Centers in International Financial Intermediation*, International Monetary Fund, 1994.

Secrecy Index）排名中，美国位列首位，瑞士紧随其后。金融保密性为个人和机构提供了隐藏身份和财富的机会，使得他们能够在规避本国税务责任的同时，为犯罪收益的合法化提供便利。这种保密性不仅使得非法活动如毒品贩运和人口贩卖得以进行，还为恐怖主义融资提供了掩护。此外，金融保密性在逃避国际制裁方面也起到了关键作用，进一步巩固了这些国家和地区作为全球离岸金融中心的地位。①

总的来说，离岸金融中心是全球金融体系的重要组成部分，通过提供低税或零税收、灵活的金融监管和高度保密性，为非居民客户提供主要金融服务。这些中心不仅促进了国际资本的流动和财富管理，还与离岸货币市场特别是欧洲美元市场有着密切的联系。然而，离岸金融中心也因其保密性和宽松的监管环境，成为洗钱、逃税和规避国际制裁的温床。近年来，包括美国在内的一些主要经济体也因其金融保密性而成为重要的离岸金融中心，这进一步凸显了离岸金融中心在全球金融治理中所面临的挑战与机遇。

二 离岸金融中心分类

离岸金融中心可以根据其运作方式和功能进行分类，主要分为以下几类。②

（一）功能型离岸金融中心（Functional OFC）

这类中心是真正进行金融活动的地方，银行分支机构在此运作，并提供包括基金管理、信托服务等在内的各种金融服务。功能型离岸金融中心雇用了大量当地劳动力，这些金融活动对当地的经济发展有着显著贡献。例如，伦敦、巴黎、新加坡是这类中心的代表，这些地方不仅仅是资金的存放地，还涉及实际的贷款谈判、银团贷款安排和票据承销等活动。

---

① Tax Justice Network, "State of Tax Justice 2023," August, 2023.
② Hampton M., *The Offshore Interface: Tax Havens in the Global Economy*, Palgrave Macmillan, 1996.

（二）复合型离岸金融中心（Compound OFC）

这类中心既包含实际的金融活动，也存在大量的名义活动，通常处于从名义型向功能型过渡的阶段。巴哈马和开曼群岛是这类中心的典范，它们拥有许多空壳办事处，但也逐渐发展出更多的实际运作功能。复合型离岸金融中心对当地经济的贡献比名义型离岸金融中心高，但仍低于功能型离岸金融中心。

（三）名义型离岸金融中心（Notional OFC）

这些中心主要是"空壳"或"铜板"中心，实际金融交易并不在这些地方进行，仅用于预订存款和贷款。名义型离岸金融中心通常雇用的劳动力少，对当地经济的直接贡献较小。这些中心提供低税率和宽松的监管环境，为银行和客户提供了低成本进入欧洲货币市场的渠道。例如，巴哈马和开曼群岛的许多银行仅在当地设立象征性的办事处，实际操作由其他地方的分支机构完成。

此外，离岸金融中心还可以根据其吸引资本的方式进一步分类为"管道型"（如荷兰、英国、新加坡等）和"水槽型"（如卢森堡、百慕大群岛、开曼群岛等）。"管道型"离岸金融中心主要作为国际资本的中转地，而"水槽型"离岸金融中心则吸引并留住外国资本，成为避税天堂。

综上所述，离岸金融中心的分类依据其运作的实际程度、对经济的贡献以及在国际资本流动中的角色，展示了在全球金融体系中的独特作用。

三　离岸金融中心的规模与全球影响

离岸金融中心的规模和影响在全球金融体系中具有重要意义，但长期以来，由于其高度的保密性和数据透明度不足，对其规模的研究受到了限制。然而，随着近年来数据透明度的提升，研究人员对离岸金融中心的资金流动量、占各国及全球 GDP 的比例等方面有了更多的估算。

从规模上看，离岸金融中心持有的全球财富量非常大。许多研究认为，全球 GDP 的 10% 以上的财富被存放在离岸金融中心。例如，经济学家加布里埃尔·祖克曼（Gabriel Zucman）在 2017 年的一份报告中估计，离岸金融中心持有的财富总量约为 7.8 万亿美元。而波士顿咨询公司 2016 年的报告则认为这一数字可能高达 10 万亿美元，甚至比日本的经济总量还要大。更为惊人的是，詹姆斯·亨利（James Henry）在《嗜血银行家》一书中估计，这一数字可能高达 36 万亿美元，相当于美国经济总量的两倍。[①]

离岸金融中心不仅规模庞大，而且在全球经济中的影响力也非常显著。估计全球生产总值（GDP）的近 1/3 和全球货币存量的一半曾在某个阶段通过离岸金融中心转移。美国企业精英和富裕阶层将其约 20%的银行存款存放在离岸金融中心。跨国公司普遍利用离岸金融中心进行避税，不论是先进经济体还是新兴市场经济体，都广泛存在离岸金融活动。新兴市场经济体如印度、中国和巴西，50%~90%的对外直接投资（FDI）通过没有经济实质的外国实体进行；在英国和美国等先进经济体，这一比例为 50%~60%。[②]

祖克曼的研究进一步表明，全球 80%的离岸财富由最富有的 0.1%的家庭所拥有，其中 50%为最富有的 0.01%所持有。[③] 这一数据反映了离岸金融中心在全球财富分配中扮演着重要角色。尽管平均来看，全球约 10%的 GDP 被隐藏在离岸金融中心，但各地区的情况存在较大差异。从北欧国家 GDP 的几个百分点，到欧洲大陆的约 15%，以及俄罗斯、海湾国家和一些拉丁美洲国家的 60%，这一比例不一。[④]

离岸金融中心的资金来源和储户分布也值得注意。据估计，离岸金融中心持有的资金，2/3 来自发达工业化国家，1/6 来自欧佩克国家，另有 1/6 来自其他发展中国家。储户包括跨国公司、政府、机构投资者和私人

---

① Gary Kitchener, "Paradise Papers: Are We Taming Offshore Finance?" November 6, 2017, BBC News.

② Jannick Damgaard, Thomas Elkjaer, and Niels Johannesen, "Piercing the Veil," Finance & Development, International Monetary Fund, June, 2018.

③ Gary Kitchener, "Paradise Papers: Are We Taming Offshore Finance?" November 6, 2017, BBC News.

④ Alstadsaeter A., Johannesen N., and Zucman G., "Who Owns the Wealth in Tax Havens? Macro Evidence and Implications for Global Inequality," *Journal of Public Economics* 162 (2018).

投资者。跨国公司因其全球化的销售和生产网络，需要随时获得各种货币，而第三世界国家的政府和私人投资者则因离岸金融中心的高收益率和保密性而被吸引。[①]

总体而言，离岸金融中心在全球金融体系中发挥着不可忽视的作用，其庞大的规模和广泛的影响力，对全球经济、财富分配以及国际金融稳定都有深远的影响。

四　离岸金融中心的全球分布

"离岸"具体在哪里？自20世纪70年代末以来，调查记者、税务机关、毒品执法官员和国家安全专家逐渐意识到，有大量私人财富隐藏在"离岸"——这是由私人银行、法律、会计和投资行业的高薪专业人员保护的。大部分人会认为"离岸"是一个物理位置，确实有些地方如新加坡和瑞士提供低税率住所和安全储存设施，但私人银行业早已虚拟化。

离岸金融中心并非局限于某个特定的地理区域，而是由全球多个相互关联的实体构成的复杂网络。这一网络通过先进的通信和金融技术紧密连接，遍布了包括伦敦、纽约等主要"在岸"城市的全球各地。离岸金融交易的策划、组织和处理通常并非发生在偏远的岛屿，而是在这些核心金融中心内进行。这个网络由世界大国，尤其是英国、美国及部分欧洲司法管辖区所控制，各个中心根据其特定的法律、税收制度和金融服务，吸引不同类型的资本和金融活动。每个离岸金融中心都形成了自己的专业领域，由经验丰富的律师、会计师、银行家和企业高管提供支持，确保满足全球客户的需求。离岸金融网络不是一个静态的存在，而是一个不断变化和适应的生态系统，各个中心相互协作、相互依赖，共同推动国际资本流动、财富管理和全球金融市场的发展。离岸金融中心的全球分布大致可以分为以下几类。[②]

---

① Frieden J. A., *Banking on the World: The Politics of American International Finance*, Routledge, 2015.

② Shaxson N., *Treasure Islands: Tax Havens and the Men Who Stole the World*, Random House, 2011.

（一）"大英帝国"圈

伦敦金融城：伦敦是全球离岸金融网络的核心。作为一个历史悠久的金融中心，伦敦处理了大量的国际金融交易，包括货币交易、债券发行和国际股票市场的上市。伦敦通过其发达的法律和金融服务公司，吸引了全球各地的资金，并将这些资金转移到其他离岸金融中心。伦敦也是全球离岸系统的神经中枢，处理和隐藏着大量的全球财富。

英国的皇家属地和海外领地：这些地区包括泽西岛、根西岛和马恩岛，它们以宽松的金融监管和保密制度而闻名，吸引了大量资金。这些地区在全球未偿还国际贷款和存款中占据了显著比例。此外，开曼群岛、百慕大群岛、英属维尔京群岛、特克斯和凯科斯群岛及直布罗陀等英国海外领地，也为跨国公司和富裕个人提供了有利的税收和金融环境。

曾被英国殖民统治的中国香港、新加坡、巴哈马、塞浦路斯、巴林和迪拜等地继承了英国的金融体系和法律框架，发展成重要的离岸金融中心，继续在全球金融网络中发挥关键作用。

"大英帝国"圈内的离岸金融中心占全球未偿还国际贷款和存款的很大比例。根据2009年的数据，伦敦金融城及其关联的离岸金融中心持有的离岸银行存款约为3.2万亿美元，占全球总额的一半。"潘多拉文件"揭示，超过2/3的离岸公司是在英属维尔京群岛成立的，显示了该地区在全球离岸金融网络中的重要性。

（二）欧洲大陆国家圈

比荷卢三国：比利时、荷兰和卢森堡这三个国家以灵活的税收政策和高度发达的金融市场而闻名，吸引了大量国际资本。特别是卢森堡，因其复杂的金融产品和服务以及吸引国际资金的能力，成为欧洲的金融枢纽。

爱尔兰：都柏林的国际金融服务中心（IFSC）吸引了大量的外国直接投资，并在全球金融网络中占据重要位置。

瑞士：以其严格的银行保密制度和稳定的金融环境而闻名，成为全球财富管理的中心，吸引了大量高净值个人和跨国公司。

欧洲大陆国家圈占全球未偿还国际贷款和存款的比例显著，据统计，截至 2010 年，这个区域占全球国际银行资产和负债的 14.9%。瑞士的银行保密制度使其成为全球财富管理的重要目的地。

（三）美洲

开曼群岛：被认为是世界第四大国际金融中心，持有大量的国际资产和负债。它以其严格的保密制度和有利的税收政策吸引了大量国际资本。

英属维尔京群岛和百慕大群岛：这些地区是重要的金融和保险中心，吸引了大量跨国公司的投资，并成为国际金融活动的关键节点。

美国的"在岸离岸"市场：近年来，美国的一些州，如特拉华州、内华达州和南达科他州，逐渐发展出类似离岸金融的服务。这些州提供廉价的法律实体，如有限责任公司（LLC）和资产保护信托（APT），其保密性和税收优势堪比传统的离岸避税天堂。

美国作为一个主要经济体，其国内也存在大量离岸金融活动。例如，特拉华州的法律环境使其成为全球公司注册的热门地点，而内华达州和南达科他州则提供了高度保密的金融服务。美国财政部部长耶伦曾指出，美国或已成为藏匿非法资金和洗钱的最佳地点。

（四）亚洲

中国香港和新加坡：作为亚洲的主要金融中心，两者提供了自由的金融环境和有利的税收政策，吸引了大量国际资本。它们不仅是区域性的金融枢纽，也是全球金融网络中的重要节点。

日本：通过其离岸金融市场进行大量国际金融交易，尽管它的金融保密性不如其他离岸金融中心，但其规模和经济影响力不可忽视。

马来西亚（拉布安）和泰国（曼谷国际银行设施）：提供有利的税收和监管环境，吸引了大量的国际金融活动，逐渐发展为亚洲重要的离岸金融中心。

这些离岸金融中心通过其全球网络，实现了国际资本的高效流动，形成了一个庞大而复杂的全球离岸金融体系。尽管它们的地理位置各异，但它们共同构成了全球金融体系不可或缺的一部分，为跨国公司、富裕个人和政府机构提供了多样化的金融服务和投资机会。

五　离岸金融中心的主要业务

离岸司法管辖区实际上形成了两种平行的法律制度空间：一是国内公民生活的标准监管和税收空间；二是专为外国企业、富豪或非居民资本维护的"域外"（Extraterritorial）秘密离岸空间。这些"域外"空间通常标志着某种程度的撤销监管和税收的司法领域。离岸服务的范围从合法到非法，中间存在巨大的灰色地带。非法离岸服务和结构包括避税的私人银行或资产管理、虚假信托、公司保密、非法再开票、规避监管、隐瞒欺诈以及许多其他非法可能性。这些活动往往隐藏在"税收优化"、"资产保护"或"高效的公司结构"等高大上的概念和业务名称背后。

每个司法管辖区对非法活动的容忍程度不同。例如，恐怖分子或哥伦比亚毒品走私贩通常在巴拿马进行离岸金融操作；泽西岛的信托公司部门处理着价值数千亿美元的资产，是许多非法活动和逃税赃款的聚集地；百慕大群岛的主要业务是离岸保险和再保险，目的是避税；开曼群岛则是对冲基金的青睐之地，主要为了合法或非法逃税，并规避某些金融监管。在美国，证券化业务中的特殊目的载体（SPV）常设在开曼群岛和特拉华州；在欧洲，SPV的首选地点是泽西岛、爱尔兰、卢森堡和伦敦。这些地方都是主要的保密司法管辖区。

避税服务通常针对特定的大型经济体，通常是附近的经济体。例如，瑞士的财富管理机构特别注重吸引来自德国、法国和意大利的富人，这与瑞士的近邻和三大语言群体相对应；摩纳哥主要迎合法国精英的需求；一些富有的法国人和西班牙人则选择位于比利牛斯山脉东部的安道尔；富裕的澳大利亚人经常选择瓦努阿图这样的太平洋避风港；大量北非的非法资金通过马耳他转移；美国和拉丁美洲的公司及富裕个人利用巴拿马和加勒比海避风港开展大量业务；富裕的中国人则倾向于选择中国香港、澳门及新加坡。

一些司法管辖区专门从事渠道避风港业务，提供服务的中转站以特定方式改变资产的身份或性质，并将其运往其他地方。例如，荷兰就是一个很大的渠道避风港。2008 年，约有 4.5 万亿欧元（约 6.6 万亿美元）资金流经荷兰特别金融机构，相当于荷兰国内生产总值的 9 倍多。位于印度洋的毛里求斯是一个新兴且发展迅速的渠道避风港，是印度 40％以上外资的来源国，也专门引导中国投资进入非洲的矿产领域。

资金并不总是通过明显的地理路线流动。例如，俄罗斯的黑钱偏爱塞浦路斯、直布罗陀和瑙鲁，这些地方在历史上与英国有着密切的联系，是黑钱进入伦敦和其他地方的主流全球金融体系之前可以合法化的垫脚石。进入中国的大量外国投资通常要经过英属维尔京群岛。[①]

总的来说，个人和企业利用离岸金融中心一般出于以下几个原因。

（1）监管：离岸金融中心通常有更宽松的监管框架，这使企业能够减少合规成本，提高运营灵活性。

（2）税收：离岸金融中心提供优惠的税收政策，包括低税率甚至零税率，从而显著降低个人和企业的税务负担。

（3）保密：许多离岸金融中心拥有严格的保密和银行保密法，保护账户持有者和企业实体的隐私，这对希望保持财务活动私密的高净值个人和企业而言尤为重要。

（4）安全：离岸金融中心被视为资产的稳定避风港，特别是在政治或经济不稳定时期，提供政治稳定和强大的法律框架来保障资产安全。

离岸金融中心的业务主要包括以下几个大类：离岸银行、离岸公司、离岸基金、信托、自保保险。

（一）离岸银行

离岸银行（Offshore Banking）是在特定国家或地区提供服务的银行，主要面向非居民客户。离岸银行通常位于税收和监管环境较为宽松的司法管辖区，如开曼群岛、瑞士、中国香港和新加坡。离岸银行业务以其税收

---

① Shaxson N., *Treasure Islands: Tax Havens and the Men Who Stole the World*, Random House, 2011.

优惠、强保密性、多币种账户以及灵活的监管环境而著称。这些银行提供的服务包括存款、贷款、投资和其他金融服务，吸引了全球大量的个人和企业客户。

离岸银行业务具有许多优点。首先，税收优惠政策使得客户能够享受低税甚至免税的金融环境，从而提高资金利用效率。其次，离岸银行提供高度的金融隐私保护，使客户的身份和金融活动信息不易被外界获取，这对那些重视隐私的客户来说尤为重要。再次，离岸银行允许客户持有多种货币账户，方便进行国际贸易和投资，享受全球金融市场的便利。最后，离岸银行通常提供较高的利率和较低的服务费用，进一步吸引了大量存款和投资。

离岸银行业务是国际银行业务的一个重要组成部分，可以大致分为三类：私人银行服务、企业银行服务和国际贷款。这三类服务分别面向不同的客户群体，提供多样化的金融解决方案。

私人银行服务是离岸银行业务中最古老和最常见的一种形式，主要为富裕个人提供银行服务。离岸私人银行对高净值个人（HNWI）具有很大的吸引力，主要原因是税收优惠和保密性。大多数离岸私人银行账户在东道国不需缴纳税款，存款账户收到的利息是免税的。此外，离岸金融中心（OFC）通常有严格的银行保密法，披露客户信息可能构成刑事犯罪，这加强了银行家与客户之间传统的保密关系。尽管某些中心（如瑞士）的投资组合管理表现可能不如伦敦等保密性较低的地方，但总体而言，私人银行的主要吸引力在于其提供的税收优惠和保密性，而不是投资回报或基本利率。许多主要银行为这些客户提供包括投资建议和全球资产管理（如信托和公司管理）在内的一站式银行服务。

企业银行服务主要针对跨国公司（TNC），这些公司通常会利用全球银行的服务来管理其全球不同货币的流动。不同跨国公司的需求各不相同，但通常包括尽量降低其盈余资金的税收负担，以及寻找一个政治稳定的地点进行跨境投资管理和区域财务及现金管理。通过将盈余资金的管理设在低税区，跨国公司可以有效降低成本，离岸金融中心的银行通常将其服务与为跨国公司客户设立离岸公司结合起来。例如，总部位于泽西岛的花旗银行的业务有70%来自企业客户。

国际贷款是离岸银行业务的另一个重要方面。20 世纪 70 年代，越来越多的欧洲货币贷款被"记账"在加勒比地区的离岸金融中心，而不是伦敦。将贷款记账为离岸对银行有许多好处，包括税收节省、避免监管和降低运营成本。如果欧洲货币贷款在巴哈马、开曼群岛或泽西岛记账，银行可以最大限度地减少贷款交易的税收支付。贷款产生的利润通常是免税的，或者仅需支付象征性的直接税率，例如泽西岛的 2%。这样，通过避税天堂进行贷款记账变得越来越有吸引力。

通过这三大类服务，离岸银行业务在国际银行业中发挥着重要作用。离岸银行为高净值个人、跨国公司和国际贷款提供了税收优惠、保密性和运营效率的解决方案，成为全球金融活动的枢纽。在零售银行业务中，税收和保密性是主要吸引力；在批发银行业务中，税收、监管和低运营成本是关键因素。离岸银行业务随着世界经济的变化和本地监管或财政立法的变化而不断演变，继续在国际金融体系中占据重要地位。[①]

（二）离岸公司

离岸公司（Offshore Corporations）也称国际商业公司（International Business Corporation，IBC），是在离岸金融中心注册的有限责任实体。离岸公司因其灵活性和隐私保护而被广泛应用于全球的财务管理中，特别是在税务优化、风险隔离、资产保护和隐私管理等方面表现突出。

离岸公司通常由一名董事设立，治理结构简单，并且在许多离岸金融中心，东道国居民可以作为名义董事，隐瞒真实董事的身份。此外，一些地区允许使用无记名股票证书，从而进一步保障了股东隐私。离岸公司的设立成本较低，且在大多数离岸金融中心，这些公司一般享受免税待遇，仅需支付象征性的年度费用。

离岸公司的主要用途包括控股、企业融资、证券化、设备租赁、特许权使用费收取、股息分配等。例如，跨国公司可以通过离岸控股公司进行合资、投资基金管理和企业融资活动，如发行欧洲债券，这些债券不仅为

---

① Hampton M., *The Offshore Interface：Tax Havens in the Global Economy*, Palgrave Macmillan, 1996, pp. 24–25.

持有者提供了隐私保护，还不适用预扣税。①

1. 离岸公司与特殊目的载体的协同作用

在离岸公司的结构中，特殊目的载体通常被用作工具来进一步实现财务和业务目标。SPV 是一种独立的法律实体，通常由离岸公司或母公司设立，用于资产证券化、融资、投资管理、风险隔离和资产处置等。

例如，企业可以通过设立离岸公司持有大量资产，然后将这些资产通过 SPV 进行证券化。SPV 将这些资产打包成可交易的证券，通过出售这些证券来筹集资金。这种做法不仅降低了母公司的财务风险，还能使资产脱离母公司的资产负债表，从而优化财务报表。离岸公司与 SPV 的结合使用，极大地提升了企业在全球市场中的财务运作能力。

离岸公司提供了高度的隐私保护和税务优化功能。通过离岸公司和 SPV 的多层结构，企业和高净值个人能够有效隐藏资产的实际所有权，避免法律追索和监管审查。例如，通过在低税或免税的离岸司法管辖区设立 SPV 并由离岸公司持有，企业可以享受税收优惠和隐私保护。这种结构不仅保护了资产的隐私，还为企业提供了税务最小化的机会。②

以金融家格伦·斯图尔特（Glenn Stewart）为例，他通过在百慕大群岛、塞浦路斯和英属维尔京群岛等离岸避税地注册的 SPV 持有大部分英国房产。通过这一操作，他成功实现了税务优化、风险隔离和隐私保护。SPV 的注册地位于低税或免税的司法管辖区，使得斯图尔特能够显著降低税务负担。此外，SPV 的结构允许他将特定投资项目的风险与其他资产隔离开来，保护了整体财务状况。最终，SPV 为斯图尔特提供了高度的隐私保护，使实际所有者的信息难以被追踪，避免了潜在的法律和监管审查。③

---

① Hampton M., *The Offshore Interface: Tax Havens in the Global Economy*, Palgrave Macmillan, 1996.

② Hampton M., *The Offshore Interface: Tax Havens in the Global Economy*, Palgrave Macmillan, 1996; Financial Stability Forum, "Report of the Working Group on Offshore Centres," Basel, 2000.

③ R. Fernandez, A. Hofman, and M. B. Aalbers, "London and New York as a Safe Deposit Box for the Transnational Wealth Elite," *Environment and Planning A: Economy and Space* 48 (2016).

离岸公司作为全球财务管理的重要工具，通过与 SPV 的结合运作，展示了其在税务优化、隐私保护、风险隔离和资产管理方面的强大功能。这种综合的财务管理策略在跨国公司和高净值个人中被广泛应用，特别是在需要复杂财务操作的情境中发挥着关键作用。

2. 空壳公司

美国金融犯罪执法网络（FinCEN）定义空壳公司为，通常没有实体存在（除了一个邮寄地址），几乎不产生任何独立的经济价值的非公开交易的公司、有限责任公司（LLC）和信托公司。空壳公司有别于我们正常理解的公司（有老板、员工、各种生产资料等），空壳公司只有一个注册了的名字，但通常在这个公司名下有银行账户，持有房产或者其他资产。注册一家公司在一些国家或地区只需要几百美元，有的可以在线申请注册，甚至只需要十几分钟就能注册完成。这种简便手续以及网络化并降低注册费的措施，最初主要是为了方便小企业注册和发展。

许多空壳公司是在离岸金融中心注册的，以利用其提供的税收、保密和法律优势。因此，离岸公司有时被用作空壳公司，但并非所有离岸公司都是空壳公司。空壳公司更侧重法律和财务结构的目的，而离岸公司可能涉及更广泛的实际商业活动。

大多数空壳公司是由个人和企业出于合法目的而成立的，如持有另一个商业实体的股票或资产，或促进国内和国际货币交易、资产转移和公司合并。例如，中国人通常利用外国的空壳公司在美国、英国和中国香港的股票市场上市和筹集资金。在中国成立公司的过程需要一个多月的时间，而在其他地方只需要几天，而且中国公司很多情况下被禁止在外国证券交易所上市。因此，外国公司的外壳被设定为在美国上市并拥有原中国公司作为运营子公司。那些购买空壳公司股票的人在美国筹集的资金，被输送回中国的运营公司。又例如，来自美国和加拿大的两个合作伙伴希望在一个容易发生腐败的发展中国家创办合资企业。两个合伙人都意识到假如将来他们之间出现生意上的分歧，就需要通过那个发展中国家的法院解决。但他们对该国法律体系和法院的专业性、公正性都没有足够信心，担心得不到公正的裁决。更麻烦的是，他们双方都不愿意在对方国家裁决，因为对方很可能对本国法律更了解或者因为人脉等因素更有优势。最后，他们决定各自在英格兰或其他英国法律管辖区（如开曼群岛）设立一家空壳公司，然后共同拥有实际开展合资企业的第三家公司。这样一来，合作伙伴双方都可以确信，未来他们之间的任何争议都将在一个熟悉的、可靠的、在公司法方面具有相当专业性的法院系统中得到中立处理。除了作为上市工具或以这种方式支持合资企业外，空壳公司还通常被用来持有资产，无论是房地产、资本设备、股份组合，还是包括商标在内的知识产权。①

然而，空壳公司也已成为洗钱和其他金融犯罪的常见工具，主要是因为它们的组建和运营简单且成本低。正如全球金融诚信组织（Global Financial Integrity）的政策主管拉克希米·库马尔（Lakshmi Kumar）所指出的："当巴拿马文件泄露时，人们产生了巨大的兴趣，因为人们突然认识到，全世界的贪污犯、洗钱者、腐败官员以及犯罪分子都在使用一种非常普遍的结构来帮助逃避执法，那就是成立一个匿名公司。这种现象并不局限于流行想象中的热带离岸避税天堂。像特拉华州、怀俄明州和内华达州这样的美国司法管辖区已经成为世界上设立匿名公司的首选地之一。"②

房地产已成为利用空壳公司进行洗钱的主要领域之一。根据美国金融犯罪执法网络（FinCEN）引用的一项分析，2015~2020年，估计有23亿美元资金通过美国房地产交易进行洗钱。《纽约时报》的一系列报道详细揭示了通过美国高端房地产进行洗钱的情况，这些交易往往由匿名的空壳公司促成。③

"潘多拉文件"披露了很多外国腐败官员在美国秘密购买房地产的过程。约旦国王阿卜杜拉过去10年通过以他的名义注册的空壳公司在美国购买了1.06亿美元的房地产。全球金融诚信组织的分析显示，半数以上的交易涉及所谓的政治风险人士。这些人通常是政府官员、他们的亲属或

---

① Michael G. Findley, Daniel L. Nielson, and J. C. Sharman, *Global Shell Games: Experiments in Transnational Relations, Crime, and Terrorism*, Cambridge University Press, 2014.

② Asraa Mustufa, "Advocates Celebrate Major US Anti-money Laundering Victory," December 11, 2020, The International Consortium of Investigative Journalists.

③ "Towers of Secrecy: Piercing the Shell Companies," *The New York Times*, https://www.nytimes.com/news-event/shell-company-towers-of-secrecy-real-estate.

亲密伙伴。[①] 许多国家的政要将腐败资金投资到美国房地产市场，作为其退休后的财务保障。据传，特朗普在发现他开发的许多房产长期空置后，甚至考虑通过减少电梯数量来降低成本。

在美国各地住房短缺的背景下，利用房地产藏匿资产的现象却在不断增加。近年来，美国房地产库存仍处于历史最低水平，房价却以几乎每年超过10%的速度上涨。美国社区稳定信托基金的大卫·桑切斯（David Sanchez）指出：房屋供应极其紧张，部分原因是国际投资者的竞争。目前，美国比以往任何时候都更需要为居住在国内的人提供住房，而遏制房地产中的洗钱行为将有助于缓解这一问题。

最近在透明度方面取得的两项进展改善了投资行业的状况，但也只是微不足道。许多国家尤其是欧盟国家，已经开始建立实益拥有人登记制度，公司、信托、合伙企业和其他法律工具必须披露其"实益拥有人"，即最终拥有、控制或受益于法律工具的个人。然而，在许多情况下，投资实体（以及在证券交易所上市的公司，其股票可能由投资实体作为基础金融资产持有）被排除在这些新的受益所有权登记范围之外，无论是法律规定还是在实践中都是如此。

（三）离岸基金

离岸基金是指在低税或免税地区设立的共同基金，主要面向高税地区的居民或公民投资。通过设立离岸金融中心，离岸基金为投资者提供了避税、规避监管以及隐私保护的机会。这些基金的设立和运营往往具有高度的灵活性，能够通过发行新股扩大规模，或者通过回购和注销股票来缩小规模。基金的资产可以包括现金、证券和房地产等多种形式。

离岸基金的主要功能在于通过提供低税环境来吸引高税地区的投资者。全球的离岸基金主要集中在百慕大群岛、中国香港、开曼群岛、海峡群岛、卢森堡和都柏林国际金融服务中心等。这些中心因为其宽松的税务

---

① Jennifer Calfas, "What are the Pandora Papers? Documents Link Politicians, Prominent Individuals to Offshore Holdings, Report Says New Report is Based on Nearly 12 Million Financial Documents from 14 Offshore Services Firms," *The Wall Street Journal*, October 4, 2021.

和监管政策而成为离岸基金的主要聚集地。特别是卢森堡和都柏林，自1989 年欧盟 UCITS 指令生效后，非欧盟居民基金在欧盟内的销售受限，大量基金管理公司将其非欧盟基金业务从泽西岛转移到这些地区。

离岸基金的优势主要体现在以下几个方面。

（1）税收优惠。离岸基金的投资者可以推迟或避免支付某些税收，特别是资本增值税和资本转移税。在某些司法管辖区，投资者在出售离岸投资时可能面临税务责任，但税收延期所带来的节省是显著的。大多数离岸基金参与者被视为非居民，通常不被东道国征税，这使得其税务负担极低。

（2）规避监管。离岸基金能够有效规避两大主要领域的监管：证券法和外汇管制。例如，在境内的单位信托（如英国和美国的共同基金）通常受证券与投资委员会和证券交易委员会的严格监管，对其投资活动有诸多限制，如单一公司投资比例不得超过 5%。而离岸基金则不受这些限制，可以自由投资，更加灵活多样。此外，在 1979 年之前，离岸基金还被用于规避英国的外汇管制，通过设立以英镑计价的离岸基金来规避外汇管制。

（3）保护隐私。离岸基金还为高净值个人提供强大的隐私保护。投资于离岸基金的股票可以有效地隐藏财富，使其免受境内税务机关或家庭的追查。避税天堂和离岸金融中心通常不公开投资者登记册，即使存在登记册，也可以通过代名公司进行屏蔽，从而进一步增强隐私性。

一个典型的案例是 1968 年设立于巴哈马的 Anchor Group。该集团通过外币贷款投资海外证券，从而规避了英国的外汇管制，满足了使用溢价美元的需求。通过在离岸基金内进行这些操作，投资者能够避免支付高额的税费和外汇溢价，并且有效地隐藏了其实际的投资活动。此外，卢森堡和都柏林的国际金融服务中心吸引了大量基金管理公司，这些公司通过离岸基金为全球投资者提供了税费最小化和监管规避的服务。①

离岸基金作为离岸金融中心的重要业务，以其税收优惠、规避监管以

---

① Hampton M., *The Offshore Interface：Tax Havens in the Global Economy*, Palgrave Macmillan, 1996.

及保护隐私的特点，吸引了大量来自高税地区的投资者。这些基金不仅帮助投资者降低了税务负担，还通过灵活的法律和金融结构，为高净值个人提供了隐匿财富的有效工具。随着全球金融市场的发展，离岸基金在国际投资中的作用愈加重要，成为全球财富管理和资本流动的重要渠道。

（四）信托

信托是一种法律安排，通过这种安排，财产的所有者（称为委托人）将资产的法律所有权转移给另一个人或实体（称为受托人），由受托人按照委托人的意愿管理和分配这些资产，以满足受益人（即资产的最终受益者）的利益。这种安排允许资产的法律所有权和实际控制权分离，从而提供了灵活的资产管理、保护、隐藏等功能。

信托起源于中世纪的英格兰，最早是为了帮助骑士们在参加十字军东征时管理和保护他们的财产。当时，骑士们需要离开家乡很长时间，他们会将自己的财产交由信任的朋友或管家保管，以确保他们离开期间，家人的生活得到保障。这些安排最初是基于口头协议和社会舆论的支持，但随着时间的推移，信托逐渐被正式化，并发展出一套复杂的法律体系。这一法律体系在现代信托中得到了延续，使得信托安排具有法律强制力和可执行性，成为保护资产和实现财富传承的有效工具。①

1. 信托的基本结构与运作机制

信托的基本结构涉及三方：委托人（Grantor）、受托人（Trustee）和受益人（Beneficiary）。委托人将资产转移给受托人，受托人根据委托人的指示管理和分配这些资产，以受益人的利益为目的。通过这种安排，资产的法律所有权由受托人持有，而实际控制权和收益权则归受益人所有。信托的这一核心机制使得资产所有权与控制权得以分离，从而提供了灵活的资产管理和保护手段。

信托的运行通常包括以下几个步骤。②

---

① Shaxson N. , *Treasure Islands：Tax Havens and the Men Who Stole the World*, Random House, 2011.

② Hampton M. , *The Offshore Interface：Tax Havens in the Global Economy*, Palgrave Macmillan, 1996.

（1）设立信托。委托人决定设立信托，并制定信托契约，明确受托人、受益人以及信托的具体条款。

（2）资产转移。委托人将指定的资产转移给受托人，受托人获得这些资产的法律所有权。

（3）资产管理。受托人根据信托契约的指示管理资产，包括投资、支付费用等。

（4）收益分配。受托人按照契约规定，定期向受益人分配信托资产的收益。

（5）信托终止。在特定条件下（如受益人达到某个年龄或满足特定条件），信托终止，剩余资产分配给受益人。

2. 信托的类型

信托根据其用途和设置目的可以分为多种类型，主要包括以下几类。

（1）资产保护信托。用于保护资产免受债权人、法律诉讼和其他追索的影响。通过信托结构，资产的法律所有权由受托人持有，从而在法律上实现资产的隔离保护。例如，企业家通过设立信托将部分资产转移，避免在商业失败时这些资产被用于偿还债务。

（2）税务优化信托。用于税务筹划，通过将资产转移到低税率或免税的离岸司法管辖区，降低税务负担。例如，一些国家的高净值人士可以利用离岸信托来避免或推迟缴纳资本收益税和遗产税。

（3）隐私保护信托。提供高度的隐私保护，受托人负责管理资产，隐藏受益人的信息，从而保护个人隐私。对一些富有的个人或家族来说，信托可以隐藏财富的实际控制人，防止外界窥探其财务状况。

（4）财富管理与继承信托。用于长期的财富管理和继承规划，确保资产按照委托人的意愿传承给受益人。例如，父母可以设立信托，规定子女在达到一定年龄后分阶段接收遗产，以确保子女能够理智地管理财富。

（5）慈善信托。用于公益事业，委托人可以设立慈善信托，将资产用于特定的公益目的，并享受相关的税收优惠。例如，慈善家可以设立信托，捐赠资产用于教育或医疗领域，既实现了其慈善愿望，又享受了税务减免。

3. 信托的优势与潜在问题

信托的复杂性和多样性使其在财富管理和保护中具有独特的优势。然而，正是由于这些特点，信托也可能被滥用于逃税和洗钱等非法活动。例如，国际调查记者同盟（ICIJ）揭示的"潘多拉文件"中，许多富豪和权贵通过复杂的信托和离岸公司结构，成功地隐藏了其真实资产所有权，逃避了大量税务和法律责任。因此，加强对信托的监管和透明度要求，对防止其被用于不当目的、保护合法的财富管理行为具有重要意义。国际社会正在逐步推进相关法律和监管措施，以防止信托被滥用于非法活动，维护全球金融体系的稳定与公平。

4. 王朝信托

王朝信托（Dynasty Trusts）是一种特别强大的信托类型，旨在长期甚至永久保护财富，避免受到转让税的影响。传统上，信托资产在几十年内可能会被消耗殆尽，但王朝信托通过允许财富长期积累，远远超出了受益人的需求。这种信托在过去几十年里变得越来越流行，促进了多代同堂的现代财富王朝的建立。①

信托本质上是一种合同，设定某人希望如何将资产转移给他人。当资产被放入信托时，原有的财富持有者理论上不再拥有这些资产，第三方实体（受托人）负责管理资产，直到满足信托条款。例如，父母可能为子女设立信托，规定在子女年满 25 岁或父母去世时将资产转移给他们。传统上，信托应在某个时点结束，资产所有权最终应转移给受益人。信托被视为财富的中转站，而非最终目的地。

尽管信托已经存在了很长时间，但在英美法体系中，信托的期限长期受到限制。20 世纪 80 年代，美国南达科他州率先推动了取消这些限制的运动，创建了可以代代相传的信托，并减少或完全避免纳税义务。

近年来，越来越多的信托没有设定终结日期。一些避税天堂的州对信托寿命没有严格的限制，有些州甚至完全废除了这些限制，而其他州将信托期限设定为 300~1000 年。通过设立持续数代的王朝信托，富裕家庭可以避免长达数百年甚至上千年的遗产税。这些信托往往模糊了资产的真正所有权，使受益人能够继续使用这些资产（如房地产或游艇），或从信托

---

① Kalena Thomhave, "Dynasty Trusts: How the Wealthy Shield Trillions from Taxation Onshore," Institute for Policy Studies, 2021.

中"贷款"而不触发赠与税。

5. 具体案例

为了更直观地了解信托的实际运作，可以分析一个富有企业家设立信托的具体案例。假设这位企业家在开曼群岛设立了一个信托，将名下的一部分财产转移到信托中，并指定专业信托公司作为受托人。信托契约规定，信托资产的受益人为他的两个子女，在他们年满 21 岁时，各分配一半的信托资产。

企业家的这些资产包括在英国的房地产、在法国的游艇和名画、在美国的赛马场等。由于这些资产分散在不同国家，并通过多家离岸公司持有，任何人想要完全了解这个网络的财务和人员关系都极为困难。这种复杂结构不仅保护了企业家的资产隐私，还有效地降低了税务负担。通过这种安排，企业家能够实现避税、隐藏资产和确保财富顺利传承的多重目标。

想象一个场景，信托资产是公司的股份。在这种情况下，公司将受托人（法定所有人）登记为股份的持有者，而受益人（实际享受资产的个体）的信息则不会被登记。例如，如果你在巴哈马的一个离岸信托中拥有 100 万美元，税务稽查员想要追踪这笔资金，他们将面临重重困难。由于巴哈马的信托文件并未正式登记，调查几乎无从开始。即便税务检查员或警察能够识别受托人的身份，这位受托人可能只是一位职业律师，为数以千计的信托服务，他对你的受益人身份守口如瓶，因为她受职业保密义务的约束。此外，信托的保密性可以通过多层结构进一步加强。例如，泽西岛的信托资产可能来自巴拿马银行的 100 万美元，而巴拿马银行本身也受到严格的银行保密法保护。即使在极端情况下，巴哈马律师也无法泄露受益人信息，因为她可能根本不知道受益人的具体信息。信托的这种结构可能涉及多个司法管辖区，例如在开曼群岛的信托上再加上泽西岛的信托，而后者又可能依托美国内华达州的某个秘密公司结构。这意味着，如果国际刑警组织试图追踪这些资产，他们需要在多个司法管辖区履行烦琐、缓慢且昂贵的法律程序，面对各种逃避调查的法律条款，资产在被查到之前就已经被转移。①

---

① Shaxson N., *Treasure Islands: Tax Havens and the Men Who Stole the World*, Random House, 2011.

国际调查记者同盟（ICIJ）在其揭露的"潘多拉文件"中揭示了许多富豪和权贵利用信托进行逃税和隐藏非法财富的案例。文件显示，这些人通过复杂的信托和离岸公司结构，成功地隐藏了其真实资产所有权，逃避了大量税务和法律责任。

信托的保密性和复杂的所有权结构带来了重大问题。政府无法对法律上不再属于某人的资产征税，更无法对其甚至不知道存在的资产征税。为了解决隐藏身份和资产的问题，有人建议要求所有信托公开注册受益人和所有者的身份信息。多年来，调查记者、活动人士以及多个国家的政府一直在向英国政府施压，要求其管控海外属地的金融活动。然而，英国政府通常以这些地区具有政治自治权为由，拒绝干预。

通过上述分析可以看出，信托作为一种法律工具，具有极大的灵活性和多样性，可以在合法的财富管理和税务筹划中发挥重要作用。但同时，其复杂性和隐蔽性也使其容易被滥用，成为逃税和洗钱等非法活动的工具。因此，加强对信托的监管和透明度要求，对防止其被用于不当目的、保护合法的财富管理行为具有重要意义。

（五）自保保险

自保保险（Captive Insurance），又称因式保险，是由非保险组织（通常是大型企业或跨国公司）创建和拥有的子公司，专门为母公司提供的风险保障。这种保险模式在20世纪20年代由大企业和新兴跨国公司如ICI和联合利华率先使用。大多数自保保险公司位于离岸金融中心，其中百慕大群岛、开曼群岛和根西岛是最重要的中心。

商业公司在离岸金融中心设立自保保险公司，以管理风险并最大限度地减少税收。境内保险公司在离岸金融中心设立子公司，以对母公司承保的某些风险进行再保险，并减少总体准备金和资本要求。一家境内再保险公司在离岸金融中心设立子公司，为灾难性风险提供再保险。离岸金融中心在这些情况下的吸引力包括有利的收入、预扣税、资本税制度，以及较低或执行不力的精算准备金要求和资本标准。

自保保险公司的运行机制主要包括以下几个步骤。首先，企业在离岸金融中心创建和注册自保保险公司，这些中心提供有利的税收和监管环境，有助于企业优化财务结构。其次，母公司将保费支付给自保保险公司，这些保费被用于应对母公司内部的各种风险，如财产损失、责任保险和员工福利等。自保保险公司管理和分担母公司的风险，并可以购买再保险，将部分风险转移给其他保险公司。此外，自保保险公司还可以将收到的保费进行投资，产生的投资收益进一步增强公司的财务稳定性和应对风险的能力。

自保保险为企业提供了多方面显著的优势。首先是税收优惠。在许多高税率地区，支付给自保保险公司的保费可以从应税收入中扣除，从而减少企业的整体税负。例如，根西岛的监管要求相对宽松，企业可以通过在此注册自保保险公司来减少税务负担。其次是规避严格监管。离岸金融中心通常有较为宽松的监管环境，例如根西岛的年度申报表只需一页，而英国则需要长达100页的详细报告。最后是节约成本。自保保险公司可以通过进入批发再保险市场来降低保险成本。与商业保险公司相比，自保保险公司的运营成本较低，例如商业保险公司的保费中约有40%用于覆盖运营成本和管理费用，而自保保险公司的这一比例可能仅为5%。此外，通过自保保险公司，企业可以按批发价格而非零售价格购买保险服务，进一步节约成本。①

总之，自保保险为企业提供了有效的税收优化、成本节约和风险管理工具，特别适用于大型企业和跨国公司。通过合理利用自保保险，企业可以显著增强其财务灵活性和稳定性，从而在竞争激烈的市场环境中保持优势。

六　离岸金融中心的服务对象以及提供服务的中介

（一）服务对象

离岸金融中心吸引了来自世界各地的多种类型的用户，他们利用这些离岸金融中心的法律和财务灵活性来实现各自的目标。以下是主要使用者群体及其操作方式。

---

① Hampton M. , *The Offshore Interface：Tax Havens in the Global Economy*, Palgrave Macmillan, 1996.

1. 西方的富裕精英

西方的富裕精英通过离岸金融中心来减少税负和保护财富。他们通常通过设立信托（Trust）、基金（Fund）和公司（Corporation）将资产转移到低税或免税的离岸地区，从而避免高税收带来的财务压力。通过这种方式，这些高净值人士能够享受低税率或免税的金融环境，大幅度减少税务支出。此外，离岸金融中心严格的保密措施使得这些富裕个人的财务状况不易被外界知晓，从而保护其财富免受离婚诉讼、商业纠纷和政治不稳定的影响。例如，设立信托可以有效地将资产与个人所有权分离，在法律上避免资产在离婚诉讼中被分割。这一机制也常用于家族财富的传承，确保财富在代际传承中得以保全和增长。

2. 跨国专业人士

跨国专业人士（Expatriate Professional），也称外籍专业人士，是指在不同国家间频繁移动的个人，他们利用离岸金融中心来简化跨国财务管理。这些专业人士通常需要在多个国家拥有银行账户，以便进行国际汇款和支付。通过在离岸金融中心设立账户和公司，他们能够将收入转移到低税或免税地区，从而减轻全球范围内的税务负担。例如，一名在伦敦工作的美国律师可以在开曼群岛设立一个离岸账户，将部分收入转移到该账户中，从而避免英国和美国的高额税费。这种安排不仅降低了税负，还简化了全球财务管理，帮助他们应对不同国家之间复杂的税务和法律要求。

3. 新兴市场的新富阶层

在苏联原加盟共和国和亚洲等新兴市场国家，新富阶层利用离岸金融体系来保护和增值他们的财富。这些新兴市场的富裕人士通过将资产转移到离岸金融中心，能够在国际上分散投资，降低国内政治和经济不稳定带来的风险。例如，俄罗斯的寡头们通过塞浦路斯和英属维尔京群岛等地将大量资金转移到西方国家，以确保财富的安全。这些国家的富人往往面临国内政治不稳定和经济不确定性的风险，因此他们倾向在多个司法管辖区内进行投资，确保财富在全球范围内得到更好的保护和增值。

4. 西方跨国公司

西方跨国公司通过离岸金融中心来优化税务和财务报表，这成为其布局全球业务的重要策略之一。这些公司通常在离岸金融中心设立子公司或

49

特殊目的载体，以便将利润转移到低税地区，从而减少整体税务支出。这不仅延迟了缴税时间，还能通过降低账面上的税负来提升公司的财务表现。例如，苹果公司通过在爱尔兰设立子公司，将大量利润转移到该地，以享受低税率政策，显著减轻了全球税负。这样做不仅提升了公司盈利能力，还增强了其在全球市场的竞争力。

5. 养老基金和主权财富基金

养老基金和主权财富基金通过离岸金融中心进行投资，以享受更多的税收优惠和法律保护，从而提高投资收益率。养老基金需要为退休人员提供稳定的回报，通过在低税或免税的离岸金融中心进行投资，可以大幅度减少税务支出，增加净收益。同样，主权财富基金也利用离岸金融中心进行全球投资，以确保国家财富的保值和增值。例如，新加坡的淡马锡控股公司（Temasek Holdings）和阿布扎比投资局（Abu Dhabi Investment Authority）都通过离岸结构在全球范围内进行大规模投资，优化资产配置和税务管理。

6. 有组织犯罪集团

有组织犯罪集团也利用离岸金融体系进行洗钱和隐藏非法所得。这些犯罪分子通过在离岸金融中心设立复杂的金融结构，将非法所得转化为合法资金。[1] 例如，20世纪60年代，迈耶·兰斯基（Meyer Lansky）开创了利用离岸信托和银行系统进行洗钱的技术，建立了连接迈阿密、巴哈马和瑞士银行的路线。[2] 这些操作使得犯罪分子能够规避各国的金融监管，将犯罪所得重新注入合法经济。此外，犯罪组织还通过离岸公司和银行账户进行贩卖人口、贩毒和其他非法活动的资金运作，离岸金融中心的保密法进一步增强了这些活动的隐蔽性。

7. 腐败官员

腐败官员利用离岸金融中心来隐藏非法所得，避免被国内外的法律和监管机构追查。这些官员通常将贪污的资金转移到离岸金融中心的银行账户或公司名下，利用当地的保密法规来掩盖资金来源。例如，约旦国王阿

---

① Financial Stability Forum, "Report of the Working Group on Offshore Centres," Basel, 2000.

② Hampton M., *The Offshore Interface: Tax Havens in the Global Economy*, Palgrave Macmillan, 1996.

卜杜拉在过去十年中，通过以他的名义注册的空壳公司在美国秘密购买了超过 1 亿美元的房地产。这种操作不仅帮助腐败官员避免国内的反腐调查，还使得他们能够在全球范围内享受非法所得。

8. 恐怖分子

恐怖分子利用离岸金融中心来隐瞒资金流动，资助恐怖活动。他们通常通过复杂的金融网络和离岸公司来转移资金，避免被国际金融监管机构发现。例如，一些恐怖组织通过设立空壳公司和离岸账户，将资金转移到战区或恐怖活动的主要地区，确保他们的活动资金不被切断。离岸金融中心的保密性和宽松的监管环境为这些非法活动提供了极大的便利，增加了国际反恐斗争的难度。

9. 政府机构

一些国家的政府机构也会利用离岸金融中心资助海外秘密行动，或向外国政府、反对党或恐怖组织提供资金。例如，20 世纪 60 年代初，美国中央情报局（CIA）的保罗·赫利韦尔（Paul Helliwell）在巴哈马成立了城堡银行信托公司（Castle Bank & Trust Company），为 CIA 针对古巴和拉丁美洲的行动提供金融渠道。该银行涉嫌逃税，并秘密为 CIA 提供资金。[①] 也有国家利用离岸金融体系，如欧洲美元市场逃避制裁。例如，认识到自 2014 年克里米亚并入俄罗斯以来，制裁的风险越来越大，俄罗斯出售了其所有的美国国债，并将其美元转移到欧洲美元市场，通过外汇掉期（Foreign Exchange Swaps）进行部署。这个逻辑很简单：美国国债与美国政府有直接在岸联系，在那里冻结资产很容易，而欧洲美元市场是离岸的，实际上是"无国籍"的。

综上所述，离岸金融体系为各类人群提供了丰富的法律和财务工具，使他们能够有效地减轻税负，保护和增值财富。西方的富裕精英、跨国专业人士、新兴市场的新富阶层、西方跨国公司以及政府机构等都通过这种体系达到了各自的财务、法律以及政治目标。

（二）离岸金融服务提供者：金融促成者

在离岸金融中心内，金融促成者（Professional Enabler 或 Facilitator）

---

① Jim Drinkhall, "IRS vs. CIA, Big Tax Investigation Was Quietly Scuttled by Intelligence Agency," *The Wall Street Journal*, April 18, 1980.

扮演着关键角色，他们为各类客户提供专业服务，帮助这些客户实现税务优化、资产保护、隐私保密等目的。这些促成者包括银行家、律师、会计师、信托公司、公司服务提供商、房地产经纪人、拍卖行以及其他财富管理人员。他们的主要任务是通过设计复杂的金融结构和法律安排，为客户隐藏财富、规避监管，以及合法或非法地减轻税务负担。

1. 主要类别和职责

（1）银行家。银行家通常为高净值个人和跨国公司提供离岸银行账户和投资服务。他们负责为客户设立和管理离岸账户，确保资金的安全性和保密性，并帮助客户进行跨境资金转移。银行家在离岸金融体系中发挥着核心作用，尤其是在提供税务优化和资产保护服务方面。例如，一些银行家通过提供匿名账户和复杂的公司结构，帮助客户隐藏资产并避免税务责任。

（2）律师。律师是设计和实施离岸信托、公司结构的主要促成者。他们负责起草法律文件，确保客户的离岸安排符合当地法律规定，同时尽量降低税务和法律风险。律师还为客户提供咨询服务，帮助他们选择最有利的离岸司法管辖区，并设立代理董事以保护客户身份。例如，巴拿马莫萨克·冯赛卡律师事务所（Mossack Fonseca & Co.）曾帮助全球客户设立数千家离岸公司，并通过代理董事的方式隐藏真正的资产所有者。

（3）会计师。会计师在离岸金融中心内主要负责财务规划和税务筹划。他们帮助客户设计税务优化策略，通过利用不同国家的税法差异，实现最小化税务支出。四大会计师事务所（普华永道、德勤、安永、毕马威）在全球范围内提供这类服务，帮助跨国公司和富裕个人通过离岸结构减轻税务负担。

（4）信托公司和公司服务提供商。这些公司为客户提供设立和管理离岸信托、公司等实体的服务。他们负责日常的行政管理工作，如维护公司记录、提交年度报告、处理税务申报等。这些服务提供商还会根据客户需求，为其设立和管理多层次的复杂公司结构，以实现资产保护和隐私保密。

（5）房地产经纪人和拍卖行。房地产经纪人和拍卖行在离岸金融中心内的作用主要是通过购买和出售高价值资产来帮助客户洗钱和隐藏财富。例如，通过使用匿名公司和信托持有房地产，客户可以在不暴露真实身份的情况下购买和出售豪宅、艺术品和其他高价值物品。这些操作通常涉及多层次的离岸结构，使得执法部门难以追踪资金来源和最终受益人。

2. 案例分析

莫萨克·冯赛卡律师事务所的案例揭示了金融促成者如何帮助全球富人和权贵隐藏财富。通过设立数千家空壳公司和信托，这家律师事务所帮助客户规避了全球范围内的税务和监管，并通过复杂的法律结构保护了客户的隐私。此类操作虽然在表面上合法，但往往涉及灰色地带，助长了全球范围内的避税、洗钱和其他非法活动。[①]

金融促成者在离岸金融体系中扮演着至关重要的角色，他们通过提供专业的金融、法律和财务服务，帮助客户实现财富保护、税务优化和隐私保密的目标。这些金融促成者不仅在合法的财务管理中发挥作用，还可能通过复杂的离岸结构助长非法活动。因此，加强对这些金融促成者的监管，确保他们的操作透明化，对维护全球金融体系的稳定和公正具有重要意义。

[①] *Dirty Money and Tax Tricks*，Panama Papers，http：//www. guengl. eu.

第三章　离岸金融体系的功能、
影响与挑战

本章首先介绍了离岸金融体系在促进全球资本流动、优化税务和保护财富等方面的核心功能及其对跨国公司和富裕个人的吸引力，接着讨论了其在推动金融创新和提升市场流动性等方面的积极贡献，并揭示了其运作过程中存在的缺点与隐患，包括助长逃税、洗钱、金融犯罪等问题，以及对全球金融稳定和各国税收主权的挑战。通过综合分析，这一章为读者提供了对离岸金融体系的全方位理解，揭示了其在全球金融体系中的双重作用。

一　离岸金融体系的主要功能

离岸金融中心的主要功能涵盖了多个方面，具体包括：获得在岸无法获得的信贷，税务优化、洗钱与财富掩盖、规避政府监管、资产管理与保护。

（一）获得在岸无法获得的信贷

通过利用离岸金融中心，个人和企业能够获得比在岸更为灵活和宽松的信贷条件，尤其是在全球资本市场的跨境交易中，这种信贷功能得到了广泛的应用和重视。

首先，离岸金融中心通常具备宽松的监管环境，这使得银行能够提供更具竞争力的信贷条件。传统的在岸银行体系通常受制于严格的资本充足率和贷款限制规定，这会限制银行的放贷能力。然而，在离岸金融中心，这些限制要么不存在，要么极为宽松。例如，欧洲美元市场中的贷款无须遵守美联储的准备金要求，也不受美联储对贷款规模和利率的限制。这使得欧洲美元市场成为跨国公司和国际金融机构获取美元贷款的重要渠道。①

这种情况使得跨国公司能够通过离岸金融中心获得低成本的融资。例如，在伦敦操作的欧洲美元存款和贷款业务，通常在税率较低的离岸金融中心（如巴哈马拿骚或开曼群岛）进行登记，从而降低整体的融资成本。通过在这些离岸金融中心预订贷款，银行可以最大限度地减少贷款交易中的税务支出，提高利润。例如，巴哈马和开曼群岛的贷款利润通常免税，而在泽西岛这样的离岸金融中心，贷款利润只需缴纳 2% 的直接税费。②这种低税率环境使得通过离岸金融中心融资变得极具吸引力，尤其是对于面临高税收压力的企业和个人。

其次，离岸金融中心的另一个重要功能是为跨国公司提供一种规避外汇管制的途径。某些国家对外汇交易和资本流动有严格的控制，而离岸金融中心通常不受这些管制的限制。因此，企业可以通过在离岸金融中心设立银行账户，绕过在岸的外汇限制，从而实现更自由的资本流动。③ 这对需要进行大量国际贸易和投资的跨国公司而言尤为重要。

一个典型的例子是欧洲美元市场的兴起，它成了全球资本市场的重要组成部分。由于其不受在岸国家监管的特性，欧洲美元市场能够吸引大量的国际资本，并为全球经济提供重要的融资来源。美国银行甚至可以通过其在伦敦的分行进行欧洲美元业务，而不必受到美联储的监管限制。这种灵活性极大地促进了国际金融市场的发展，使得离岸金融体系成为全球资本流动和信贷供应的重要枢纽。

总之，离岸金融体系通过提供宽松的监管环境、低税率和灵活的外汇管理，使得企业和个人能够获得在岸无法获得的信贷支持。这种独特的信贷功能不仅提升了企业的融资能力，还促进了国际资本的流动，推动了全球金融市场的发展。然而，这也引发了对离岸金融体系监管的广泛讨论，尤其是在其潜在风险和对全球金融稳定性的影响方面。

---

① Adam Smith, *Paper Money*, Summit Books, 1981.
② Hampton M. , *The Offshore Interface*：*Tax Havens in the Global Economy*, Palgrave Macmillan, 1996.
③ Tax Justice Network, "State of Tax Justice 2023 ," August, 2023.

（二）税务优化（包括避税和逃税）

离岸金融中心在税务优化（包括避税和逃税）方面发挥了重要作用。通过利用这些中心，个人和企业可以合法地减轻税务负担，甚至通过隐瞒收入或转移资产来逃避税负。以下是离岸金融中心在税务优化方面采用的主要手段和方式。

（1）合法避税（Tax Avoidance）。合法避税也称税务优化（Tax Planning），是指在不违反法律的情况下，利用税法中的漏洞或灰色地带来减轻税务负担。这种做法通常是在税务机关知情的情况下进行的，目的是通过巧妙的财务安排最大限度地降低税费。

（2）利用离岸公司和信托（Offshore Company and Trust）。富裕个人和跨国公司通常在离岸金融中心设立离岸公司、信托或基金会（Foundation）。这些法律实体可以将资产的所有权与控制权分离，使得税务机关难以追踪实际资产持有人，从而减轻税务负担。例如，一位富裕个人可以在巴拿马设立一家离岸公司，将资产转移到公司名下，从而规避其本国的高额遗产税。

（3）利润转移（Profit Shifting）。跨国公司利用转移定价（Transfer Pricing）等手段，将利润从高税率国家或地区转移到低税率或免税的离岸金融中心。这种操作通过在集团内部设定商品和服务的转移价格，使得高利润集中在低税区，而高税区显示较低利润，从而减轻整体税负。例如，一家跨国公司可以在爱尔兰设立子公司，通过内部交易将全球利润转移到爱尔兰，以利用该国的低企业所得税率。

（4）逃税（Tax Evasion）。逃税是指通过欺诈手段隐瞒收入、虚报开支或利用虚假发票来逃避缴纳税款的行为。这种行为违反法律，可能会受到法律制裁，但离岸金融中心的保密性和低监管环境使得这些非法操作难以被发现。

（5）隐瞒收入和资产（Concealment of Income and Asset）。离岸金融中心提供的高度保密性使得逃税者可以将收入或资产隐藏在离岸账户中，从而避免所在国家税务机关的审查。例如，一家在瑞士开设的编号银行账户可以将资金的真实所有者隐藏起来，并将资金转移到完全秘密运营的巴拿马公司账户，从而逃避税务机关的追查。

（6）设立空壳公司和分支机构（Shell Company and Subsidiary）。企业可以在离岸金融中心设立空壳公司或分支机构，以利用当地的低税率或宽松的监管环境。许多这样的分支机构仅在名义上存在，通常只有一个邮政信箱地址，没有实际的员工或运营活动。实际的资产和负债管理由总部或其他分支机构负责，从而降低税务负担并隐藏真实的财务状况。

虽然合法避税和非法逃税在法律上有明确的界限，但在实践中，两者之间的界限往往变得模糊。跨国公司和富裕个人利用离岸金融中心的复杂结构和法律漏洞，使得税务机关难以识别和追踪。全球金融危机后的紧缩政策导致税务部门流失了大量合格的工作人员，使得税务机关在应对跨国公司及其顾问的竞争时面临更大挑战，从而加剧了这种不平衡。

根据《2023 税收正义现状》报告，每年有 1.15 万亿美元的企业利润被跨国公司转移到避税港和离岸金融中心。这些利润转移导致全球政府每年损失 3110 亿美元的直接税收收入。这种税务优化行为虽然在法律上未必不妥，但提供了普通纳税人无法享有的财务优势，进一步加剧了全球税收的不平等。①

离岸金融中心通过提供低税率、保密性和宽松的监管环境，使得个人和企业能够有效进行税务优化、避税甚至逃税。虽然合法避税在法律上是允许的，但其复杂性和隐蔽性也使得这些中心成为逃税和财富隐藏的重要工具，带来了巨大的全球税收损失。

（三）洗钱与财富掩盖

离岸金融中心在财富隐藏和洗钱方面的作用不可忽视。通过这些中心，富裕个人、跨国公司以及犯罪分子能够有效地隐藏财富，规避税务和法律责任，并逃避外界的监管和审查。这种隐蔽的操作背后蕴含着巨大的全球经济影响，尤其是在非法资金流动和税务流失方面。具体的数据和实际的例子更能体现离岸金融中心在这些活动中的重要性。

第一，离岸金融中心以其高度保密性和宽松的监管环境成为财富隐藏

---

① Tax Justice Network，"State of Tax Justice 2023，" August，2023.

的理想场所。根据国际货币基金组织（IMF）的估计，全球约有 7 万亿美元的私人财富被隐藏在离岸金融中心，占全球 GDP 的 8%。其中很大一部分可能涉及非法活动，如逃税、贿赂和其他形式的经济犯罪。[①] 仅在美国，2015～2020 年房地产市场中通过洗钱流入的非法资金就超过了 2.3 万亿美元。[②] 这些资金通过复杂的离岸结构被成功洗白，并重新进入全球经济体系。

第二，离岸金融中心的隐蔽性使得财富隐藏变得极为简单。富裕个人和跨国公司通常通过设立空壳公司、信托和基金会来实现这一目的。这些法律实体可以将资产的所有权与控制权分离，使得税务机关和其他监管机构难以追踪真实的资产持有人。例如，瑞士银行以其严格的保密法规而著称，客户可以开设编号账户，这些账户的所有权信息仅限于银行内部掌握，外界几乎无法获取。客户可以通过这些账户将资金转移到巴哈马或开曼群岛的离岸公司名下，从而有效地隐藏资产，并避免所在国的高额税务。[③]

空壳公司在离岸金融中心的使用也十分广泛。空壳公司通常只是在离岸司法管辖区注册的法律实体，没有实际的运营或员工。这些公司主要用于持有资产，如房地产、证券或其他高价值财产，利用当地的低税率或免税政策实现财富隐藏。例如，富裕的企业家可能在英属维尔京群岛注册一家空壳公司，通过该公司持有伦敦的豪华公寓，从而避免在英国缴纳资本利得税和遗产税。这种做法不仅使得税务负担大幅减少，还能够隐藏资产的真实所有者，防止在诉讼或其他法律纠纷中资产被查封或分割。

第三，离岸金融中心还被广泛用于洗钱活动。洗钱通常分为以下三个阶段。

（1）放置阶段。犯罪分子将非法所得的现金转移到离岸金融中心的银行账户，或者通过购买高价值资产，如房地产和奢侈品，将资金引入金

---

① "Shining a Light: Bringing Money out of the Shadows Means Improving Governance," *Finance and Development Journal*, September, 2019.

② Kumar, Lakshmi, and Kaisa de Bel, "Acres of Money Laundering: Why US Real Estate is a Kleptocrat's Dream," Global Financial Integrity, 2021.

③ Binder A. , *Offshore Finance and State Power*, Oxford University Press, 2023.

融系统。例如，一个毒贩可能将 2000 万美元存入巴拿马的一家银行，该银行账户隶属于一个在巴哈马注册的信托，信托的受益人可能是一家在美国怀俄明州注册的空壳公司。

（2）分层阶段。资金通过复杂的跨境交易和金融安排不断转移，以掩盖其非法来源。这通常包括在多个离岸金融中心注册的空壳公司和信托之间进行频繁的资金转账，使得追踪其来源变得极为困难。例如，犯罪分子可能通过虚假发票和贷款安排，将资金在不同国家的银行账户之间循环，进一步混淆资金的来源和去向。

（3）整合阶段。清洗过的资金被重新引入合法经济，具体做法包括购买豪华房地产、奢侈品、艺术品等高价值资产，或者投资合法的商业项目。例如，腐败官员可能通过在美国或欧洲购买房地产或投资基金，将洗白的资金转变为合法收入。慈善捐赠和赞助也是常见的手段，这些行为不仅可以洗白资金来源，还能提升社会形象。例如，某些贪官通过在名校设立奖学金或捐款建造建筑物，既达到了清洗资金的目的，又提升了他们的社会声誉。

综上所述，离岸金融中心通过其保密性、宽松的监管环境和税务优惠，为全球的富裕个人、跨国公司和犯罪分子提供了有效的财富隐藏和洗钱手段。尽管这些操作在法律上可能不总是违法的，但它们的隐蔽性和复杂性使得监管机构难以追踪和管理，导致了全球范围内的税收流失和非法资金流动。这种现象不仅加剧了全球经济的不平等，还对国际金融体系的透明度和稳定性构成了严重威胁。

（四）规避政府监管

离岸金融中心在规避政府监管方面起到了关键作用，特别是在处理欧洲美元业务时。这些中心通过提供宽松的监管环境和税收优惠，吸引了大量银行和跨国企业将其业务转移到这些地区，从而规避了本国政府的金融监管和税务负担。

欧洲美元市场的兴起是规避政府监管的一个典型案例。欧洲美元指的是存放在美国以外的银行账户中的美元。这些美元存款不受美联储的直接监管，因此能够逃避许多美国国内的金融监管措施。例如，美联储可以要求美国银行为存款准备一定比例的准备金，并限制贷款的利率和规模，但这些规定对欧洲美元不适用。由于这些美元存放在海外银行，因此美联储无权直接干预其运作。

银行家们迅速发现了这一点，并利用欧洲美元市场来规避监管。即使美联储试图限制美元的流出，银行仍可以通过加拿大、荷兰或其他欧洲国家的银行获得美元贷款。这些贷出的美元不受美国国内法规的限制，因此可以自由地进行借贷和偿还。例如，假设美联储希望通过提高准备金率来控制货币供应量，这将迫使美国银行减少贷款发放。然而，银行可以将业务转移到伦敦，通过欧洲美元市场继续发放贷款，而不受美联储的任何约束。这使得美国的监管措施在面对全球金融市场时显得无力。[1]

随着欧洲美元市场的发展，越来越多的贷款交易被转移到税率更低、监管更宽松的地区进行。例如，虽然欧洲美元存款和贷款的谈判通常在伦敦进行，但这些交易的登记往往在巴哈马拿骚、开曼群岛或泽西岛等地进行。这些地方提供了极低的税率甚至免税政策，使得贷款交易的成本大大降低。例如，在巴哈马和开曼群岛，贷款产生的利润通常是免税的，而在泽西岛，贷款利润仅需缴纳2%的直接税。这种税收优惠使得越来越多的银行选择在这些离岸金融中心预订贷款，从而进一步减少纳税义务。[2]

跨国企业也利用离岸金融中心来规避政府监管。这些企业通常在离岸金融中心设立子公司或姐妹银行，以处理其外汇业务或为国际合资项目融资。通过在这些地区设立分支机构，企业能够利用离岸金融中心的宽松监管政策，减少资本税、预扣税、转让税和公司税等负担。例如，受监管的境内银行可能会在离岸金融中心设立全资子公司，提供离岸基金管理服务，如全球托管、基金会计、基金管理和转账代理服务。这种做法不仅可以降低企业的税负，还可以避免复杂的报告和合规要求。[3]

以加拿大和伦敦的银行为例，可以说明离岸相比于在岸，在规避监管

① Adam Smith, *Paper Money*, Summit Books, 1981.

② Hampton M., *The Offshore Interface：Tax Havens in the Global Economy*, Palgrave Macmillan, 1996.

③ Tax Justice Network, "State of Tax Justice 2023 ," August, 2023.

和增加利润方面的巨大差异。在加拿大，银行对存款有 15% 的准备金要求，这意味着每 100 美元的存款中有 15 美元必须保留作为储备金，不能用于贷款。剩下的 85 美元可以以 10% 的贷款利率借出，从而产生 8.5 美元的利息收入。在扣除银行运营成本后，最终利润仅为 0.05 美元。而在伦敦，由于没有准备金要求，银行可以将 100 美元的全部存款以 10% 的贷款利率借出，产生 10 美元的利息收入。扣除同样的运营成本后，伦敦银行的税前利润为 1.55 美元，比加拿大银行多赚 1.5 美元。这一对比清楚地展示了通过离岸金融中心规避监管所带来的巨大经济利益。

总之，离岸金融中心通过提供宽松的监管环境和税收优惠，成为银行和跨国企业规避政府监管的重要工具。欧洲美元市场的兴起和发展是这一现象的典型例子，这不仅改变了全球金融市场的运作方式，也使得政府监管机构在面对全球化的金融活动时面临巨大挑战。通过离岸金融中心，企业和银行能够显著降低税负，增加利润，同时规避国内严格的金融监管，从而在全球市场中获得更大的竞争优势。

（五）资产管理与保护（保密与安全）

离岸金融体系在资产管理与保护方面扮演了至关重要的角色，尤其是在提供隐私和保护资产免受各种外部威胁方面。银行保密性是吸引离岸业务的核心因素，被认为是离岸金融中心的基石。在许多离岸司法管辖区，泄露客户账户信息不仅是违反职业道德的行为，更可能构成刑事犯罪。这种严格的保密规定，通常源自英国普通法的传统，使得离岸金融中心成为全球富人和跨国公司保护资产的重要工具。

在这些司法管辖区内，银行家与客户之间的保密关系得到了法律的强化。例如，巴哈马 1965 年的《银行和信托公司条例》大幅增加了银行保密的法律保护，使得客户的财务活动能够在极高的隐私条件下进行。正如国际调查记者同盟的杰拉德·赖尔（Gerard Ryle）所言："离岸世界销售的唯一产品就是秘密。"① 离岸金融中心及其从业者所保守的秘密，不仅

---

① Gary Kitchener, "Paradise Papers: Are We Taming Offshore Finance?" November 6, 2017, BBC News.

仅是客户的财务信息，更是客户的隐私。这种隐私保护对那些希望隐藏资产、规避政府监管或逃避债权人追索的个人和公司来说，具有极大的吸引力。

离岸金融体系提供了隐私的庇护，使得客户能够将资产转移至这些地区，从而避开其本国法律的约束。例如，富人和跨国公司可以通过付费给金融服务提供商，设立公司和其他离岸安排来持有他们的财富，这些财富可能包括游艇、飞机、艺术品、豪宅、现金甚至公司股份等。通过这些离岸实体，资产的真正所有者和受益人身份被巧妙地隐藏起来，使得外界难以追踪这些财富的来源和实际控制者。

离岸金融中心的保密性在财富保护方面表现尤为突出。例如，在"潘多拉文件"泄露的案例中，许多设立在离岸税收或保密天堂的公司和账户，并未明确显示资产持有人的身份，而使用了首字母缩写或"实益拥有人"（Beneficial Owner）这一模糊的术语。这种做法有效地隐匿了财富的实际受益人，进一步加强了资产保护。

此外，离岸金融中心还开发了各种形式的匿名实际所有权（Anonymous Beneficial Ownership）实体，如开曼群岛、塞舌尔以及美国的特拉华州、内华达州和北达科他州。这些实体使世界各地的客户能够掩盖其财富的来源并隐藏账户所有者的身份。例如，赤道几内亚的副总统特奥多罗·恩圭马·奥比昂·曼格利用匿名买家和空壳公司，在美国和法国积累了大量豪华资产，包括跑车和豪宅。他的这种财富隐藏方式不仅逃避了本国和国际的财务监管，还成功规避了法律的追查。

离岸金融体系的隐私保护不仅帮助客户隐藏资产，还为他们提供了一种合法的手段，以免受债权人、诉讼以及其他外部压力的干扰。这种隐秘性和安全性使得离岸金融中心成为全球富人和权贵青睐的资产管理与保护工具，无论是为了规避税收、隐藏财富来源，还是为了在国际社会中保持低调，离岸金融中心都能为其提供强大的支持。

通过以上机制，离岸金融体系不仅帮助客户有效管理和保护了资产，还为他们提供了一个在法律灰色地带操作的环境，使得这些财富能够在全球范围内自由流动，而不受本国法律和监管的限制。

二 离岸金融体系的积极贡献

离岸金融体系对现代国际经济的积极影响广泛且深远，尤其在推动金融全球化、增加全球资本流动性、支持美元国际化等方面发挥了重要作用。以下将更详细地阐述这些方面，并引用更多具体数据和实例来说明其影响。

（一）推动金融全球化

离岸金融体系对金融全球化的推动作用是其显著的贡献之一，尤其是通过欧洲美元市场的发展，离岸金融体系加速了资本在全球范围内的流动，提升了跨国公司在全球经济中的地位，并推动了国际金融市场的创新与整合。

1. 欧洲美元市场的崛起及其对金融全球化的推动

欧洲美元市场的出现可以追溯到 20 世纪 50 年代，当时欧洲各国银行为了应对美元短缺问题，开始在欧洲市场上进行美元交易。这个市场很快扩展，成为全球资本流动的关键渠道。欧洲美元市场的形成标志着第一种真正意义上的超国家货币形式的诞生，这一创新极大地促进了国际金融领域的发展，并且推动了无国籍银行体系的崛起。

20 世纪 60 年代，伦敦成为欧洲美元活动的主要中心。然而，随着英国政府对外国银行监管的逐步加强，这些金融活动逐渐转移到监管较少的地区，如中国香港、新加坡，以及加勒比地区的巴哈马和开曼群岛等地。现代计算机技术的应用进一步增强了这些离岸银行中心的影响力，使它们迅速成为全球金融活动的重要参与者。

欧洲美元市场的扩展不仅推动了离岸金融中心的发展，还显著提升了全球资本的流动性和跨国公司的资金调动能力。例如，美国对外直接投资收益从 1950 年的 18 亿美元增长到 1971 年的 103 亿美元。[①] 这一显著增长显示了跨国公司利用欧洲美元市场在促进全球经济增长中发挥的重要作

---

① John Williamson, *The Failure of World Monetary Reform*, New York University Press, 1977.

用。此外，发展中国家也从欧洲美元市场中获益，在需要基础设施贷款时得到了资金支持。

2. 离岸金融体系对跨国公司和资本流动性的影响

离岸金融体系改变了跨国公司管理全球业务的方式。通过在监管环境简单或税率接近零的离岸金融中心设立公司，企业能够有效地避税并简化管理。离岸设施不仅用于欧洲货币业务交易，还通过开放式多股东投资公司和规避外国公司规则，实现免税和积累资本收益。几乎没有监管的环境还被用于构建银团融资，允许金融体系大幅提高杠杆率。这些机制大大加速了经济的跨国化进程。①

离岸美元市场通过协调国际银行系统，降低了交易成本和基于司法管辖区的摩擦，显著促进了全球化、贸易和经济发展。由于美元的单一货币使用，欧元货币市场的透明度和整合力得到了提升。国际银行业的竞争迫使银行降低成本并创新融资技术，从而提高了全球资本的配置效率和资本流动性。这一过程增强了货币政策的有效性，并增加了用于弥补国际收支不平衡或满足经济发展需求的资金量。

3. 欧洲债券市场的崛起与全球资本流动

除了欧洲美元市场外，欧洲债券市场的崛起也对国际资本流动产生了深远的影响。跨国承销团体在多个国家发行债券，并向全球投资者销售，从而避开了本国的监管和税收。这一机制提高了全球资本和贸易活动的效率与频率，进一步加速了全球化进程。

举例来说，如果没有欧洲市场和离岸经济，二战后美国跨国公司在全球范围内的崛起是不可能发生的。这些公司首先在欧洲，然后逐步扩展到全球，利用离岸金融市场的便利，推动了全球资本市场的发展。②

4. 离岸金融市场的创新与扩展

1971 年，固定汇率向浮动汇率的转变增加了金融市场的风险，进一步促进了芝加哥、伦敦和纽约金融衍生品市场的增长。离岸金融的作用因

① Mark P. Hampton, and Jason P. Abbott, eds., *Offshore Finance Centers and Tax Havens: The Rise of Global Capital*, Purdue University Press, 1999.
② Ogle V., "Archipelago Capitalism: Tax Havens, Offshore Money, and the State, 1950s-1970s," *The American Historical Review* 122 (2017).

此变得更加重要，传统的国际银行业务逐渐被离岸金融中心主导，创新成为离岸市场的标志。新金融工具如银团信贷和浮动利率票据等，成功解决了再循环危机，并为国际融资提供了新的选择。

根据国际清算银行的数据，银行的未偿还国际债权在 1963 年占世界 GDP 的不到 2%，而到了 2007 年，这一比例达到了顶峰，超过 60%。[①] 这说明，20 世纪 70 年代离岸金融已经成为国际银行的核心部分，逐渐取代了传统的银行筹资模式。

总之，欧洲美元市场和离岸金融中心的崛起，极大地推动了国际资本流动和金融全球化。这一市场的创新和整合不仅促进了国际贸易和投资，还加速了全球经济活动及其增长。离岸金融中心通过提供金融服务、促进竞争和创新，为全球资本的有效配置和流动性提升做出了重要贡献。然而，随着这些市场的发展，全球金融稳定性和监管的挑战也随之而来，要求各国政府和国际金融机构密切关注并加以应对。

（二）增加全球资本流动性

离岸金融体系在增加全球资本流动性方面发挥了关键作用，尤其是欧洲美元市场的发展，为国际市场提供了充足的流动性。这种流动性不仅对全球金融体系的稳定与发展至关重要，还带来了多种相关好处。以下是对这一过程的详细分析。

1. 欧洲美元市场如何增加全球资本流动性

欧洲美元市场的形成可以追溯到 20 世纪 50 年代，当时欧洲各国银行为了应对二战后重建的流动性问题，开始在欧洲市场上进行美元交易。这个市场迅速发展，成为绕过美国金融系统的便利手段，并且逐步脱离了任何国家的直接监管。特别是在 1957 年苏伊士运河危机期间，英国银行开始积极吸收美元存款用于贸易信贷，从而进一步推动了这一市场的形成。

欧洲美元市场通过一种被称为"部分准备金银行制度"的机制，成

---

① McCauley R., McGuire P., and Wooldridge P., "Seven Decades of International Banking," *BIS Quarterly Review* 20（2021）.

功地增加了全球资本流动性。当银行接收到存于海外的美元存款时，它们不需要像在美国国内那样保留法定的准备金。因此，这些银行可以将更大比例的存款再贷出给其他银行或借款人，增加了国际市场上的资金流动。这一过程通过不断地存款借贷循环，使得全球信贷供应得以扩展，支持了全球经济活动。[①]

2. 全球资本流动性扩展的具体机制

欧洲美元市场通过银行间借贷活动创造货币，增加了全球流动性。例如，当一个美国个人或一家公司将资金从纽约银行的定期存款转移到欧洲美元市场时，这笔定期存款需要首先转换为活期存款，然后支付给一家欧洲银行。此时，欧洲银行在纽约银行有一项活期存款权利，而该个人或公司在欧洲银行有一笔定期存款。这一过程导致美国的 M2（广义货币供应量）未变，但欧洲的 M2 因这笔欧洲美元存款而增加。由于外国人的存款被视为美国货币供应的一部分，广义上的全球货币供应量因此增加。

根据 1975 年底的数据，向国际清算银行（BIS）报告的 8 个国家的银行在总计 1900 亿美元的美元贷款中，仅有 410 亿美元是贷给非银行借款人的。其他货币的贷款总额为 680 亿美元，其中 200 亿美元贷给了非银行借款人。这些数据虽然不包括加勒比和远东地区的欧洲货币市场活动，但涵盖了大部分欧洲货币信贷创造活动。[②] 尽管欧洲美元存款在严格意义上不是货币，但在扩展的货币供应定义下，它们确实增加了全球资本流动性，并通过不同的信贷扩展机制影响了国际金融市场。

3. 离岸金融体系对全球资本流动性的整体贡献

全球大约有一半的资金通过离岸管辖区进行流动，同时全球约有 1/3 的外国直接投资也通过这些司法管辖区进行。据估计，在离岸管辖区登记

---

① Karlick，John R.，*Some Questions and Brief Answers about the Eurodollar Market：A Staff Study Prepared for the Use of the Joint Economic Committee，Congress of the United States*，US Government Printing Office，1977.

② Karlick，John R.，*Some Questions and Brief Answers about the Eurodollar Market：A Staff Study Prepared for the Use of the Joint Economic Committee，Congress of the United States*，US Government Printing Office，1977.

的私人财富总额超过 21 万亿美元，占全球财富总额的近 18%。① 这些离岸管辖区通过减少监管和税收负担，为全球资本提供了更为自由和灵活的流动环境。

欧洲美元市场的扩展不仅增加了全球金融体系的流动性，还通过减少基于司法管辖区的摩擦，降低了国际银行系统的交易成本。这一过程有助于全球贸易和经济的发展，增加了用于弥补国际收支不平衡或满足经济发展需求的资金量。此外，随着 20 世纪 70 年代石油危机的发生，欧洲美元市场为石油美元的形成提供了必要的基础设施，进一步增强了全球流动性。

4. 全球资本流动性增加带来的好处

通过离岸金融体系提供的流动性，全球金融市场变得更加稳定和灵活。企业能够更轻松地获得融资，国家之间的资本流动更加顺畅，跨国公司在全球经济中的地位也因此得到了巩固。例如，离岸金融市场的存在使得跨国公司能够在全球范围内有效调配资金，从而支持其全球扩张和运营。对发展中国家而言，离岸金融体系提供了重要的资金来源，特别是在需要进行基础设施融资时。

离岸金融体系还促使金融创新不断涌现，如银团信贷和浮动利率票据的发展，这些创新不仅帮助应对了再循环危机，还为国际融资提供了新的选择。

总之，离岸金融体系通过增加全球资本流动性，对国际经济的发展和全球金融市场的稳定做出了重要贡献。特别是通过欧洲美元市场的发展，离岸金融体系为全球提供了充足的资金支持，促进了国际贸易和投资增长，增强了全球经济的整体活力。然而，随着流动性的增加，全球金融市场也面临更大的监管挑战，需要各国政府和国际机构加强合作，以确保全球金融体系的稳定和可持续发展。

（三）支持美元国际化

1. 欧洲美元市场

欧洲美元市场的兴起与发展，对美元的国际化起到了至关重要的推动

---

① Palan R. , and Anastasia N. , "Shadow Banking and 'Offshore Finance'," Handbook of Global Economic Governance, 2013.

作用。美元的国际化不仅体现在其作为全球主要储备货币和计价单位的地位上，也表现在它在全球贸易和金融活动中的广泛使用。

在布雷顿森林体系建立后，美元迅速确立了其作为国际计价单位的地位。当时，35 美元兑换 1 盎司黄金，其他货币与美元挂钩，美元因此成为国际贸易的计价单位和国际价值的衡量标准。然而，美元的国际化进程并不仅仅依赖布雷顿森林体系的固定汇率制度，而是在该体系崩溃后，通过一系列市场和政策的互动得到进一步的巩固和扩展。

欧洲美元市场的形成始于 20 世纪 50 年代，当时欧洲的商业银行和中央银行为了应对二战后重建的流动性需求，开始在欧洲市场上进行美元交易。1957 年，由于美元在国际市场上具有广泛接受度，英国银行开始大量使用美元来满足国际客户的需求。这一现象标志着美元开始脱离美国本土进入国际市场，并成为全球金融交易的主要货币之一。

从 20 世纪 60 年代初开始，外国政府和私人企业开始发行以美元计价的欧洲债券和欧洲信贷。到 1966 年，3/4 的欧洲债券和 97% 的欧洲信贷是以美元计价的。这种扩展使得美元在跨国债务创建过程中，逐渐成为一种标准的国际计价货币。在布雷顿森林体系崩溃后，美元作为国际计价货币的地位并没有因为固定汇率制度的瓦解而减弱。相反，通过美国联邦储备系统的积极干预，美元的地位得到了进一步巩固。1974 年，当美国富兰克林国民银行（Franklin National Bank）因过度参与外汇市场而陷入困境时，美联储果断行动，提供了 17 亿美元的流动性支持。这一举措表明，即使是美国法律管辖之外的欧洲美元，仍然被视为与美国国内美元等同的流动性。这一隐含的担保和支持，进一步确立了美元在全球金融市场中的主导地位。[①]

欧洲美元通过在国际金融市场中获得的广泛信任和接受度，成功实现了其作为价值储存手段的角色。欧洲美元是存放在美国以外特别是欧洲银行中的美元，由于其稳定性和流动性，以及美元在全球的广泛使用，欧洲美元成为国际贸易和金融的首选媒介。金融机构和企业广泛使用欧洲美元

---

① Lim, Kyuteg, "Why, When, and How the US Dollar was Established as World Money," *Peace Studies* 27（2019）.

进行借贷和对冲货币风险，这进一步巩固了其在全球经济中的作用。

欧洲美元市场提供了一个高度流动性和较低风险的美元资金池，这使得各国央行愿意将其作为外汇储备的一部分。由于美元本身已经是全球主要的贸易和储备货币，欧洲美元市场为各国央行和储备管理者提供了一个有吸引力的选择，这进一步巩固了美元在全球金融体系中的地位。

2. 石油美元与美元国际化

1971年，随着布雷顿森林体系的崩溃，黄金逐渐被外汇货币取代，美元成为大多数国家的主要储备货币。从那时起，石油美元循环（Petrodollar Recycling）的净效应为美联储提供了无与伦比的创造信贷和扩大货币供应的能力。这一能力在布雷顿森林协议下是不可能实现的，而离岸体系的保密性和宽松监管又为资本外流提供了动力，大量资金从发展中国家流向主要金融中心。这种资金流动不仅帮助维持了美元作为全球储备货币的地位，也使美国能够通过高水平的借贷来支持其全球扩张。

欧洲美元市场为石油美元的发展提供了必要的基础设施。如果没有欧洲美元市场，苏联、中国以及石油危机后的中东国家可能不会如此大量地使用和持有美元。以欧洲美元形式持有的大量美元，不仅提高了美元的全球威望，还扩大了美元的使用范围。

总之，欧洲美元市场通过推动美元在国际金融市场中的广泛使用，加速了美元的国际化进程。无论是作为国际计价单位、价值储存手段，还是交易媒介，美元的地位都得到了离岸金融体系的强有力支持。欧洲美元市场提供的流动性与灵活性，使得美元不仅成为全球贸易的主要货币，还成为各国央行和私人投资者信赖的储备资产。通过这种方式，美元的国际地位在全球化的进程中得以不断巩固和提升。

三　离岸金融体系带来的挑战

尽管离岸金融体系在推动全球金融一体化、促进资本流动和增强美元国际地位等方面发挥了积极作用，但其快速发展也伴随着诸多负面影响和挑战。例如，该体系被有组织犯罪集团利用，成为洗钱和恐怖主义融资的温床，并为逃税避税、规避国际税收法律提供了便利。此外，离岸金融体系对全球金融稳定构成威胁，可能加剧跨国金融危机的风险。更为严重的是，离岸金融体系还助长了跨国腐败，使得资产隐匿和非法资金流动变得更加容易。本章将详细分析这些问题及其对全球经济和金融秩序的影响。

（一）有组织犯罪收益洗钱

离岸金融体系由于其提供保密性和匿名性服务，成为有组织犯罪集团洗钱的理想工具。这些犯罪分子通常利用离岸金融中心的空壳公司和匿名银行账户，将非法收益转移到境外。这些空壳公司往往只有法律身份，而没有实际业务，通过代理人注册使得真正的所有者身份得以隐藏。通过这些匿名账户和复杂的跨国资金转移，犯罪组织能够将非法资金洗白，并进一步隐匿其来源和去向。

有组织犯罪集团还利用离岸金融体系的全球网络特性，通过多重管辖区的金融交易，将资金从一个国家转移到另一个国家，从而规避国际监管。利用多个国家之间的法律差异和监管漏洞，犯罪分子可以通过复杂的资金转移路径，增加追踪难度。这些资金流通常通过虚假的贸易合同、租金、特许权使用费等形式表现，使得表面上看起来合法，却实际掩盖了非法资金的流动。

此外，合法的金融机构和专业中介，如银行、律师事务所和会计师事务所，有时在不知情或有意情况下参与了这些洗钱活动。通过专业知识，这些中介机构设计复杂的法律和财务结构，使得犯罪组织能够更有效地隐藏和转移资金。墨西哥毒品贩运组织和俄罗斯的有组织犯罪集团就是利用这些手段，将大量非法收益清洗并转移到国际金融系统中。

这些洗钱活动不仅助长了有组织犯罪的可持续发展，还对全球金融体系的透明性和稳定性构成了重大威胁。国际社会需要加强对离岸金融活动的监管，促进跨国合作，以有效应对和打击洗钱行为，维护全球金融市场的公正和安全。

（二）恐怖主义融资

离岸金融体系为恐怖组织提供了隐蔽且有效的资金转移和筹集手段，这些组织利用离岸金融中心的匿名性和保密性来隐藏其资金来源。通常情况下，恐怖组织通过设立空壳公司和匿名银行账户，将资金转移到境外。通过伪装成合法的非政府组织（NGO）或慈善机构，这些组织能够筹集大量资金，并通过离岸账户进行复杂的跨国资金流动，从而避免被发现。

具体案例包括"基地组织"和"伊斯兰国"，它们长期以来利用离岸金融中心来支持其恐怖活动。即使在国际社会采取广泛的打击行动的情况下，这些组织仍然能够通过全球金融网络保持资金流动。例如，"伊斯兰国"利用控制地区的银行，通过国际银行系统进行资金转移，而这些银行并未完全脱离全球金融通信网络。此外，这些组织经常利用虚假的进出口合同和夸大商品价值的手段进行基于贸易的洗钱，使非法资金得以进入合法经济体系。

恐怖组织在利用离岸金融体系时，通常会通过多个司法管辖区转移资金，以规避国际监管。这些资金通过多个离岸金融中心的复杂网络流动，增加了资金追踪的难度，并掩盖了资金的最终受益人身份。这种多层次的资金操作不仅使恐怖组织能够有效地维持其活动，还对全球金融体系的安全性和稳定性构成了严重威胁。

为了应对这些挑战，国际社会需要加强对离岸金融活动的监管，并促进跨国合作。反洗钱金融行动特别工作组（FATF）等机构已经提出更严格的监管标准，以打击恐怖主义融资和其他非法活动。通过加强全球监管和协作，可以有效遏制恐怖组织利用离岸金融体系进行洗钱活动，维护全球金融市场的稳定和安全。

（三）逃税与避税等因素加大全球贫富差距

离岸金融体系对全球偷税漏税问题起到了极其重要的推动作用，进而加剧了全球的贫富差距，并带来了许多相关的社会经济问题。离岸金融中心为全球富豪和跨国公司提供了逃避税收的便利。这些避税天堂通过极低或零税率、严格的银行保密制度和松散的监管环境，使得财富持有者能够将大量资金隐藏在境外，从而逃避本国税务机关的监管。根据《2023 税收正义现状》报告，全球由于税收滥用和逃税导致的税收损失预计在未来十年将达到 4.8 万亿美元。这些资金原本应该用于各国政府的公共服务和基础设施建设，而最终却被少数富豪和公司通过复杂的离岸金融结构转移到避税天堂。①

跨国公司也广泛利用离岸金融体系来减少税负。最新研究显示,全球有约12万亿美元的跨国公司投资实际上是通过没有实际经济活动的空壳公司进行的。这些投资通过荷兰、卢森堡、开曼群岛等著名的避税天堂进行,以便利用这些国家或地区的低税率政策。这类避税行为导致了全球企业的实际税负大幅降低,进一步压缩了各国政府的税收收入。

例如,制药和技术公司普遍采用的"双重爱尔兰"税收结构,就是通过将知识产权转移到开曼群岛的子公司来避税的典型案例。加利福尼亚州的一家公司将专利以极低价格出售给其在开曼群岛的全资子公司,随后该子公司将专利重估并转移至爱尔兰的另一家子公司,从而极大地减少了其应缴税款。该结构不仅合法地减少了税负,还将大量利润转移到了避税天堂。

离岸金融体系的普遍使用使全球财富分配更加不均。富豪和跨国公司能够利用这些金融中心逃避应缴税款,从而进一步积累财富,而普通民众和中小企业则无法享受这些优惠。研究表明,全球有21万亿~32万亿美元的私人财富被隐藏在离岸金融中心,而这些财富几乎不缴纳任何税款。②

这种财富集中现象导致了全球贫富差距的进一步加剧。例如,根据经济学家托马斯·皮凯蒂(Thomas Piketty)的研究,1988~2011年,全球最底层10%的人口收入每年仅增长不到3美元,而最富有的1%人口的收入增长了182倍。在美国过去30年中,最底层50%的人收入几乎没有增长,而最富有的1%人口收入增长了300%。③

此外,利用离岸金融体系进行税收优化的公司和个人,其所逃避的税费最终由普通纳税人承担。这种不公平的税收负担进一步拉大了社会不平等,政府的税基缩小,公共服务和基础设施投资受到限制。例如,最新的研究显示,财富500强公司每年通过离岸司法管辖区逃避的税款,必须通

---

① Tax Justice Network, "State of Tax Justice 2023 ," August, 2023.

② Henry J. S. , "The Price of Offshore Revisited," *Tax Justice Network* 22 (2012).

③ Hardoon, Deborah, "An Economy for the 99%: It's Time to Build a Human Economy That Benefits Everyone, not Just the Privileged Few," Oxfam, 2017.

过提高个人税收或减少公共投资和服务来平衡。这直接影响了社会福利的提供，特别是在中低收入国家，使得贫困问题愈发严重。[①]

离岸金融体系的另一大影响体现在房地产市场，尤其是全球大都市的房地产市场。许多超级富豪利用离岸金融体系将非法资产转移至伦敦、纽约等地，用于购买高档房地产。这些外国非法资产的涌入推高了当地房价，使得普通中产阶层难以负担购房成本，进而加剧了贫富差距。

例如，在伦敦，估计有价值约410亿英镑的房产处于空置状态，而与此同时，该市的住房危机依旧严峻，许多人甚至无法负担租房费用，无家可归现象日益严重。英国前首相托尼·布莱尔和妻子通过一家离岸控股公司购置伦敦房产，为他们节省了31.2万英镑的土地交易税。这种利用离岸公司避税的方式在富人中十分普遍，进一步扩大了社会不平等。[②]

全球范围内，富裕个人和跨国公司利用离岸金融体系逃避税收，加剧了经济不平等。这不仅削弱了各国政府的财政能力，也导致了社会资源的分配不公。尽管全球竞相减税的做法已经显著削弱了各国政府的税收基础，但这些措施往往只对富人有利，普通劳动者和中小企业无法享受到同样的税收优惠。

例如，全球财富500强公司利用离岸金融体系每年逃避的税款为2450亿~6000亿美元，这些税款原本可以用于改善公共服务和建设基础设施，但由于避税行为的普遍存在，许多国家的政府只能通过增加个人税负或减少公共开支来弥补这一缺口。最终，最富有的1%人口所拥有的财富已经超过了地球上其他人口的财富总和，这种极端的不平等现象正是由离岸金融体系的广泛使用所推动的。

离岸金融体系通过为富豪和跨国公司提供逃避税收的便利，不仅严重削弱了各国政府的税收基础，而且进一步加剧了全球贫富差距。这种财富的不公平分配不仅破坏了社会的和谐稳定，还导致了公共服务和基础设施建设的资金短缺，给全球经济带来了深远的负面影响。

---

① Richard Phillips, Matt Gardner, Alexandria Robins, and Michelle Surka, "Offshore Shell Games 2017: The Use of Offshore Tax Havens by Fortune 500 Companies," October, 2017.

② Joseph C. Sternberg, "The Pandora Papers' Secret: Everyone Already Knows This Stuff," *The Wall Street Journal*, October 7, 2021.

（四）金融稳定性问题

离岸金融体系对全球金融稳定带来了显著的挑战，尤其体现在欧洲美元市场和离岸金融中心的作用上。以下将从这两个方面进行详细分析，探讨它们如何引发金融稳定性问题，并结合数据和案例说明这些影响。

1. 欧洲美元市场的金融稳定性问题

欧洲美元市场起源于 20 世纪 50 年代末，是指在美国境外特别是在欧洲市场上进行的美元存款和贷款交易。由于这些美元不受美联储的直接监管，欧洲美元市场迅速发展，形成了一个庞大的离岸金融体系。根据 IMF 的估计，到 20 世纪 70 年代末，欧洲美元存款的规模已经有约 5000 亿美元，占全球美元流动性的很大比例。

欧洲美元市场的一个关键特征是其高度的杠杆操作，这使得该市场在全球金融危机中显得尤为脆弱。2008 年全球金融危机期间，欧洲美元市场的脆弱性被彻底暴露。由于这些市场中的银行通常使用高杠杆进行操作，以低成本借入美元资金，再通过各种衍生工具进行投资，当市场信心崩溃时，这种高杠杆导致了严重的流动性危机。

在危机中，市场对高质量抵押品（如美国国库券）的需求急剧增加，但这些抵押品的供应却严重不足。这导致银行之间的信任崩溃，银行不愿意相互借贷，进而引发了全面的流动性危机。据美联储的数据，在 2008 年金融危机的高峰期，全球范围内的银行在欧洲美元市场中损失了数万亿美元的资金。①

为应对危机，美联储不得不与外国中央银行合作，激活美元掉期额度，提供流动性支持。例如，2008 年 10 月，欧洲央行与美联储之间的外汇掉期安排从 250 亿美元增加到 6200 亿美元，以缓解欧洲银行体系的美元短缺问题。然而，这种干预虽然缓解了短期的流动性危机，却未能解决欧洲美元系统的结构性问题。

由于欧洲美元的流动性不受美国监管，且这些资金经常回流至美国，

---

① Rickards, James, *Sold Out: How Broken Supply Chains, Surging Inflation, and Political Instability Will Sink the Global Economy*, Penguin, 2022.

欧洲美元市场对美国的货币政策构成了挑战。米尔顿·弗里德曼（Milton Friedman）指出，欧洲美元市场实际上创造了一种未经批准的私人货币，这种货币的存在使得美联储难以控制国内货币供给，从而削弱了其货币政策的有效性。根据美联储的数据，1973～1974 年，欧洲美元市场的迅速扩张直接导致了美国国内利率的异常波动，加剧了通货膨胀压力。

2. 离岸金融中心的金融稳定性问题

离岸金融中心是指那些通过提供低税率和宽松监管环境，吸引全球资本流入的司法管辖区。主要的离岸金融中心包括开曼群岛、百慕大群岛、新加坡、卢森堡等。这些中心的一个共同特征是，它们提供了便于避税、避债和进行高风险金融操作的平台。根据国际清算银行（BIS）的数据，到 2020 年，全球离岸金融中心的资产总额估计达到 40 万亿美元，占全球金融资产的 10% 以上。这些资产中很大一部分来自对冲基金、特殊目的载体（SPV）和结构性投资工具（SIV）。

离岸金融中心的一个显著特征是它们推动了金融创新，尤其是在高风险金融工具的创造和交易方面。例如，在 2008 年全球金融危机爆发之前，许多金融机构在开曼群岛等地设立了 SPV，用于购买和持有次级抵押贷款支持证券（MBS）。这些证券虽然在表面上看起来风险较低，但实际上隐藏了大量的系统性风险。

在危机爆发时，这些 SPV 的资产价值迅速缩水，导致全球金融体系中的流动性迅速枯竭。例如，雷曼兄弟公司在危机爆发前通过其设在开曼群岛的 SPV，持有了超过 600 亿美元的 MBS 资产。这些资产的崩溃直接导致了雷曼兄弟的破产，并触发了全球金融危机。

由于离岸金融中心具有宽松的监管环境，这些地区的金融活动通常不受所在国的严格监管，这导致了全球金融体系出现监管漏洞。例如，LIBOR 丑闻揭示了离岸金融中心内的银行如何通过操纵基准利率，获得巨额非法利润。根据美国司法部的调查，这一丑闻涉及的金融交易总额约 350 万亿美元，相关银行从中获利数亿美元。

离岸金融中心在全球金融体系中的重要性不断上升，也使得它们在金融危机中的作用愈发关键。IMF 在一份报告中指出，虽然离岸金融中心尚未成为引发系统性金融危机的主要原因，但其在某些危机中的作用已不可忽视。随着全球金融体系的相互依赖性加深，离岸金融中心的问题可能会通过金融市场的连锁反应，迅速传导到其他金融中心，造成全球金融稳定风险。

3. 案例：拉丁美洲债务危机中的离岸金融作用

拉丁美洲债务危机是 20 世纪 80 年代初的一场重大金融危机，离岸金融体系在其中发挥了重要作用。在 70 年代第一次石油危机之后，许多拉丁美洲国家通过国际资本市场借入大量欧洲美元贷款，以应对经济困难。然而，这些贷款的大部分通过离岸金融中心进行了金融操作，导致了债务的迅速积累和最终的金融崩溃。

例如，墨西哥在 70 年代末通过离岸金融中心借入了大量欧洲美元贷款，这些贷款被用于非生产性投资，导致了严重的财政赤字。当 20 世纪 80 年代初全球经济进入衰退，石油价格暴跌时，墨西哥的债务危机不可避免地爆发了。最终，墨西哥在 1982 年宣布无力偿还债务，触发了拉丁美洲债务危机，并导致该地区的经济陷入长期停滞。

离岸金融体系对全球金融稳定产生了深远的影响。它在正常时期能够促进全球资本流动和金融创新，但在危机时期，其高杠杆操作、不受监管的金融活动和复杂的衍生工具，极易引发系统性风险。理解和加强对这些市场的监管，对防范未来的金融危机至关重要。

（五）跨国腐败与政治影响

跨国腐败指的是腐败行为跨越国家边界，涉及多个国家的公职人员、企业和中介机构。这种腐败形式通常伴随着复杂的洗钱操作、贿赂、非法资金转移和资产隐匿，往往通过离岸金融中心和其他金融体系来进行。近年来，跨国腐败逐渐成为全球关注的焦点，因为它不仅影响了各国的经济发展和社会公平，也挑战了国际法治和全球治理的有效性。

对跨国腐败的打击从 20 世纪 90 年代初开始逐渐加强。在此之前，许多国家尤其是发展中国家将腐败视为经商的必要组成部分。例如，直到1998 年，德国公司仍然可以将海外贿赂作为合法的税务扣除项目。然而，随着国际社会对腐败行为的道德反感提升和对其经济破坏性的认识逐渐加深，打击腐败的国际行动和法律框架逐步建立。

1995 年，透明国际发布了首份"清廉指数"，为全球腐败状况的监测奠定了基础。随后,《美洲反腐败公约》(1996)、《经合组织反对国际商务交易中贿赂外国公共官员公约》(1997)以及《联合国反腐败公约》(2005)等国际协议的签署,进一步巩固了全球反腐败的法律基础。这些举措不仅提高了各国对腐败行为的法律责任意识,也推动了国际的反腐败合作。

在打击跨国腐败的过程中,离岸金融中心和金融体系的作用逐渐受到关注。离岸金融中心因其低税率、高隐私性和宽松的监管环境,成为腐败资金流动的理想场所。这些中心通过提供复杂的金融工具和法律结构,使得腐败资金得以在全球范围内隐匿和流动,增加了跨国腐败的复杂性和隐蔽性。

离岸金融体系在跨国腐败中扮演着重要角色。它们通过提供隐匿资金流动和资产持有的方式,帮助腐败分子逃避法律制裁,并实现非法资金的洗白。以下是离岸金融中心便利跨国腐败的具体方式。

(1)空壳公司和信托。离岸金融中心通常允许创建大量的空壳公司和信托,这些实体往往没有实际的业务运营,但可以用于持有资产和进行交易。腐败分子通过这些机构隐藏其真实身份,将非法所得转移到境外。例如,哈萨克斯坦 BTA 银行前行长穆赫塔尔·阿布利亚佐夫(Mukhtar Ablyazov)利用超过 1000 家空壳公司隐藏了数十亿美元的资金,这些资金主要流向英属维尔京群岛等离岸金融中心。[①]

(2)洗钱操作。离岸金融中心提供了复杂的洗钱机制,通过多层次的金融交易和跨境资金转移,使得非法资金得以"洗白"。这类操作通常涉及空壳公司、离岸信托和银行账户的频繁转移。例如,塔吉克斯坦国营铝业公司和最大的国家出口商塔尔科公司(Talco)的利润通过英属维尔京群岛的空壳公司流入其他国家的银行账户,最终用于各种公共和私人用途。

(3)"黄金签证"(Golden Visa)和公民身份计划。一些国家通过"黄金签证"计划为投资者提供居住权或公民身份,而这些计划往往缺乏严格的资金来源审查,成为腐败分子合法进入和定居他国的途径。英国的"黄金签证"项目就吸引了大量来自俄罗斯、中国和中东的富人,其中不乏通过腐败手段获得财富的个人。根据英国透明国际的数据,2015 年,

---

① Cooley A., Heathershaw J., and Sharman J. C., "The Rise of Kleptocracy: Laundering Cash, Whitewashing Reputations," *Journal of Democracy* 29 (2018).

中国和俄罗斯公民获得的"黄金签证"占总签证数的 60%。①

（4）资产隐匿和保护。离岸金融中心通过复杂的法律结构和保密协议，为腐败分子提供了隐匿和保护其资产的手段。这些中心通常不要求公开披露公司实际受益人的信息，进一步增加了腐败资金追踪的难度。以阿塞拜疆为例，前总统阿利耶夫的亲属通过离岸账户和房地产投资在英国隐藏了大量财富。

全球各地的银行、律师事务所和会计师事务所往往帮助腐败分子设计和执行复杂的资金转移与资产保护计划。这些中介机构利用其专业知识，在离岸金融中心设立结构化的金融工具，确保腐败资金得以成功洗白。例如，吉尔吉斯斯坦前总统库尔曼别克·巴基耶夫的儿子通过与大型国际银行的代理关系，将数十亿美元资金转入匿名公司账户。②

跨国腐败不仅对个别国家的经济和政治环境造成破坏，还对全球金融体系的稳定性构成威胁。腐败资金的大规模流动和隐匿，加剧了全球经济的不平等，削弱了国际社会对法治的信心。

腐败行为通常导致国家资源的流失，尤其是在发展中国家，腐败使得本应用于公共服务和基础设施的资金流向少数精英的私人账户。据国际货币基金组织（IMF）估计，每年因腐败行为导致的发展中国家资金流失规模达数千亿美元。这些资金如果被用来投资公共服务和经济发展，将大大改善这些国家的经济状况。

跨国腐败行为削弱了公众对政府和国际组织的信任，破坏了法治的基础。腐败资金的跨境流动使得追踪和起诉腐败行为变得更加困难，增加了执法机构的负担。

总的来说，跨国腐败在全球化背景下变得更加复杂和难以遏制。离岸金融中心和体系为腐败分子提供了便利的工具和渠道，使得打击跨国腐败的工作面临巨大挑战。未来，国际社会需要进一步加强合作，完善法律框架，增加透明度，健全问责制，这样才能有效应对跨国腐败问题。

---

① Cooley A., Heathershaw J., and Sharman J. C., "The Rise of Kleptocracy: Laundering Cash, Whitewashing Reputations," *Journal of Democracy* 29 (2018).
② Cooley A., Heathershaw J., and Sharman J. C., "The Rise of Kleptocracy: Laundering Cash, Whitewashing Reputations," *Journal of Democracy* 29 (2018).

第二部分 离岸金融体系的起源与发展

19 世纪 70 年代至 1914 年第一次世界大战爆发前夕，被称为第一次全球化时期。在这段时间内，国际贸易和投资显著增长，技术进步（如蒸汽船、铁路和电报的发展）促进了全球市场的整合。资本和劳动力在各国之间的流动大幅增加，加速了经济全球化的进程。在这样一个自由主义的国际体系中，国家间的经济管理和国际协调是松散的，主要基于自愿合作的原则，这为各个国家在经济政策上提供了相当大的自主空间。① 20 世纪初，欧洲大陆和英国的所得税税率普遍较低，累进税制（对富人征收更高税率）才刚刚起步。

避税天堂的兴起则始于第一次世界大战之后。随着第一次世界大战的爆发，各国政府为了筹集资金支持社会改革和战争支出，开始提高税率。到 1919 年，英国的最高所得税税率已达 30%。为了避税，富人的会计师们建议他们成为税率较低的泽西岛居民，或将资产转移到马恩岛等地的信托基金中，这些资产在法律上不再属于他们，从而规避了税务机关的监管。②

20 年代，战争、通货膨胀以及随之而来的政治和经济不稳定，促使许多个人和公司将资产转移到更安全的避风港，如瑞士、卢森堡和列支敦士登。在第一次世界大战后的赔偿谈判中，资本的跨国流动和德国财富的海外隐藏，成为德国和法国之间激烈争论的焦点。③ 同时，在美国，个人最高税率从 1916 年的 15% 急剧上升到 1918 年的 77%。④ 到 30 年代，富有的加拿大和美国公民开始利用巴哈马等地注册私人离岸信托和控股公司，以保护他们的资产。在这一时期，美国黑手党也发展了复杂的逃税技术，

---

① John Ruggie, "Embedded Liberalism in the Post-war Economic Order," *International Organization* 36 (1982).

② *The Accident That Led to Britain's Offshore Empire*, Paradise Papers, 2017.

③ Ogle V., "Archipelago Capitalism: Tax Havens, Offshore Money, and the State, 1950s–1970s," *The American Historical Review* 122 (2017).

④ Shaxson N., *Treasure Islands: Tax Havens and the Men Who Stole the World*, Random House, 2011.

用以隐藏非法收入的大量现金流。根据美国财政部提交给国会逃税和避税问题联合委员会的报告，20 世纪 30 年代，美国人在巴哈马、巴拿马、纽芬兰及其他低税率地区成立的控股公司数量大幅增加。仅 1935～1936 年，巴哈马就注册成立了 64 家类似的离岸信托和控股公司。①

然而，当时这些个人和企业的主要目的仅仅是避税，并伴随少量的非法资金的藏匿，这些操作在当时规模非常小。那个时候离岸货币交易、信托、保险等各种金融服务，还并未成型，更没有形成现在这种离岸金融体系。

许多人认为，美国在二战后建立了自由主义的国际金融和经济秩序，推动了全球自由贸易和投资的发展。然而，这一观点忽略了美国在布雷顿森林体系下所构建的实质性经济架构。事实上，二战后美国主导建立的国际经济秩序并非单纯的自由主义，而是一个带有资本管控特征的"嵌入式自由主义"（Embedded Liberalism）体系。这一体系不仅维护了国际贸易的自由化，也保留了国家对资本流动和国内经济的控制权，从而确保了全球经济的稳定与发展。

"嵌入式自由主义"是由约翰·鲁格（John Ruggie）在 1982 年提出的概念，旨在描述二战后国际经济秩序的独特性质。与传统的自由市场经济不同，嵌入式自由主义允许各国政府在推动自由贸易的同时，通过经济干预手段维护国内的经济和社会稳定。② 布雷顿森林体系的设计者，尤其是哈里·德克斯特·怀特（Harry Dexter White）和约翰·梅纳德·凯恩斯（John Maynard Keynes）都认识到，为了避免 20 世纪 30 年代经济大萧条带来的灾难重演，各国必须对资本流动施加一定的限制，以防止国际资本市场的波动对国内经济造成冲击。③

在这个体系下，国家对其国内经济拥有相当大的控制权，可以通过实施资本管制来限制跨境资金的自由流动。这种做法不仅保护了国内的经济

---

① Picciotto, Sol, *International Business Taxation*, London: Weidenfeld & Nicolson, 1992.

② John Ruggie, "Embedded Liberalism in the Post-war Economic Order," *International Organization* 36 (1982).

③ Abdelal R., *Capital Rules: The Construction of Global Finance*, Harvard University Press, 2009.

政策自主性，还维持了固定汇率体系的稳定性。根据蒙代尔的三元悖论（Mundell-Fleming Trilemma），国家只能在资本自由流动、货币政策独立性和固定汇率三者中选择两者，而布雷顿森林体系的选择是固定汇率与货币政策的独立性，这意味着必须牺牲资本的自由流动。

布雷顿森林体系的核心机构是国际货币基金组织（International Monetary Fund，IMF）和国际复兴开发银行（International Bank for Reconstruction and Development，IBRD）。IMF 的主要职责是监督成员国的汇率政策，提供短期融资，以应对暂时的国际收支问题；IBRD 则主要负责提供长期贷款，支持欧洲二战后的经济重建。这个体系本质上是一个多边协调机制，旨在通过汇率稳定促进国际贸易，同时防止过度的资本流动对各国经济带来不利影响。[1] 因此，二战后十多年中，发展中国家和许多经济复苏国家可以利用的资本，要么来自美国的外援（如马歇尔计划等），要么来自苏联的外援，或世界银行和 IMF。从一个国家到另一个国家的跨境资本流动很少，几乎不存在。[2] 这种以美苏两国主导的资本供应模式使得发展中国家高度依赖外部援助，而对资本跨境流动的限制则进一步强化了这种依赖。

然而，布雷顿森林体系在实际运行中逐渐暴露了其局限性。随着全球经济的复苏和发展，跨境资本流动的需求不断增加，特别是在欧洲美元市场兴起的形势下，布雷顿森林体系的资本管控机制变得越来越难以维持。这些新兴的金融市场绕过了传统的资本控制手段，使得大量资金得以在全球范围内自由流动，逐渐侵蚀了布雷顿森林体系的基础。

接下来的章节将深入探讨欧洲美元的起源，以及离岸金融体系的发展如何推动全球资本的自由流动，并最终促成布雷顿森林体系的崩溃。同时，还将解析后布雷顿森林体系时代离岸金融体系的进一步扩张，以及由此引发的真正意义上的金融全球化。这一分析将帮助我们更好地理解离岸金融体系在全球金融历史中的关键作用，以及它对现代金融市场所产生的深远影响。

---

① Armand Dormael, *The Power of Money*, London：Palgrave Macmillan UK, 1997.
② David Mulford, *Packing for India：A Life of Action in Global Finance and Diplomacy*, Potomac Books, Inc. , 2014.

第四章　冷战与英国衰落：欧洲美元市场与离岸金融网络的起源

20 世纪中叶，全球政治和经济格局发生了深刻的变化，促使了一系列跨国资本流动，其中最为显著的便是欧洲美元市场的形成与发展。这一市场不仅推动了伦敦作为全球金融中心的复兴，还促成了一个以英国前殖民地和海外属地为节点的全球离岸金融网络的雏形。两个主要因素在这一过程中起到了关键作用：一是冷战时期美苏竞争带来的政治风险；二是英国的衰落及其对英国全球影响力的削弱。

一　美苏竞争的政治风险

二战后，社会主义阵营国家出于对政治风险的高度担忧，逐步推动了资金流入离岸市场，进而促成了欧洲美元市场的形成，这成为推动其发展的重要因素之一。

在冷战期间，苏联企业通过向其他国家出口商品和出售黄金来赚取美元。然而，由于冷战局势的日益紧张，苏联担心在美国银行开设的账户可能因为政治原因被冻结。尤其是在 20 世纪 40 年代美国扣押了南斯拉夫的黄金，① 以及 1956 年苏伊士运河危机期间美国冻结所有交战国资产，② 这些事件加剧了苏联对在美国存放资金的安全疑虑 。此外，1956 年匈牙利

---

① Marshall I. Goldman, *The Piratization of Russia: Russian Reform Goes Awry*, New York: Routledge, 2003.

② Gary Burn, *The Re-emergence of Global Finance*, London: Palgrave, 2006.

十月事件之后，苏联官员更为担心，美国可能会冻结他们在纽约的美元资产。[①] 出于对英镑作为一个衰败帝国的货币的担忧，苏联也不愿意将资金转移至英国。[②]

中国在冷战期间也面临类似的政治风险。早在朝鲜战争之前，中国就已经意识到可能的风险，并着手多元化资产分布。1949 年，中国开始在巴黎存放美元，以规避可能的冻结和没收风险。1950 年 6 月，随着朝鲜战争的爆发，中国更是以匈牙利国家银行的名义在法国北欧商业银行（BCEN）存入了 500 万美元，但仍保留了一部分美元资产在纽约。不久之后，这些资产在朝鲜战争期间被美国依据《与敌国贸易法》（Trading with the Enemy Act）冻结。此后，中国为规避美国的制裁，转而将资金通过其海外外交和金融网络转移到欧洲美元市场。[③]

这种风险规避的需求不仅仅局限于苏联和中国，其他社会主义阵营国家也有类似的考量。因此，将资金转移到欧洲，尤其是将其存入苏联控制的银行，如巴黎的北欧商业银行和伦敦的莫斯科国民银行（Moscow Narodny Bank），被视为一种安全的措施。

北欧商业银行（BCEN）的历史可追溯到 1921 年，当时一些俄国流亡人士在法国购买了一家小型银行，旨在为他们的同胞提供金融服务，并将其更名为北欧商业银行。这家银行在初期的经营并不顺利，最终在 1925 年被苏联国家银行（Gosbank）接管，并保留了大多数原有员工。二战结束后，BCEN 恢复了业务，逐步转型为像其他资本主义国家银行一样的运营模式，并获得了电报地址"EUROBANK"，这显示了其在欧洲金融市场中的重要地位。随着时间的推移，BCEN 逐渐吸引了大量法国客户，包括当时非常强大的法国共产党的许多业务。这些客户不仅包括普通公民，还涵盖了法国政府支付薪水的部长、参议员和代表，甚至许多法国知

---

① Adam Smith, *Paper Money*, Summit Books, 1981.

② Karlick, John R., "Some Questions and Brief Answers about the Eurodollar Market: A Staff Study Prepared for the Use of the Joint Economic Committee, Congress of the United States," US Government Printing Office, 1977.

③ Shaxson N., *Treasure Islands: Tax Havens and the Men Who Stole the World*, Random House, 2011.

识分子也在该银行开设了账户。到 20 世纪 50 年代，BCEN 已经成为欧洲非常活跃且生意兴隆的银行之一。

BCEN 作为法国最大的外资银行，开始处理来自中国、波兰、古巴、罗马尼亚等社会主义国家的国际金融交易，包括进出口组织的商业运作，以及各国航空公司、大使馆、新闻机构的金融交易等，甚至销售俄罗斯黄金。获得来自社会主义国家的美元后，BCEN 立即决定将这些美元转贷出去，以确保安全。为了开拓业务网，它以略低于市场的利率将这些资金借给了几家法国银行和美国银行的巴黎分行。很快，其他更多的资金存入，金额逐渐增加，形成了一个高度机密但快速增长的平行货币市场。这些美元被伪装成巴黎银行的持有资产，由里昂信贷银行、法国兴业银行和美国银行持有，并以略低于当时美元利率的利率借出。第一批主要借款人是急需美元的意大利、比利时、荷兰和英国政府，甚至法国政府也是这些美元的早期贷款者之一。因为 BCEN 的电报地址是 "EUROBANK"，在使用这些美元的银行的行话中，其很快被称为 "欧洲美元"。这是美元在美国之外进行重要交易的第一次，不仅不受美国银行法规和利率的限制，还没有最低准备金要求。[1]

随着这一市场的逐步扩大，苏联在伦敦的莫斯科国民银行也迅速加入。冷战的政治紧张局势使他们更加担心在美国银行的美元存款可能会被冻结，进而强化了他们在欧洲银行中储存美元的倾向。这些欧洲银行接收了来自非美国公民、非欧洲国家的美元存款，并将其转贷给其他银行和借款人，形成了最早的离岸美元市场。

这些社会主义阵营国家的资金流动不仅促进了欧洲美元市场的兴起，也逐渐成为东西方之间金融互动的重要渠道。欧洲美元市场作为一个新的、独立的市场，资本主义国家和社会主义国家的银行可以在这里自由交易美元，而不受任何政府的干涉。正是这些政治风险和金融需求的推动，欧洲美元市场得以迅速发展，并最终成为全球金融体系中的重要组成部分。

---

① Armand Dormael, *The Power of Money*, London：Palgrave Macmillan UK, 1997.

二　英国衰落背景下外交资本家的金融创新策略

20 世纪中叶，英国的逐步衰落和去殖民化浪潮成为全球政治和经济格局变化的重要背景。随着殖民地纷纷独立，英国的全球影响力显著减弱，伦敦作为国际金融中心的地位也面临严峻挑战。英国的政治、经济实力在全球范围内逐渐衰弱，这一趋势不可逆转。面对这一局面，英国的金融界领袖们，尤其是那些具有国际视野和丰富经验的银行家们，开始寻求通过金融创新和战略布局，重振伦敦的国际金融中心地位。

（一）外交资本家的战略布局

外交资本家（Diplomat Capitalist）[①] 是指将外交专长与资本主义活动相结合的有影响力的人。这些人在国际政治和金融的交汇处运作，利用他们的外交技能有效地应对全球市场和政治环境。外交资本家通常参与制定经济政策，促进国际投资和推动经济全球化，同时维护他们自身的经济利益以及他们所代表的机构或国家的利益。

他们是一群在政府和私有银行领域拥有丰富工作经验的银行家，通常具备国际工作背景和全球化视野。这些人不仅是金融领域的专家，还拥有广泛的国际网络和深入的地缘政治洞察力。外交资本家往往抱有宏大的地缘政治抱负，例如重振伦敦金融城作为全球金融中心的地位，或推动欧洲一体化。他们能够识别和利用全球金融体系中的危机与机遇，积极参与并推动政策改革和市场开放，以实现他们的战略目标。

乔治·博尔顿（George Bolton）是一个典型的外交资本家，这体现在他广泛的政府和私人金融领域工作经验、国际视野，以及强烈的政治和地缘政治抱负上。首先，博尔顿在政府和私人金融界都有着丰富的工作经验。他曾担任国际货币基金组织（IMF）英国的首任执行董事，并在国际清算银行（BIS）担任要职。他的职业生涯始于英格兰银行，其间他不仅

---

① 其他学者如 Glenda Sluga 和 Ogle V. 等有提及这个概念。参见 Ogle V., "Archipelago Capitalism: Tax Havens, Offshore Money, and the State, 1950s – 1970s," *The American Historical Review* 122（2017）。

负责外汇管制和制定英镑地区的发展政策，还通过推动英镑的可兑换性和金融市场开放，为伦敦金融市场的复兴奠定了基础。这些经历不仅让他熟悉全球金融体系的运作，也使他在国际舞台上代表英国的金融利益，体现了他在政府和私营部门之间的跨界性。

其次，博尔顿具有敏锐的国际视野和全球化眼光。他的朋友曾描述他"具有全局视野"，"在博尔顿看来，政治、战略、经济和社会趋势只是单一挑战的不同方面"。① 这种全局视野使他能够将全球金融的各个方面联系在一起，从而帮助他在复杂的国际环境中做出精准的判断。博尔顿曾在英格兰银行担任副行长，致力于推动伦敦金融市场的对外开放和放松管制。他对全球形势和发展趋势的敏锐洞察，使他能够评估英国如何在全球范围内充分利用这些机会。这种全球视野和敏捷的思维，使他能够从多维度的角度来思考问题，并从中寻找机会推动英国金融业的发展。

最后，博尔顿拥有明确的政治和地缘政治抱负。他对伦敦作为国际金融中心的未来表示忧虑，认为随着英国政治影响力的减弱、英镑地位的下降以及伦敦市场在吸引外资方面的能力日显不足，伦敦的国际银行体系将面临严峻挑战。他的这种战略眼光不仅限于经济层面，还涉及政治和地缘政治层面，这使得他在推动伦敦金融市场的发展过程中展现了超凡的领导力。

博尔顿的全局视野和多维度思考方式，使他在苏伊士运河危机时能够敏锐地识别这一地缘政治危机为伦敦金融市场带来的机遇。他不仅在危机中看到了推动伦敦金融中心复兴的可能性，还利用这一机会，转战伦敦南美银行（BOLSA），开拓美元离岸业务，与有苏联背景的银行对接，进一步巩固了伦敦在国际金融领域的地位。这种通过金融创新和战略布局来应对复杂国际环境的能力，正是博尔顿作为一名外交资本家的典型特征。

1952~1957年，博尔顿在英格兰银行担任副行长期间，主要致力于英镑可兑换性的逐步推进，放松管制和重新开放伦敦金融市场，并鼓励银行家和商人寻求对外业务。然而，他在英格兰银行发现自己的创造性行动空

---

① Richard Fry, *A Banker's World: The Revival of the City 1957-1970*, New York: Routledge, 2013.

间越来越小。① 正当他在英格兰银行的改革推进受阻时，苏伊士运河危机给他提供了新的思路。

（二）苏伊士运河危机：转危为机开展金融创新

苏伊士运河危机是 1956 年发生的一次重大地缘政治事件，标志着英国国际影响力的严重削弱，并加速其全球地位的衰退，同时确立了美国作为全球超级大国的地位。

1956 年 7 月 26 日，埃及总统纳赛尔宣布将苏伊士运河国有化，以回应西方国家不愿资助埃及修建阿斯旺大坝的决定。这一举动激怒了英国、法国和以色列。苏伊士运河是连接地中海和红海的重要航道，对国际贸易和石油运输至关重要，是欧洲与亚洲、英国与其殖民地之间的关键枢纽。为了对抗纳赛尔，英国、法国和以色列达成了秘密协议，1956 年 10 月 29 日，以色列进攻西奈半岛，随后英法要求埃及撤军。纳赛尔拒绝撤军，英法借机干预。

这一系列行动引发了国际社会的强烈反对，特别是来自美国和苏联的反对。艾森豪威尔总统对英法的单方面行动感到愤怒，通过外交斡旋和国际舆论压力迫使英法撤军。由于美国和苏联的强烈反对，以及联合国的干预，英法被迫在 1956 年底撤军。

这一事件对英国的国际地位和经济产生了深远影响，暴露了英国经济的脆弱性和过度依赖国际资本流动。在苏伊士运河危机期间，投资者对英镑的信心急剧下降，大量资本开始从英国外流。由于担心英镑进一步贬值，投资者纷纷将资金转换为更安全的美元和其他货币。这种资本外流加剧了英国的经济困境。1957 年初，英镑继续面临巨大的抛售压力，外汇储备迅速减少。为了应对这一情况，英格兰银行不得不动用大量外汇储备来支撑英镑的汇率。

面对苏伊士运河危机引发的全球资本外流和英国国际地位的严重削弱，博尔顿敏锐地意识到，英镑作为世界货币的地位已经无法持续，英镑

---

① Richard Fry, *A Banker's World: The Revival of the City 1957-1970*, New York: Routledge, 2013.

体系即将解体。此时，博尔顿决定果断转型，离开他曾任职多年的英格兰银行，转而担任伦敦南美银行（BOLSA）的主席。他此举的目的在于通过新的平台探索如何在英国国际影响力衰退的情况下，防止英国在金融领域的地位进一步恶化。伦敦南美银行原本由四家在拉丁美洲的英国银行于1936年合并而成，以劳埃德银行为主要股东。然而，随着英国在拉丁美洲的影响力逐渐减弱，再加上当地的限制、违约和货币危机接连发生，该银行的业务陷入困境，许多分行被迫关闭，面临来自本地银行和美国银行的激烈竞争。尽管 BOLSA 拥有广泛的全球分行网络，但这些优势在资本匮乏和缺乏新生力量的情况下并未得到充分利用。

博尔顿上任后，立即做出了几个关键决策，旨在将 BOLSA 从英镑的桎梏中解放出来，并重振其作为国际银行的地位。首先，他启动了在欧洲和拉丁美洲的大规模重建计划，意在恢复银行的全球网络优势，将 BOLSA 从区域性银行转型为真正的国际银行。其次，为了吸引英镑以外的新资金，博尔顿专门设立了一个新的外汇交易部门，指示交易员积极寻找外币存款，用于在拉丁美洲和欧洲的交易。这些努力初见成效后，BOLSA 又成立了国际银行部门，专门为拉丁美洲政府和国际公司提供中期融资，并积极发展与东欧的关系。最后，博尔顿迅速提拔了一批年轻或出众的员工到管理岗位，并加速招募有才华的新人，为银行注入新的活力。[1]

在博尔顿的推动下，欧内斯特·乔治·塞尔比（Ernest George Selby）成为 BOLSA 的杰出代表人物之一。塞尔比于 1956 年加入 BOLSA，他曾在米德兰银行的海外分行工作了 30 多年，拥有丰富的全球银行业经验和广泛的人脉网络。[2] 塞尔比在 1955 年发明了一种套息交易（Carry Trade）策略，利用了当时美国政府"Q 条例"规定的低利率与英格兰银行提高的银行间利率之间的显著利差。[3] 这种套利机会吸引了大量美元存款进入伦

① Richard Fry, *A Banker's World: The Revival of the City 1957-1970*, New York: Routledge, 2013.
② Gary Burn, *The Re-emergence of Global Finance*, London: Palgrave, 2006.
③ Schenk C. R., "The Origins of the Eurodollar Market in London: 1955-1963," *Economic History* 35 (1998).

敦市场，为欧洲美元市场的发展奠定了基础。然而，要真正发展离岸市场，美元必须脱离美国及其他国家的银行系统管辖范围，并重新贷款。

塞尔比利用他的关系网络，将这一金融创新带到了国际舞台上，并同社会主义国家的银行对接，将套息交易推向了"离岸"交易的关键一步。博尔顿曾表示，塞尔比是"将欧洲美元市场从微不足道发展成国际货币市场的领军人物"。在他的努力下，伦敦逐渐利用全球各金融中心的剩余资源，进一步巩固了其在国际金融市场中的地位。[①]

通过这一系列的战略转型，博尔顿不仅成功地将苏伊士运河危机转化为机遇，还推动了欧洲美元市场的兴起，为伦敦重新确立全球金融中心的地位奠定了基础。

（三）英国展开资本管控后，博尔顿顺势而为发展欧洲美元

博尔顿在苏伊士运河危机后，成功预判了英格兰银行可能采取的政策，并利用这些政策推动了欧洲美元市场的发展。

在苏伊士运河危机的影响下，英国的国际地位迅速下滑，英镑作为国际主要储备货币的地位也出现了动摇。大量资本从英国外流，导致英镑大幅贬值。为了遏制这一局面，1957 年 9 月，英国政府采取了一系列紧急措施，包括将银行利率从 5% 提高至 7%，以鼓励市场持有英镑，并实施了严格的资本管控政策，暂停了对非英国居民的贷款。这些措施直接切断了英国商业银行和海外银行开展国际业务所需的资金来源，使得以往依赖英镑体系的商业银行面临巨大压力。

博尔顿预见到这些政策的出台将对伦敦的金融市场产生深远影响。作为伦敦南美银行（BOLSA）的主席，他果断地引领银行做出战略调整，放弃继续依赖英镑，转而积极拓展美元业务。博尔顿意识到，尽管英镑业务受到了极大限制，但伦敦的银行依然可以通过非居民间的美元交易来维持业务发展。BOLSA 和其他伦敦的商业银行开始利用其美元储备，向非居民提供以美元计价的信贷，并在美国境外和伦敦的非居民之间进行美元

---

① Gary Burn, *The Re-emergence of Global Finance*, London：Palgrave, 2006.

交易，以规避美国和英国的法规监管。①

博尔顿的这一策略在市场上取得了巨大成功。BOLSA 通过向欧洲大陆的银行推销美元存款，迅速吸引了大量资金。博尔顿甚至将银行在纽约和苏黎世的办事处变成了美元和其他货币的集散地，使 BOLSA 成为伦敦最大的单一欧洲美元交易商。博尔顿所代表的伦敦商业银行不仅成功应对了英镑危机，还通过这种方式推动了欧洲美元市场的形成和发展。②

此外，作为伦敦金融界的代表，博尔顿多次与英格兰银行进行谈判，并最终达成了一项重要协议。这项协议引入了"离岸"的概念：只要英国商业银行为两个非英国居民之间进行外币交易，英格兰银行就默认这些交易是离岸的，也就是说，这些交易不被视为在英国法律管辖范围内进行，因此不受英国法律监管。然而，由于交易实际发生在伦敦，也没有其他国家对该市场进行监管，英格兰银行实际上为这些交易创造了一个法律上的真空地带，将其视为在另一法律管辖区内发生，从而放任不管。这样一来，离岸交易实际上成了一个"三不管"的灰色地带。

英国的银行很快意识到，通过这种方式组织银行交易可以避开许多关键法规，如资本和储备金要求，这为它们带来了巨大的机会。自此特别是在 20 世纪 60 年代初，这个市场得到迅速扩张。③

接下来，英国政府不仅没有限制其发展，甚至对外维护市场发展。英国财政部起初被蒙在鼓里，但没过几年，欧洲美元市场的影响已显而易见，当财政部明白这一点时，他们认为"这对伦敦金融城来说是笔好买卖"。因为，它确实达成了博尔顿的重振伦敦金融城的愿景。德国和瑞士在 1960 年采取限制欧洲美元存款进入本国金融中心后不久，英国议会质询伦敦是否会同样试图阻止欧洲美元存款。政府的答复是："这样的政策将损害伦敦的国际金融地位，而且美元的流入无论如何都会使中央储备受益。"接下来，英格兰银行不仅没有对欧洲美元实施足够监管，

① Binder A. , *Offshore Finance and State Power*, Oxford University Press, 2023.

② Richard Fry, *A Banker's World：The Revival of the City 1957-1970*, New York：Routledge, 2013.

③ Nick Shaxson, "Tax Havens：Britain's Second Empire," Tax Justice Network, September 29, 2019.

还一直努力平息其他中央银行在国际清算银行中表达的对欧洲美元市场的担忧。①

（四）以欧洲美元为核心业务的伦敦金融市场向海外扩展

欧洲美元市场的崛起，使得伦敦重新成为全球重要的国际金融中心，并吸引了大量美国银行在伦敦设立专门分支机构，从事欧洲市场的操作。对这些银行而言，伦敦市场的优势在于可以绕过1956年英格兰银行的一项法案、布雷顿森林体系下的资本管制，以及美国20世纪30年代引入的"Q条例"。然而，伦敦作为国际金融中心也面临一些挑战。例如，虽然市场本质上未受监管或处于"离岸"状态，但银行仍需缴纳公司税。英国银行和公司在税收方面处于不利地位，因为它们不能以非居民身份享受税收优惠，而美国银行则可以通过转移定价确保低税费。此外，随着市场规模的扩张，在伦敦开展业务的成本也逐渐增加。

欧洲美元市场的形成及其在全球范围内的扩展，是20世纪中叶国际金融发展的一段极为重要的历史。以伦敦为中心，欧洲美元市场不仅成了一个绕过国家监管和资本控制的关键平台，还推动了以英国前殖民地和海外属地为节点的全球离岸金融网络的形成。推动这一扩散的主要因素包括以下几点。

（1）英国国际金融中心的复兴与全球化。欧洲美元市场的崛起，使伦敦再次成为世界领先的国际金融中心。这一市场吸引了大量美国银行在伦敦设立分支机构，专门从事欧洲市场操作。由于欧洲美元市场不受传统国家监管的约束，银行可以绕过类似布雷顿森林体系下严格的资本管制以及美国的"Q条例"等。这一自由市场环境极大地激发了银行业的创新和活力，使伦敦重新成为全球金融活动的枢纽。

（2）税收优惠与法律避风港。伦敦虽然是这一市场的中心，但其高昂的公司税和成本逐渐成为银行扩展的障碍。与此相对，一些前英国殖民地和海外属地，如开曼群岛、泽西岛等，提供了更加优惠的税收政策

---

① Gianni Toniolo, *Central Bank Cooperation at the Bank for International Settlements*, *1930–1973*, Cambridge, 2005.

和宽松的监管环境。这些地区通过制定与英国法律和金融体系相似的规则，吸引银行和企业前往注册和运营，进一步促进了欧洲美元市场向全球扩展。

（3）地缘政治和经济变化。第二次世界大战后，英国的全球帝国开始解体，许多殖民地纷纷独立。这种去殖民化的浪潮带来了地缘政治的剧烈变化，同时也对全球经济格局产生了深远影响。随着殖民地独立，英国在这些地区的市场份额迅速下降，而新兴的独立国家则逐步收紧了对外国资本的控制。① 然而，回归英国的殖民地人员、企业家和银行家却面临高税收和严监管的压力，促使他们在海外寻找新的税收避风港。这一过程在很大程度上推动了以伦敦为中心的离岸金融网络的形成和扩展。②

这一在全球范围内的扩展遵循了以下几个重要原则。

（1）中心驱动原则。欧洲美元市场的扩展首先是由伦敦及其金融、法律和会计公司推动的。这些公司通过寻找低税收地区，将交易"登记"在这些地区，从而获得税收优惠。这一中心驱动模式促使伦敦成为全球离岸金融网络的核心，同时也使得这些附属地区成为全球金融活动的重要节点。

（2）地理路径扩展原则。欧洲美元市场的扩展遵循了一条明确的地理路径，首先扩展到距离英国本土最近的海峡群岛（如泽西岛、根西岛等），接着扩展到英国控制的加勒比地区（如开曼群岛、英属维尔京群岛等），最后扩展到亚洲和太平洋的英国控制环礁。这种地理路径的扩展大约持续了十年，并逐步形成了一个以伦敦为中心的全球离岸金融网络。

（3）低阻力路径原则。伦敦的金融机构在全球扩展业务时，倾向于选择与英国金融结构和政治体系相似的地区，这些地区往往具备与英国殖民时期相似的法律和金融体系。这种选择低阻力路径的扩展模式，避免了在更大的前英属殖民地（如加拿大、印度、澳大利亚等）发展，而集中于类似海峡群岛等小型英国附属地。这种选择低阻力路径的原则，使得欧

---

① Jeremy Green, "Anglo-American Development, the Euromarkets, and the Deeper Origins of Neoliberal Deregulation," *Review of International Studies* 42 (2016).

② Ogle V., "Archipelago Capitalism: Tax Havens, Offshore Money, and the State, 1950s–1970s," *The American Historical Review* 122 (2017).

洲美元市场的扩展更加迅速和顺畅，最终形成了一个高度集中和紧密联系的离岸金融中心网络。

欧洲美元市场的形成及其全球扩展，是多种因素共同作用的结果。这一过程不仅重新确立了伦敦作为全球金融中心的地位，还通过一系列地理和政治上的扩展，逐步形成了一个以英国前殖民地和海外属地为节点的全球离岸金融网络。这一网络不仅深刻影响了全球金融体系的结构，还为未来的金融创新和市场拓展奠定了坚实基础。

三　小结

20世纪50年代后期至60年代初，美苏冷战与英国衰落的地缘政治背景共同塑造了全球金融市场的新格局。苏联及其他社会主义国家由于对政治风险的担忧，不愿将美元存放在美国或其他可能受美国影响的地区。这种避险需求催生了欧洲美元市场。而与此同时，英国的一些银行家，如乔治·博尔顿等"外交资本家"，敏锐地意识到英国的衰落不可避免地会导致英镑失去其国际主导地位。他们利用苏伊士运河危机带来的金融不确定性，通过推动欧洲美元的制度创新，使伦敦金融城重新焕发活力。

博尔顿等"外交资本家"在这两大因素之间起到了关键的桥梁作用。他们通过一系列金融创新，如监管套利、会计分离、国际化推动以及自我监管，巧妙地将欧洲美元市场与全球金融网络连接起来。监管套利允许伦敦的金融机构利用不同国家的监管差异，将不受英国国内监管的金融活动集中于此，促进了市场的繁荣；会计分离则通过在岸与离岸交易的划分，使金融机构能够规避各国的监管限制，进行更为自由的操作；国际化推动方面，欧洲美元市场的建立大大促进了美元的国际化，使得非美国银行和公司能够在不受美国法律限制的情况下进行美元交易；自我监管则使市场在较少国家干预的情况下得以自由发展。

通过这些创新，伦敦的银行们不仅推动了美国货币的国际使用，还为伦敦恢复国际金融中心地位奠定了基础。离岸融资的创新使伦敦得以延续其全球资金转运港的角色。实际上，这一市场的建立成为伦敦金融城恢复其全球金融中心地位的重要里程碑，有学者认为，如果没有这一创新，美元和美国金融系统不可能像今天这样实现全球化。

欧洲美元市场的崛起不仅帮助伦敦整合了英国的残余力量，还推动了一个以伦敦为中心的全球离岸金融网络的形成。尽管英国的霸权已不复存在，但以伦敦为核心的离岸金融体系继续存在，并逐渐发展成世界上最大的避税和洗钱网络。这一体系的建立与发展，不仅延续了英国霸权时期的金融遗产，也重塑了全球金融市场的结构和运行模式。

第五章 美国资本管控催生欧洲债券市场，并推动布雷顿森林体系瓦解

20世纪60年代初，伦敦的欧洲美元市场已初具规模，但其发展仍相对局限，主要服务于欧洲内部的资金流动。受"Q条例"限制，美国公司不得不借助伦敦市场进行融资操作，各国央行为维持汇率稳定也持有大量的欧洲美元储备。尽管1958～1963年市场存款量增长了4倍，但欧洲美元市场的整体影响仍然较为有限。

然而自1963年起，为应对国际收支失衡，美国政府推行了一系列政策，如利息平衡税和资本管制等。这些政策导致全球美元供应过剩，推动了欧洲美元和欧洲债券市场的迅速扩张。博尔顿和沃伯格等具有国际视野的银行家敏锐地捕捉到这一机会，凭借金融创新，推动欧洲债券市场迅速发展。最终，伦敦从一个区域性金融中心蜕变为全球性离岸金融中心，并为布雷顿森林体系的瓦解奠定了基础。

一 肯尼迪政府应对国际收支失衡

20世纪60年代初是二战后美国在国内经济与全球责任之间遇到的第一个困难时期。尽管美国经常账户上保持盈余，但资本账户上的巨额流出和全球对美元的需求，导致了美国出现较大的国际收支赤字。究其原因，主要有以下几点。

（1）美国的国际经济政策。在二战后的经济复苏时期，美国的跨国公司寻求国际扩张，这些公司大量借用美元以支持其在全球的投资活动。这导致了大量美元流向全球各地。

（2）"Q 条例"等银行政策继续人为压低美国利率。这鼓励了外国人从美国贷款，从而推动了美国资金进一步外流。

（3）各国央行对全球储备货币需求增加。随着美国经济实力的增强，美元逐渐成为全球主要的储备货币，世界各国的中央银行为了稳定本国货币汇率和应对国际贸易的不确定性，纷纷增持美元储备。这进一步推动了美元在全球的积累。

（4）以美苏为首的东西方冷战加剧。美国为亚洲、非洲和拉丁美洲国家提供经济支持和军事援助，特别是越南战争大幅增加了美国在东南亚的军事投入，进一步增加了全球美元的供应量。

（5）离岸美元市场的发展。从 20 世纪 50 年代末开始，离岸美元市场迅速发展，使得大量美元在美国境外流通。欧洲美元市场提供的高利率吸引了大量美国短期资金的流出，从而增大了美国的支付平衡压力。这些离岸市场能够创造大量美元，超出了美国国内美元供应的控制范围。这导致了全球范围内的美元供应过剩，难以通过传统的货币政策进行有效管理。

（6）国际收支的不平衡加剧了美元过剩。顺差国（如德国和日本）通过增持美元储备来维持固定汇率，导致大量美元积累；而逆差国（如英国和法国）则通过借入美元和动用外汇储备来支付进口商品和服务的费用，增加了对美元的需求。

这些因素共同作用，导致了 20 世纪 60 年代美元在全球出现过剩局面，使得美国和其他国家在管理货币政策和国际收支时面临极大的挑战。[①] 严峻的现实是，美国的黄金储备只有 300 亿美元，随着海外美元余额的增加，以及美国通胀上升的前景确立，官方以外的金价涨至远高于 35 美元/盎司的官方价格。[②] 万一所有这些美元的官方持有者出现恐慌，试图将美元兑换成黄金，那么布雷顿森林体系所依赖的美国黄金储备理论上就会耗尽。

肯尼迪上任时，美元正面临严重危机，许多人认为美元将不得不在

---

① Anonymous, "The International Monetary System: Forty Years After Bretton Woods," New Hampshire, May, 1984.

② D. Mulford, *Packing for India: A Life of Action in Global Finance and Diplomacy*, University of Nebraska Press, 2014.

1961 年春季或次年春季贬值。① 据鲁萨透露，肯尼迪总统对国际收支平衡和黄金流动的问题非常关心，支持一切能够改善整体情况的措施。他密切关注这些谈判和政策制定过程，展现了对技术细节的深刻理解和兴趣。②

美国财政部主要官员道格拉斯·迪龙（Douglas Dillon）和罗伯特·鲁萨（Robert Roosa）在向肯尼迪总统介绍国家安全和财政政策时，强调美国的财政稳定是国家安全的重要组成部分，通过控制预算赤字展示财政谨慎，可以增强市场和盟国对美国经济的信心。财政政策的稳定和可信度能够促进国际合作，是维持国际金融体系稳定的关键。在货币政策和黄金与美元的角色方面，避免公众对黄金的过度担忧至关重要。因为这种担忧可能会引发资本外逃，破坏市场对美元的信心。他们主张通过控制政府开支和减少预算赤字来展示财政责任，以增强国内外对美元的信心。尽管他们意识到美元与黄金挂钩带来的压力，但他们认为在短期内保持这一体系的稳定是必要的。③

美国政府内部在 1961 年就美元国际角色展开了讨论。总的来说，他们不希望外国政府和央行大量持有美元或将其存放在 IMF，因为担心这会在危急时刻引发挤兑。同时，他们又支持美元在国际市场上的流通，鼓励私有资本持有美元，并建立一个以美元为中心的支付体系，以确保在危急时刻能迅速动用资金。④

（一）应对国际收支失衡与恢复美元信心的措施

为了维护或恢复人们对美元作为可靠的价值标准和交换媒介的信心，以确保不断扩大的世界支付关系的稳定，肯尼迪政府尝试了各种办法，主要如下。

---

① JFKOH-CDD-08-TR.

② Donnelly, Dixon, *C. Douglas Dillon and Robert V. Roosa Oral History Interview*, The John F. Kennedy Presidential Library & Museum, 25 January 1965, https：//www.jfklibrary.org/asset-viewer/archives/jfkoh-cdrr-01.

③ Basha i Novosejt Aurélie, "C. Douglas Dillon, President Kennedy's Economic Envoy," *The International History Review* 40（2018）.

④ Donnelly, Dixon, *C. Douglas Dillon and Robert V. Roosa Oral History Interview*, The John F. Kennedy Presidential Library & Museum, 25 January 1965, https：//www.jfklibrary.org/asset-viewer/archives/jfkoh-cdrr-01.

在财政政策方面，他们通过减少政府开支，特别是民用开支，来控制预算赤字。如在税收政策上，尽管支持减税以刺激经济，但他们认为减税必须与严格的支出控制相结合。在货币政策方面，他们发行了以外币计价的"鲁萨债券"（Roosa Bonds），以吸引外国投资，减轻美元的压力。[①]在国际合作方面，肯尼迪政府强化国际货币基金组织（IMF）的应急安排，以应对国际金融市场的动荡。他们还推动建立了伦敦黄金池（London Gold Pool），参与国共同承诺在黄金市场上进行协调行动，以防止金价的大幅波动，维护黄金的稳定性，这对维持美元的国际地位至关重要。另外，为了应对国际货币体系的不稳定和支付平衡的问题，肯尼迪总统支持并推动了十国集团（G10）的成立。[②]

美国官员甚至利用个人关系和秘密渠道开展国际合作以稳定美元。例如，美国和法国在货币方面的合作和协调很大程度上是财政部官员迪龙和鲁萨同法国财政部官员之间进行的。甚至连法国总统戴高乐对国际货币事务也了解有限。在1963年前，法国财政部隐瞒相关信息，不向他透露详细情况。法国央行副行长皮埃尔·卡尔韦特在1962年的一次秘密会议中告诉迪龙，戴高乐并不清楚法国1/3的外汇资产是以美元形式持有的。他们与法国财政部和银行的合作，确保了法国在肯尼迪时期并没有大量抛售美元换黄金。[③]

（二）英美之间的货币政策分歧与欧洲美元市场的监管争议

在试图游说英格兰银行干预欧洲美元市场方面，美国与英国的协调并不顺利，相较于美国与法国在货币政策上的成功合作，英美之间的合作显得颇为艰难。首先，英国在1963年前的几年中频繁地将美元兑换成黄金，这让美国官员感到不满。1963年4月，在英美财政和货币官员的一次会议

---

① Basha i Novosejt Aurélie, "C. Douglas Dillon, President Kennedy's Economic Envoy," *The International History Review* 40（2018）.

② Donnelly, Dixon, *C. Douglas Dillon and Robert V. Roosa Oral History Interview*, The John F. Kennedy Presidential Library & Museum, 25 January 1965, https：//www.jfklibrary.org/asset-viewer/archives/jfkoh-cdrr-01.

③ Basha i Novosejt Aurélie, "C. Douglas Dillon, President Kennedy's Economic Envoy," *The International History Review* 40（2018）.

中，双方针锋相对。美国官员认为英国在黄金价格上涨中有"巨大的既得利益"。① 其次，随着美国政府对欧洲美元市场的了解逐渐深入，他们多次试图说服英格兰银行采取措施干预该市场，但始终未能获得任何实质性的配合。

美国政府对欧洲美元市场的关注始于1959年。当年，纽约联邦储备银行派出了第一个代表团到伦敦进行调研，以了解欧洲美元市场的实际运作情况。1961年底至1962年，美国财政部对欧洲美元市场的工作原理以及其对美国经济的意义有了更深入的理解。这种理解反映在财政部文件中是对欧洲美元市场的频繁提及，以及财政部部长迪龙和助理部长鲁萨在演讲中对该市场的反复引用。财政部官员很快注意到，加拿大及欧洲国家，尤其是英国，正在利用欧洲美元市场为其贸易活动提供融资。这种做法不仅扩大了欧洲美元市场的规模，也加剧了美元的外流。迪龙在1962年1月18日给肯尼迪总统的备忘录中提到，"我们正在努力进一步分析这个问题"。②

随后，美国官员和学者逐渐被派往伦敦，对欧洲美元市场进行更深入的研究。例如，1962年，纽约联邦储备银行的本杰明·科恩（Benjamin Cohen）被派往伦敦调研欧洲美元市场。他的研究发现，欧洲美元市场已经形成了一个网状互联的全球金融系统，通过全球资金流动，放大和传播了金融冲击。这一研究结论让一些美国官员担心，欧洲美元市场可能成为持有大量不稳定资金的"颠覆性力量"和"危险的跨国资金库"。尽管如此，他们也承认，欧洲美元市场虽然带来了巨大的金融风险，但同时也提供了新的资本流动渠道。一些美国政府官员，尤其是那些支持华尔街利益的人，积极支持这一新兴市场。③

美国政府认为，由于欧洲美元市场是在英国发展起来的，因此应该由英国来进行监管。从1961年开始，美国官员就货币政策和欧洲美元市场问题与英国进行了数次关键会晤，两国在处理欧洲美元问题上出现了重大分

① Gary Burn, *The Re-emergence of Global Finance*, London: Palgrave, 2006.

② Gary Burn, *The Re-emergence of Global Finance*, London: Palgrave, 2006.

③ Nicholas Shaxson, *The Finance Curse: How Global Finance is Making Us all Poorer*, Random House, 2018.

歧。1961 年 4 月，英格兰银行的莫里斯·帕森斯（Maurice Parsons）与美联储的查尔斯·库姆斯（Charles Coombs）在巴塞尔的会晤中感觉到，美国对欧洲美元市场的态度已经从最初的漠不关心转变为敌视，认为这个市场对美元稳定构成了威胁。即便如此，经过内部讨论后，英国央行仍拒绝放弃其"善意忽视"的政策，认为"毫无疑问，美国'Q 条例'的限制效应是刺激欧洲美元市场增长的主要因素"。帕森斯在几天后回复美国的担忧时表示："这个市场目前看来是有用的，因此抑制它并不符合国际贸易的利益。"①

1962 年 3 月 8 日，美国和英国的货币当局就欧洲美元市场举行了首次高级别会晤。会议中，美国财政部副部长鲁萨、美联储主席威廉·麦克切斯尼·马丁（William McChesney Martin）、纽约联邦储备银行行长阿尔弗雷德·海斯（Alfred Hayes）和纽约联邦储备银行的查尔斯·库姆斯（Charles Coombs）与英格兰银行行长克罗默勋爵（Lord Cromer）及英国财政部的丹尼斯·里克特爵士（Sir Denis Rickett）等人进行了讨论。鲁萨表达了对欧洲美元市场潜在不稳定性的担忧，担心该市场可能导致类似 1929 年金融崩溃的情况发生，而英国官员则强调，美国的国际收支赤字才是对英国、欧洲美元市场以及国际金融市场的主要威胁。

在 1963 年 4 月 9 日的一次会晤中，尽管美方依然认为该市场"是不稳定的载体""不完全受欢迎"，但他们首次承认欧洲美元市场已成为国际流动性的重要组成部分，甚至承认"现在不能被废除"。不仅美国发现"欧洲美元市场在伦敦的活跃度已经超过了普通货币市场，使伦敦成了一种新型的国际金融中心"，连与会的法国代表也发现欧洲美元市场增长带来的黄金价格上涨和美元疲软，被英国人视为英镑的优势，并从中获得巨大的利益。1963 年 5 月初，鲁萨访问英格兰银行时对英国表现了不耐烦，表示"对欧洲美元市场越来越担忧"，并希望英格兰银行能"进一步考虑他们对欧洲美元市场和欧洲货币市场的态度"。然而，他对会谈结果表示"并不乐观"。② 总体来说，到 1963 年时，英美双方都已经清楚欧洲美元市场给英国带来了巨大利益，因此英国不太可能配合美国对其进行限制。

① David Kynaston, *The City of London*, London：Chatto and Windus, 2001.

② Gary Burn, *The Re-emergence of Global Finance*, London：Palgrave, 2006.

对美国政府而言，更严重的问题在于，不仅英国不予配合，就连美国国内的既得利益者也对美国的国家利益不予理会。到 1963 年，美国政府对欧洲美元的担忧逐渐增多，并频繁向美国金融界表达担忧，认为欧洲市场高利率正导致大量美元从美国流出，流向伦敦及其他地方。这种资本外流将削弱纽约作为金融中心的地位，使美国难以实施独立的货币政策，还会加剧全球支付不平衡，甚至可能导致类似 1929 年股市崩盘的风险。鲁萨甚至当面谴责参与欧洲美元市场的美国银行家们，呼吁他们反思是否在为国家利益服务。[①]

总体来说，在肯尼迪政府时期，美国政府最关注的是国际收支问题及其可能引发的美元稳定性风险。尽管他们担心欧洲美元市场可能加速美元外流，但也逐渐认识到，欧洲美元市场中的美元主要由企业和金融机构持有，而不是大规模地被各国政府持有。到 1962 年，美国财政部对欧洲美元市场的优点越来越认可。他们认为，将这些外资美元留在欧洲美元市场而不是进入官方储备，可以避免这些美元被兑换成黄金，从而减轻对美国黄金储备的压力。美国政府逐渐认识到，国际金融市场的存在和发展不仅有助于美元的国际化，还符合美国经济的整体利益。[②]

（三）敦促欧洲发展自己的金融市场，并展开资本管控

在以上限制美国资金外流的措施失败后，如果按照自由市场经济理论逻辑，美国应该通过提高利率以吸引海外美元回流美国，但 20 世纪 60 年代，凯恩斯主义主导了美国政策界和学术界。肯尼迪政府财政部部长迪龙以及白宫经济顾问委员会（CEA）的成员都是对总统有影响力的凯恩斯主义者。他们倾向于增加支出、减税和维持低利率以保持美国经济在充分就业下的活跃，敦促肯尼迪尽快兑现竞选时的承诺。[③] 对于一些国际机构希望通过提高长期利率来减少资本外流的建议，迪龙的回应是：这种方法不

---

① Nicholas Shaxson, *The Finance Curse: How Global Finance is Making Us all Poorer*, Random House, 2018.

② Gary Burn, *The Re-emergence of Global Finance*, London: Palgrave, 2006.

③ Paul A. Volcker, and Christine Harper, *Keeping at It : The Quest for Sound Money and Good Government*, New York: Public Affairs, 2018.

切实际，而且会给国内经济带来巨大的风险。[1] 同时，迪龙也承认，当时高失业率限制了政府在国际收支问题上的一些行动。[2] 最终，60 年代政策制定者采取了政治上最可接受的方式——限制主要银行和其他华尔街金融机构美元外流的能力，并同时对国际市场发出信号，鼓励欧洲建立自己的金融市场。

美国财政部部长迪龙 1962 年 5 月 18 日在罗马发表演讲，呼吁欧洲发展自己的资本市场，不要依赖支付赤字持续增长的美国。迪龙认为，美国由于日益严重的支付赤字，已经无法继续支撑欧洲的资本需求。他希望欧洲人除了在纽约发行债券外，还能找到其他方式来满足他们的需求，并认为欧洲需要开发"新的制度结构"（Institutional Structures）。迪龙告诉肯尼迪总统，解决资本流动问题的方法不是在美国实施更多的资本管制，而是减少欧洲的资本管制。这种管制在 20 世纪 30 年代的危机中曾迫使欧洲资本市场转向美国，但现在需要反其道而行之。尽管美国财政部没有具体设想一个用欧洲美元融资的长期资本市场，但它的一份部门会议记录表明，美国财政部当时已经意识到，"欧洲美元市场至少可以保持美元的使用，防止它们流入各国中央银行的手中，从那里它们无疑会被兑换成黄金"。[3]

（四）利息平衡税

除了上述口头干预，为应对资本外流问题，1963 年 6 月，迪龙向肯尼迪总统提出了"利息平衡税"（Interest Equalization Tax，IET）概念。该税收政策旨在对美国投资者购买外国证券征税，以增加外国借贷的成本，从而减少资本外流，同时避免通过提高国内利率来解决问题，因为那样会抑制国内经济复苏。肯尼迪总统当即表示赞同，并指示在相关细节敲定前保持计划的高度保密。最终，这一措施作为肯尼迪总统在 1963 年 7 月 18 日宣布的解决国际收支失衡政策的一部分被正式公布。[4]

---

① JFKOH-CDD-10-TR.

② JFKOH-CDD-08-TR.

③ Gary Burn, *The Re-emergence of Global Finance*, London：Palgrave, 2006.

④ JFKOH-CDD-08-TR.

鲁萨指派负责货币事务的财政部助理部长保罗·沃尔克（Paul Volcker）[1] 制定 IET 的具体细节。据沃尔克回忆："IET 的理论依据是通过平衡当时美国的低利率与欧洲的高利率，减少美国企业向国外贷款和投资的动力，以此减轻美国的国际收支赤字压力。"[2] 具体而言，利息平衡税是对美国公民购买外国债券或投资股票的价格征收税款，税率因期限而异，从 3 年期债券的 2.75% 到长期（28.5 年以上）债券的 15% 不等。这些税率是在美国利率的基础上加 1 个百分点，以确定其等值现值。政府的意图是通过将外国人在美国筹集资本的成本提高约 1%，使其资本成本与在其他地方筹资的资本成本更加接近，从而大大降低外国企业在美国筹集资本的动力。[3]

这一消息传出后，摩根保证信托公司（Morgan Guaranty Trust Company）的亨利·亚历山大（Henry Alexander）迅速预见到了其深远影响。他在当天召集摩根的高管人员，并做出判断："今天将成为你们永远记住的一天。它将改变美国银行业的面貌，并迫使所有业务转移到伦敦。摆脱这项立法将需要多年时间。"[4]

亚历山大预见的重大影响之一就是欧洲债券市场。自 20 世纪 40 年代末至 1963 年，越来越多的国际贷款以美元结算，并由美国银行管理。然而，1963 年征收的利息平衡税对美国人随后购买的所有外国债务和股票征收 2.75%~15% 的税款，这实际上禁止了外国借款人进入纽约金融市场。[5] 在后续关于欧洲债券发行的部分，将详细介绍 IET 如何推动欧洲债券市场的发展，以及其对国际货币体系的深远影响。

---

[1] 保罗·沃尔克是美国著名的经济学家和银行家，曾在 1979~1987 年担任美国联邦储备委员会主席。

[2] Paul A. Volcker, and Christine Harper, *Keeping at It*: *The Quest for Sound Money and Good Government*, New York: Public Affairs, 2018.

[3] C. O'Malley, *Bonds without Borders*: *A History of the Eurobond Market*, Chichester: John Wiley & Sons, 2015.

[4] Ron Chernow, *The House of Morgan*: *An American Banking Dynasty and the Rise of Modern Finance*, Grove/Atlantic, Inc., 2010.

[5] James Saku, *The Imagined Economies of Globalization*, 2005.

二　欧洲债券：外交资本家的金融创新与跨国推动

20世纪60年代初，肯尼迪政府为了解决国际收支失衡问题，采取了多种措施。同时，一些银行家也在密切关注国际资金流动，并分析美国的态度和可能采取的政策。乔治·博尔顿和西格蒙德·沃伯格是当时最具战略眼光和执行力的银行家。他们从迪龙的讲话以及美英多次谈判的态度中敏锐地发现了国际货币市场的一个大趋势（即国际货币市场的中心是伦敦，而不是纽约），并迅速创造了欧洲债券，利用美国的资本管控政策推动其迅速扩张。作为英国的主要银行家，他们有着共同的政治愿景——恢复伦敦国际金融中心地位，并希望通过经济融合与资金流动促进欧洲一体化。他们与英美银行界和政界都有深厚的关系。在美国采取一系列口头干预措施并在欧洲美元问题上与英国多次谈判未见成效的情况下，沃伯格和博尔顿通过对国际政治形势的研判，认为资本市场将受到这些因素的长期影响。因此，他们在英美之间，以及在政府和企业之间积极游走，试图通过金融创新实现自己的盈利和政治目标。

沃伯格是一位犹太裔英国银行家，出身于著名的银行世家，沃伯格家族是欧洲金融界的重要家族之一。他在德国出生和成长，接受了良好的教育，并早早投身于家族银行业务。纳粹党掌权后，沃伯格家族在德国的业务受到严重威胁，沃伯格于1934年逃离德国，前往英国定居。在英国，他成立了沃伯格银行（S.G. Warburg & Co.），这家银行后来成为伦敦金融市场上颇具影响力的投资银行之一。二战前夕，他曾为英国军情六处的一个高度机密的分支机构Z组织工作，并从瑞士报告他与当时的纳粹德国中央银行行长亚尔马·沙赫特（Hjalmar Schacht）的定期会晤情况。[1]

相对于他的朋友博尔顿，沃伯格不仅希望恢复伦敦国际金融中心的地位，他还有另一个政治愿景——推动欧洲一体化。作为20世纪20年代的德国犹太青年，沃伯格坚信泛欧主义，认为欧洲应超越民族主义，逐步走

---

① Jeremy Green, "Anglo-American Development, the Euromarkets, and the Deeper Origins of Neoliberal Deregulation," *Review of international studies* 42 (2016).

向统一。尽管希特勒的崛起和二战的爆发使这一理想显得天真，但沃伯格始终支持欧洲政治和经济的融合。在 20 世纪 40 年代及以后，沃伯格认识到实现政治联盟面临巨大挑战。他从 30 年代学到的一个教训是：无论经济环境多么良好，明确呼吁欧洲政治联合都不太可能成功，因为各国政府和民众对国家主权的放弃持强烈保留态度。然而通过经济一体化，可以逐步削弱民族主义的影响。他认为，经济利益是推动合作的重要动力，而金融市场的整合能够为更深层次的政治整合奠定基础。特别是在二战后，他更确信，推进欧洲一体化的唯一方式是通过经济手段——通过商业，尤其是金融一体化的后门，将欧洲人逆向融入一个统一的欧洲。沃伯格认为，欧洲债券市场可以实现政治上难以达成的经济一体化。他推动欧洲煤钢共同体（ECSC）和其他机构在国际资本市场融资，认为这不仅能提升这些机构的资源获取能力和地位，还能吸引美国投资者支持欧洲复苏。1957年，ECSC 在纽约成功发行了 3500 万美元的债券，标志着这一策略的成功。沃伯格还推动欧洲原子能共同体（EURATOM）和欧洲投资银行在纽约债券市场筹集资金，将这些交易视为对欧洲一体化的贡献。①

欧洲债券市场的整合可以推动欧洲资本市场的统一，从而促进欧洲一体化。沃伯格认为，现代工业需要一个比单一欧洲国家更大的市场，欧洲一体化是必然趋势。正如他在 1965 年 4 月演讲时所提出的："建立欧共体和欧洲自由贸易联盟的主要动力是认识到现代工业要达到最佳规模，需要一个比任何一个欧洲国家所能提供的更大的市场。随着这项政策取得成效，工业在真正的欧洲范围内组织起来，将越来越需要一个真正的欧洲资本市场。"② 沃伯格提出欧洲货币更紧密联系的必要性，并设想建立一个联合稳定基金。当货币一体化难以实现时，沃伯格转向整合欧洲资本市场，通过成立跨境运作的美元债券发行银团推动欧洲债券市场发展。沃伯格推动了伦敦欧洲美元市场的快速增长，并促进了欧洲债券市场的创建。

（一）外交资本家对欧洲债券的推动作用

在 1957 年成功推动伦敦南美银行（BOLSA）欧洲美元业务后，博尔

---

① Niall Ferguson, *High Financier: The Lives and Time of Siegmund Warburg*, Penguin, 2012.

② Niall Ferguson, *High Financier: The Lives and Time of Siegmund Warburg*, Penguin, 2012.

顿并没有停止他推动资金自由流动及恢复伦敦国际金融中心地位的行动。20 世纪 50 年代末到 60 年代初，他抓住各种机会游说英国政府和银行界。例如，1960 年 12 月，博尔顿在没有告知英格兰银行行长的情况下，向首相哈罗德·麦克米伦（Harold Macmillan）报告，批评英国乃至整个西欧的外汇管制，称"这种政策已经存在了二十年，在欧洲产生了一种政治和民族情绪，即资本应该主要在原籍国使用，并且应该小心地囤积起来，而不能让外国人使用。虽然这是战时和战后迫切需要的，但现在它毫无意义，而且与英国的利益相冲突"，并呼吁英国政府全面调动整个西欧的金融资源。几周后，他在海外银行家俱乐部年度宴会上对伦敦金融城的听众说，"全球对资本的饥渴的真正原因是持续的外汇管制、对人员流动的限制以及随之而来的欧洲资本和人力资源的颗粒化……（这使欧洲各国）变成孤立的、相互嫉妒的粒子"。尽管自 1914 年以来，资本一直没有在世界各地自由流动，但博尔顿很清楚，如果资本再次开始自由流动，那么拥有转口港专业知识（Entrepot Expertise）和传统的伦敦将成为最大的受益者。[1]

博尔顿逐渐意识到，欧洲债券可以作为重振伦敦金融城的工具。古巴导弹危机后美苏之间对抗有所缓解，博尔顿迅速意识到，两大对手削弱冲突、减少军备的努力都将导致西欧在军事和政治上的重要性下降。在 1963 年 1 月英国皇家海军学院对高级海军军官的一次演讲中，博尔顿讲述了一些鲜为人知的货币战争历史，并阐述了他对英镑体系重要性的看法，强调了西方世界需要一种共同货币，以及英国在新世界局势中应当追求的角色。

"目前，全球数百家领先银行在没有担保的情况下相互存款，利率虽然受到伦敦和纽约官方利率的影响，但并不由其决定。这一现象在过去十年中形成，源于国际需求、银行的进取精神和彼此间的信任。同时，主要国内市场趋于僵化，受到政治和其他控制的影响。伦敦和纽约官方货币市场的主导地位可能已经过去，除非它们能够吸收新兴的国际货币市场，否则难以恢复。然而，这不仅困难，而且未必是正确的选择。从英国的角度

---

① David Kynaston, *The City of London*, London: Chatto and Windus, 2001.

来看，重要的是伦敦是否能继续作为这些金融活动的中心。这些活动不仅能以最少的资源和精力带来利润，还能提供单靠英镑体系无法生成的金融能力，并间接资助英国和英镑区的出口。除非所有政府同意将各自的货币系统相互隔离，否则自由货币市场将持续存在。而货币系统隔离不太可能，因为这将导致国际贸易和国际资本投资的崩溃。"①

沃伯格也发现欧洲债券可能成为推动欧洲一体化的切入点。20 世纪 50 年代末，通过与纽约投资银行库恩·楼伯公司（Kuhn, Loeb & Co.）的密切联系，他从该公司的格特·惠特曼（Gert Whitman）处学到了很多关于外国美元债券在欧洲的营销知识。60 年代初，他又了解到纽约美元债券市场的发展正受到美国国际收支恶化的威胁。一直在纽约发行债券的欧洲煤钢共同体（ECSC）也因此遇到了困难，② 他很快从中看到了商机。

但最终促使沃伯格和博尔顿将欧洲债券这一创新想法付诸实施的催化剂是 1962 年 5 月 18 日美国财政部部长迪龙在罗马发表的演讲。他在演讲中提到欧洲必须发展自己的资本市场和"新的制度结构"，激发了沃伯格和博尔顿在 1962 年初游说英国政府，并在秋天前往华盛顿调研和游说。③

毫无意外，重塑伦敦国际金融中心地位成为他们游说英国政府给予支持的主要卖点，他们准确把握了英国政府极度希望恢复伦敦昔日辉煌的心理，巧妙地对其进行了威胁："你如果不提供支持，我们就去卢森堡和阿姆斯特丹，你将失去重振伦敦的机会。"④

1962 年初，沃伯格和博尔顿牵头在英国组织了巴林银行、塞缪尔·蒙塔古、沃伯格银行和 BOLSA 等几家金融机构，针对开放伦敦市场以借入外币贷款交换了意见。有了一些初步想法后，博尔顿于 5 月底向克罗默汇报了他们的方案——《帮助恢复伦敦资本市场功能，并为严重疲软的纽约市场寻找替代方案》。6 月 6 日，他又向克罗默提交了一份包含支持此提议相关论据的便条，以进一步论证其可行性。同时他告诉克罗

①　Richard Fry, *A Banker's World*: *The Revival of the City 1957-1970*, New York: Routledge, 2013.

②　David Kynaston, *The City of London*, London: Chatto and Windus, 2001.

③　Gary Burn, *The Re-emergence of Global Finance*, London: Palgrave, 2006.

④　Niall Ferguson, *High Financier*: *The Lives and Time of Siegmund Warburg*, Penguin, 2012.

默："到目前为止，谈判只在巴林银行、塞缪尔·蒙塔古、沃伯格银行和我们（即 BOLSA）的极少数代表之间进行，但如果这些想法得不到当局的普遍支持，我们将不会进一步推进。"7 月 11 日，博尔顿向克罗默再次汇报了最新情况，告诉他"查尔斯·汉布罗（Charles Hambro）也已加入讨论"，并"表示希望汉布罗银行在获得允许的情况下参与这种交易"。关于此方案的实施，博尔顿提到了多种可能的业务，其中包括比利时寻求 5000 万美元的贷款，奥地利公用事业集团寻求筹集 5000 万美元资金。另外，库恩·勒布（Kuhn Loeb）因纽约市场状况恶化而被迫取消同挪威的业务，汉布罗（Hambros）家族和沃伯格（Warburgs）家族正在研究在欧洲（而非纽约）向挪威王国提供 1500 万~2000 万美元贷款的可能性。

两周后，克罗默回复了博尔顿，表示尽管还有各种实际困难（如与持票人和印花税有关的困难）需要克服，但"我们同意这个提议，并将尽我们所能提供实际支持"。① 1962 年 10 月初，英格兰银行行长宣布："伦敦金融城再次提供国际资本市场的时机已经到来，并提到了可以提供帮助的几个领域，包括在这个市场上，外国人不仅可以借入长期资本，同样重要的是，他们希望再次将其长期投资资本投放到这个市场上。如果我可以这样描述的话，这种资本的转口贸易不仅可以为本国提供良好的服务，还可以填补欧洲在调动外国资本促进世界经济发展方面的空白。这将为英国金融行业帮助客户提供融资带来优势。"② 1963 年《财政法》将证券转让的印花税税率从 2% 降至 1%；从同年 8 月 1 日起，英国再次允许发行自 1939 年以来被禁止的无记名债券。③

在英国游说成功后，博尔顿和沃伯格紧接着在秋天专程赴华盛顿评估美国对欧洲债券的态度。④ 他们从世界银行的朋友那里了解到，当时在美

① David Kynaston，*The City of London*，London：Chatto and Windus，2001.

② "Recent Innovations in European Capital Markets，" *Federal Reserve New York Monthly Review*，January，1965.

③ *The International Capital Markets of Europe*，pp. 296-297；"Recent Innovations in European Capital Markets，" *Federal Reserve New York Monthly Review*，January，1965.

④ Jeremy Green，"Anglo-American Development，the Euromarkets，and the Deeper Origins of Neoliberal Deregulation，" *Review of international studies* 42（2016）.

国境外流通的 30 亿美元中，有 10 亿美元在短期银行间市场上徘徊，因此是潜在的投资资本来源。此外，沃伯格还得到了他的朋友，美国助理国务卿乔治·波尔的帮助，说服肯尼迪不要阻碍在美国之外建立更多的美元金融市场，以此为欧洲提供另一个资本市场。[1] 通过对国际政治经济格局以及美国国内经济货币政策的分析，他们准确预测了美国可能采取资本管控等政策限制资金外流。

总的来说，经过他们游说，英国政府对欧洲债券发行提供了直接政策支持，而美国政府实施的利息平衡税政策则间接刺激和推动了欧洲债券市场的发展。

（二）欧洲债券发行

经过一年的调研、游说和其他准备工作，[2] 1963 年 1 月，沃伯格银行与德意志银行（Deutsche Bank）准备为欧洲煤钢共同体（ECSC）推出首个欧洲债券发行项目。然而，当 ECSC 决定推迟发行时，沃伯格迅速调整计划，推出了一笔 1500 万美元、为期 6 年的意大利高速公路公司（Autostrade Italiane）贷款。这笔历史性交易于 1963 年 7 月 1 日签署，是几十年来在伦敦发行的首笔外国工业贷款，并在多个方面具有里程碑意义，标志着欧洲债券市场的正式起步。

沃伯格的创新还体现在规避 4% 印花税的操作上。他将债券安排在卢森堡上市，即根据英国法律在荷兰为意大利借款人签署债券发行协议，贷款在卢森堡报价，并以美元支付。这一系列操作开启了跨国金融的新篇章。在发展这一新市场的过程中，沃伯格打破了教条和传统思维，提出债券支付可以选择不同货币的概念。在英格兰银行和德国联邦银行的同意下，他为都灵市发行了一种可以用英镑或德国马克支付的债券。随后，他还为美孚石油公司以及新西兰和爱尔兰政府发放了选择性贷款。虽然欧洲市场在沃伯格银行的收入中仅占 10%~15%，但沃伯格利用这些市场吸引了大量客户，为其并购团队提供了强大的动能。通过这些举措，沃伯格不

---

[1] Gary Burn, *The Re-emergence of Global Finance*, London：Palgrave, 2006.

[2] Ogle V., "Archipelago Capitalism：Tax Havens, Offshore Money, and the State, 1950s-1970s," *The American Historical Review* 122（2017）.

仅赢得了巨大的声誉，也成功地让伦敦重新成为世界的银行中心。①

欧洲债券的一个显著特点是其匿名性。这种金融工具以所谓的无记名形式（Bearer Form）出售，债券持有人无需登记，所有者的名字也无须透露。就像钞票一样，持有债券本身即代表所有权。这种高度的匿名性和逃税机会使得高收入者能够向国内税务机关隐瞒其全部收入，并在不扣税的情况下获得利息。正因如此，欧洲债券最初的购买者主要是为了避税。《经济学人》评论道："第一笔欧洲债券与其说是巧妙的金融工程，不如说是精心设计的避税行为。"

（三）利息平衡税推动欧洲债券市场扩张

正如摩根证券的亨利·亚历山大（Henry Alexander）所预见的，利息平衡税不仅没有阻止美国公司的资本外流，反而促使资本留在国外，以避免支付这项税费，从而助长了欧洲债券市场的发展。

英国央行在1970年的报告中指出，自1963年美国政府引入利息平衡税以来，这项政策成为国际债券发行的最重要刺激因素，因为它实际上关闭了纽约市场面向大多数发达国家借款人的大门。② 美国资本市场满足不断变化的国际需求的能力逐渐减弱，而这些需求由新的伦敦欧洲债券市场来满足。美国的国内监管措施使纽约相对于伦敦的金融中心地位处于明显劣势，美国的银行纷纷在伦敦设立办事处，以避开美联储在国内的监管。③ 美国银行很快发现，伦敦不受管制的环境使得它们或它们的伦敦分行能够规避所有行政法规，建立大型、多元化的银行体系，在金融领域的各个方面进行竞争。④

除了美国银行，其他国家的银行乃至中央银行也转向了欧洲债券市

---

① Ron Chernow, *The Warburgs: The Twentieth-Century Odyssey of a Remarkable Jewish Family*, Vintage, 2016.

② 根据两国之间关于资本流动的协议，在美国市场上新发行的加拿大证券免征该税，欠发达国家发行的证券也免征该税。

③ Hampton M., *The Offshore Interface: Tax Havens in the Global Economy*, Palgrave Macmillan, 1996; Cassard M., *The Role of Offshore Centers in International Financial Intermediation*, International Monetary Fund, 1994.

④ Shadow Banking and Offshore Finance.

场。20世纪60年代初，日本用于基础设施建设和资助新兴产业发展的长
期资金高度依赖美国资本市场。1959~1963年，日本政府在纽约市场出售
了约1.76亿美元的债券和政府担保的债券。然而，利息平衡税的引入突
然切断了日本的主要资金来源，引发了日本股市在一天之内暴跌5%的危
机。日本政府急忙派出特别代表团前往华盛顿和纽约进行谈判，但美国财
政部态度强硬，拒绝了日本的请求。迫于无奈，日本在1963年和1964年
转向欧洲市场筹集了1.18亿美元。日本大藏省国际金融局前局长行天丰
雄认为，利息平衡税不仅迫使日本转向欧洲寻求资金来源，还使得日本意
识到自身储备的重要性。这也说明了利息平衡税对纽约资本市场造成了重
大损害，因为日本并非唯一转向欧洲的国家。①

　　欧洲市场因其更高的收益率，吸引了中东石油输出国的投资和存款。
这些资金的周期一般较长，使得接受这些资金的银行能够发放更长周期的
贷款。到1964年初，欧洲美元存款交易的最长期限从1963年的12个月
增加到3年，并试图将这一期限延长至5年。②

　　利息平衡税的实施确实推动了欧洲资本市场的发展。在不到一年的时
间里，欧洲资本市场的贷款能力大幅提升，1964年上半年欧洲资本市场
的外国贷款额几乎是此前任何一年的两倍。③ 受利息平衡税影响，债券发
行总额从1963年的5.69亿美元迅速下降到1964年的2600万美元。然
而，这一缺口很快被国际银团发行的债券所填补，其发行量从1963年的
1.37亿美元上升到1964年的6.96亿美元，④ 再到1967年的19亿美元。
美国企业在该市场上的发行始于1965年，1966年和1967年的年发行量在
5亿~6亿美元，1968年上半年更是达到15亿美元。⑤

---

① Airy S. , "Changing Fortunes: The World's Money and the Threat to American Leadership,"
　　Kew Bull 37 (1993).
② Paul Einzig, "Some Recent Changes in the Euro-Dollar System," *Journal of Finance* 19
　　(1964).
③ JFKOH-CDD-08-TR.
④ Bank of England, *The International Capital Markets of Europe*, Quarterly Bulletin, 1970 Q3;
　　Cassard M. , *The Role of Offshore Centers in International Financial Intermediation*,
　　International Monetary Fund, 1994.
⑤ Facts of Life About the Integration of National Capital Markets.

　　尽管利息平衡税加速了欧洲债券市场的发展，但时任美国财政部部长迪龙认为，利息平衡税确实实现了其解决美国国际收支失衡的目的。因为欧洲债券无法在美国销售，是离岸工具，只能由非美国买家购买，并在美国境外以美元进行交易，因此这些债券的发行并未增加美国的国际收支赤字，也没有导致新的资金从美国流出。[①]

　　利息平衡税的影响远超亨利·亚历山大的预期，不仅改变了美国银行业的格局，还迫使许多业务转移到伦敦。日本大藏省国际金融局前局长、财务官行天丰雄指出，利息平衡税是造成欧洲债券市场迅速扩张和国际资本流动不稳定的主要因素之一，并在20世纪60年代末进一步导致了布雷顿森林体系的不稳定。[②]

　　随着欧洲债券市场的迅速崛起，美国财政部开始担心该市场会帮助持有美元的投资者避开利息平衡税。然而，受到国内银行界的强烈反对，财政部被迫放弃了对欧洲市场的监管尝试。1964年，保罗·沃尔克担任美国财政部负责货币事务的助理部长时，美国政府曾试图出于金融稳定和美元流动的考虑，对欧洲市场进行监管。他邀请摩根大通银行国际银行业务负责人沃尔特·佩奇（Walter Page）等人前往华盛顿商讨此事，但遭到后者的强烈反对。银行家们警告说，此举将削弱美国银行在全球金融市场中的竞争地位，尤其是在欧洲、新加坡和日本等重要金融中心的影响力。[③]

　　最终，美国财政部不仅放弃了监管，还开始在国际上为美国企业争取市场份额。1964年4月，美国财政部告知英格兰银行，希望在未来所有以美元计价的欧洲债券发行中，至少有一家纽约公司列入承销商名单，并在此类承销中占据领导地位。对此，英格兰银行行长克罗默（Lord Cromer）回应道："在伦敦的发行中，我们认为，银团的领导者必须是一家伦敦公司。"[④]

---

①　David Mulford, *Packing for India: A Life of Action in Global Finance and Diplomacy*, Potomac Books, Inc., 2014.

②　Airy S., "Changing Fortunes: The World's Money and the Threat to American Leadership," *Kew Bull* 37 (1993).

③　Ron Chernow, *The House of Morgan: An American Banking Dynasty and the Rise of Modern Finance*, Grove/Atlantic, Inc., 2010

④　Gary Burn, *The Re-emergence of Global Finance*, London: Palgrave, 2006.

三 约翰逊政府的社会福利扩张与资本管控

在林登·约翰逊总统继任后，美国政府的经济政策方向发生了显著转变。继承肯尼迪总统的遗产，约翰逊政府不仅大幅扩展了社会福利项目，还在越南战争的巨大财政压力下进一步强化了资本管控。这些政策的双重影响在国内外都产生了深远影响，尤其是在国际资本市场的发展中表现得尤为明显。

（一）社会福利扩张与越南战争加剧财政压力

约翰逊政府的"伟大社会"计划是20世纪60年代美国国内政策的核心内容。通过一系列社会改革和政府项目，约翰逊政府试图消除贫困、促进种族平等，并改善国民福祉。主要的举措包括建立医疗保险和医疗补助，这两项计划分别为老年人和低收入人群提供了医疗保障。此外，《民权法案》和《投票权法案》的通过进一步推动了少数族裔的权利保护。这些社会福利政策尽管在短期内取得了显著的社会成效，但也带来了财政上的巨大压力。随着这些项目的实施，联邦预算赤字不断扩大。与此同时，约翰逊政府面临越南战争带来的巨大财政负担，加剧了美国的财政赤字。到1964年，美国的短期负债首次超过了其黄金储备，显示了经济基础的脆弱性。①

（二）加大资本管控力度

为了应对日益严重的国际收支失衡问题，约翰逊政府在肯尼迪政府引入的利息平衡税的基础上，采取了一系列更为严厉的资本管控措施。这些措施旨在减少资本外流、稳定美元，并减轻美国在国际市场上的压力。

1965年，约翰逊政府推出了"自愿性外国信贷限制计划"（Voluntary

---

① Airy S. , "Changing Fortunes: The World's Money and the Threat to American Leadership," *Kew Bull* 37 (1993).

Foreign Credit Restraint Program，VFCR），这是对利息平衡税的补充性政策。VFCR 由美联储管理，旨在限制美国银行向外国借款人贷款，鼓励企业通过海外市场融资。这一计划特别强调限制对外国直接投资的资金支持，促使美国企业在欧洲市场上发行国际债券。政策实施后效果显著，仅1965 年下半年，美国公司就通过其欧洲子公司发行债券筹集了约 3.4 亿美元的资金。① 然而，VFCR 的实施也带来了意想不到的后果。为了规避国内的信贷限制，美国主要银行（如摩根大通银行）通过在伦敦和拿骚的分行进行记账贷款，使用欧洲美元资金绕过 VFCR 的限制。这不仅维持了美国企业的海外投资需求，还推动了欧洲美元市场和欧洲债券市场的快速发展。

（三）资本管控进一步推动欧洲债券市场加速扩张

随着时间的推移，约翰逊政府的资本管控政策变得愈发严格。1968年，约翰逊政府进一步加强了对欧洲大陆直接投资的限制。这些措施导致美国公司在欧洲债券市场的融资需求激增，直接推动了欧洲债券市场的快速扩张。1968 年，美国在欧洲的借款总额约 22.3 亿美元，其中 3/4 是以可转换债券的形式借入的。同年，德国等欧洲国家也开始利用这一市场吸引资本，德国马克债券的发行总额从 1967 年的不到 2 亿美元猛增至 1968年的 13.2 亿美元。②

虽然约翰逊政府的政策在短期内减少了从美国流出的资本，但同时也促使了美国资金在海外长期滞留。为了应对国内资本管控，美国公司和金融机构开始将大量资金存放在海外，尤其是存放在欧洲美元市场。银行和企业发现，欧洲市场不仅提供了更高的收益率，还免除了美国国内严格的监管和税收。③ 这导致了大量资金长期滞留海外，削弱了美国政府对全球资本流动的控制能力。

此外，约翰逊政府的资本管控政策还促进了新兴金融中心的崛起。由于美国市场对外国借款人和美国跨国公司的限制，伦敦、拿骚等地的金融

---

① Bank of England, *The International Capital Markets of Europe*, Quarterly Bulletin, 1970 Q3.

② Bank of England, *The International Capital Markets of Europe*, Quarterly Bulletin, 1970 Q3.

③ Picciotto, Sol, *International Business Taxation*, London：Weidenfeld & Nicolson, 1992.

中心迅速成长为全球资本市场的重要节点。欧洲债券市场的蓬勃发展，标志着一个以美元为基础但不受美国直接控制的全球金融体系的形成。

总的来说，约翰逊政府的社会福利扩张和资本管控政策在短期内解决了一些国内经济问题，但其长远影响却引发了全球金融市场的深刻变化。通过限制国内资本外流，这些政策加速了欧洲债券市场的发展，并推动了全球金融市场新格局的形成。正如美联储前主席保罗·沃尔克所回忆的那样："经过所有这些努力，控制真的有多大用处吗？从统计上看，美国的资本外流减少了。我们还知道一件事是肯定的。由于美国市场现在部分对外国人关闭，控制极大地促进了海外美元存款和美元证券市场的发展。美国银行和投资公司在欧洲与已经在那里的机构联手吸引美元并借出资金，在伦敦蓬勃发展的欧洲美元市场中合法地规避管制。利率略高于纽约，因此一些原本可能存入或投资美国的美元被引诱留在国外。此外，许多贷款人和借款人享受着欧洲市场的相对自由，以至于他们再也没有回到华尔街。我认为没有人能令人满意地回答这个问题：就美国的最终国际收支平衡或国家市场之间的竞争而言，取得了什么成就？"[1]

这表明，约翰逊政府的资本管控政策在全球金融体系中引发的连锁反应，不仅影响了美国的长期国际收支平衡，也推动了国际金融市场的全球化进程。

四 美国放松监管助推欧洲市场
与离岸金融中心的崛起

20 世纪 60 年代末期，美国银行业逐渐意识到，欧洲市场和离岸金融中心可以作为规避国内监管法规的工具。许多美国银行迅速在伦敦建立分支网络，以利用欧洲美元市场的优势。[2] 这一趋势导致在欧洲运营的美国企业盈利大幅超越了本土企业。根据 1967 年 1 月美国总统向国会提交的年度经济报告（Economic Report of the President），1962~1965 年，西欧的

---

[1] Airy S. , "Changing Fortunes: The World's Money and the Threat to American Leadership," *Kew Bull* 37 (1993).

[2] Shadow Banking and Offshore Finance.

美国公司获得了 12%~14% 的回报率，而在美国本土的同类美元投资回报率却不到这一数字的一半。因此，银行业开始在华盛顿悄悄游说，试图使政府允许它们将美元留在欧洲，而不是将利润汇回美国进行再投资。①

美国政府最终接受了建议。1968 年 4 月，美联储副主席詹姆斯·罗伯逊（James L. Robertson）在一次讲话中明确表示，外国人通过欧洲美元市场获取美元信贷，只会导致外持美元余额的所有权转移，而不会增加美国的国际收支赤字。他指出，欧洲美元市场可以动员现有的美元资金，而不会对美国的国际收支造成负担。此外，拥有海外分行的美国银行能够利用欧洲美元，减少原本需要通过总行扩展信贷引致的美元资金外流，从而保持了美国境内的资金稳定。为了不限制这些银行的融资机会，美联储决定，允许使用少量银行资金在欧洲大陆建立新分行，因为这有助于吸引外国人手中的资金，并将其用于本来需要美国资金外流的交易。②

到了 1969 年，美国正式出台关于准备金要求和海外分支机构的重要银行法规。首先，纽约的银行必须遵守 10% 的准备金要求，而在伦敦欧洲货币市场经营的外国银行则不受此限制，这使得美国国际贷款的利润率更高。其次，美国对涉及海外分支机构的银行条例进行了修改。联邦储备委员会决定允许较小的银行使用拿骚的"铜板"分行来绕过 VFCR。这项措施使许多较小的州立银行能够在欧洲货币市场上与美国最大的城市银行竞争，促使美国银行的海外分行数量迅速增加。这些海外分支机构中的大部分位于加勒比和其他地区的小型避税天堂，这些离岸司法管辖区不仅在物理上远离美国，而且在监管意义上也处于美国银行监管之外，使得这些地区的欧洲货币贷款业务不仅在税收上具有优势，还大大降低了运营成本。③

①　William Engdahl, *A Century of War: Anglo-American Oil Politics and the New World Order*, Dr. Bottinger, 1993.

②　Remarks of J. L. Robertson, the Vice Chairman of the Board of Governors of the Federal Reserve System.

③　Hampton M., *The Offshore Interface: Tax Havens in the Global Economy*, Palgrave Macmillan, 1996.

这些政策和市场变化共同推动了欧洲市场和离岸金融中心的加速发展，逐渐形成了一个在美国官方美元体系之外独立运作的国际金融网络。

五 欧洲市场推动布雷顿森林体系瓦解，重塑全球金融秩序和欧洲地缘政治格局

20 世纪 60 年代初期，美国政府实施了一系列资本管控措施，旨在应对日益严重的国际收支赤字和美元外流问题。其中包括 1963 年引入的利息平衡税（IET），旨在通过对美国企业的外国投资收益征税来遏制资本外流。然而，这些政策在限制美元外流的同时，意外地推动了伦敦欧洲美元市场的快速崛起。伦敦作为欧洲的金融中心，凭借其历史地位和相对宽松的金融监管，迅速成为欧洲美元和欧洲债券市场的核心。接下来的十年内，欧洲市场的规模和影响力急剧扩大，成为全球金融版图中不可忽视的力量。

欧洲美元市场在 20 世纪 60 年代的崛起是全球资本市场的一大转折点。自 1963 年起，欧洲美元市场的规模呈现爆炸式增长，从 1963 年的 120 亿美元激增至 1969 年的 650 亿美元，年增长率在 1969 年达到了接近 50% 的峰值。市场的扩展速度前所未有，这不仅仅是对美国资本管控政策的直接回应，更是全球资金流动模式的重大转变。特别是 1965~1979 年欧洲美元市场的年增长率从未低于 10%，[1] 显示了市场吸引力和资金聚集效应的强大影响。

美国银行的海外扩展也是欧洲市场繁荣的直接体现。1964~1970 年，美国银行在海外分支机构的总资产从 70 亿美元增至 530 亿美元。[2] 这些分支机构大多位于伦敦，充分利用了欧洲美元市场的自由化环境，为美国企业的国际化扩展提供了充足的资金支持。这一时期，美国银行在伦敦的分支机构数量也迅速增加，从 1963 年的 9 家增至 1971 年的 31 家，[3] 进一步

---

[1] Niall Ferguson, *High Financier: The Lives and Time of Siegmund Warburg*, Penguin, 2012.

[2] Cassard M., *The Role of Offshore Centers in International Financial Intermediation*, International Monetary Fund, 1994.

[3] Extract from a speech by the Governor, 1971.

巩固了伦敦作为全球金融中心的地位。

欧洲债券市场的发展与欧洲美元市场的扩张齐头并进。自 1963 年起，欧洲债券市场的发行量从 1.48 亿美元迅速增加到 1970 年的 27 亿美元。[①]这一市场的迅速成长，使得伦敦在全球资本市场中的地位得以巩固。到 1968 年，美国公司已成为欧洲债券市场的主要借款方，占所有借款的 60%。[②] 随着市场规模的扩大，欧洲债券市场吸引了越来越多的国际投资者和借款人，进一步促进了伦敦国际金融中心的复兴。

这一市场不仅为欧洲各国提供了大量的资本支持，还推动了伦敦在全球资本市场中的影响力提升。欧洲债券市场的发展使得伦敦成为全球债券发行和交易的中心，为英国金融业带来了巨大的机会，同时也吸引了大量外国银行在伦敦设立分行。这一趋势使得伦敦和纽约之间的金融联系更加紧密，强化了两地在全球金融网络中的主导地位。

欧洲美元市场和欧洲债券市场的迅速崛起，对国际金融秩序产生了深远影响。首先，欧洲美元和欧洲债券市场的发展使伦敦再次成为国际金融活动的核心，吸引了大量国际资本和金融机构的涌入。其次，这些市场的成长也在一定程度上促进了欧洲一体化，通过增强欧洲各国资本市场的联系和合作，推动了区域经济的协调与融合。再次，欧洲金融市场的扩展为金融全球化提供了新的动力，促进了全球资本的自由流动和金融网络的构建。最后，这些市场的发展削弱了布雷顿森林体系的稳定性，增加了全球资本流动的灵活性，间接推动了该体系的瓦解。

欧洲美元和欧洲债券市场的崛起，不仅改变了伦敦的命运，也深刻影响了全球金融格局，具体如下。

（一）恢复伦敦作为全球金融中心的地位

20 世纪 50 年代末至 60 年代初，伦敦的国际金融中心地位因国家经济困难和殖民帝国的衰落而逐渐被削弱。然而随着欧洲美元市场和欧洲债

---

① Leo Panitch, and Sam Gindin, *The Making of Global Capitalism: The Political Economy of American Empire*, London: Verso, 2013.

② Derek F. Channon, *British Banking Strategy and the International Challenge*, Macmillan, 1977.

券市场的崛起，伦敦迅速恢复了其作为全球金融中心的地位。英国政府通过英格兰银行的政策支持，以及一系列有利的市场环境变化，使伦敦在全球金融体系中的重要性再次得到了确认。

伦敦在欧洲资本市场的发展中重新确立了其作为全球金融中心的地位。这得益于英格兰银行的鼓励和推动，同时也是市场环境变化的结果。随着欧洲债券市场的兴起，伦敦成为这一新兴市场的核心，为因国家经济困难和殖民帝国衰落而受到打击的伦敦国际金融中心注入了新的活力。伦敦的宽松监管政策吸引了大量外国银行，特别是美国银行在伦敦设立分支机构，充分利用欧洲美元市场的自由化环境进行国际资金流转和配置。这些银行在伦敦的快速扩展，极大地提升了伦敦在全球资本市场中的地位。[1]

伦敦在欧洲资本市场的发展中重新确立了国际金融中心的地位，这不仅实现了乔治·博尔顿和西格蒙德·沃伯格等人的愿景，也标志着伦敦在全球金融体系中的重要性得到了新的巩固。

首先，欧洲债券市场的崛起是伦敦重新成为全球金融中心的关键。自20世纪60年代初期以来，随着美国资本管制的加强，欧洲市场，特别是伦敦成为大量国际资本的避风港。伦敦的专业服务和金融机构，如会计师事务所、律师事务所和商业银行，受益于欧洲债券市场的发展而快速扩张。到1975年，美国银行在伦敦的分行数量从1964年的11家增长到88家，[2] 这表明伦敦在吸引全球资本方面展现了巨大的吸引力。

其次，随着20世纪70年代初浮动汇率制度的引入，伦敦进一步巩固了其作为全球货币交易中心的地位。浮动汇率的出现使得国际资本流动变得更加频繁和复杂，而伦敦凭借其宽松的监管环境和灵活的金融体系，迅速成为这一新的全球金融格局的核心。尤其是与美国的"Q 条例"和利息平衡税的限制相比，伦敦的市场环境更具吸引力，吸引了大量资本在伦敦集聚，并促使衍生品等复杂金融产品在伦敦市场上蓬勃发展。

最后，伦敦的重振还体现在其作为国际贸易融资和长期贷款安排的枢

---

[1] Oliver Bullough, *Moneyland：The Inside Story of the Crooks and Kleptocrats Who Rule the World*, New York：St. Martin's Press, 2019；Extract from a speech by the Governor, 1971.

[2] Oliver Bullough, *Moneyland：The Inside Story of the Crooks and Kleptocrats Who Rule the World*, New York：St. Martin's Press, 2019.

纽角色。随着欧洲美元和欧洲债券市场在伦敦的发展，美国和其他国家的银行迅速进入伦敦市场，充分利用英国相对宽松的金融监管。数据显示，1967~1978 年，伦敦的外国银行代表数量从 113 家增加到 395 家。① 这一趋势反映了伦敦在全球金融中的重要地位得到了国际社会的广泛认可。

总的来说，伦敦作为全球金融中心的复兴，是沃伯格和博尔顿等金融领袖们共同努力的结果。他们通过推动欧洲债券市场的发展，吸引了大量国际资本和金融机构，重新确立了伦敦在全球金融体系中的核心地位。伦敦的复兴不仅实现了英国金融界的愿景，也为欧洲一体化和全球金融市场的发展奠定了坚实基础。

（二）推动欧洲一体化进程

欧洲债券市场的发展对欧洲一体化进程起到了至关重要的推动作用。以沃伯格为代表的欧洲投资银行家，通过创建和推动发展欧洲债券市场，逐渐形成了一个跨国合作的金融平台。这一平台不仅将欧洲各国的资本市场紧密联系在一起，还通过引入美国银行等全球性金融机构，推动了跨大西洋金融合作的深化。

欧洲债券市场的初期发展虽然并不显眼，但随着其强大的资本吸纳能力逐渐显现，这一市场迅速成为欧洲大陆资本流动和金融成本均衡的重要平台。欧洲各国银行通过参与欧洲债券的承销和分销，不仅引入了竞争性的金融技术，还在多个层面上加强了欧洲各国资本市场之间的联系。这种联系不仅限于资本流动，更体现在金融市场的管理和运营经验的交流与合作上，从而在客观上推动了欧洲一体化的进程。

到 20 世纪 60 年代末，欧洲债券市场的影响力已然引起了广泛的关注。德国经济学家库尔特·里奇贝克（Kurt Richebächer）在 1969 年的研究中指出，虽然欧洲统一资本市场的建立仍面临诸多挑战，但欧洲债券市场已经成功搭建了一个跨国资本流动的平台。里奇贝克认为，欧洲债券市场不仅是传统资本市场的替代品，更预示着一个真正的欧洲资本市场的到

---

① MacMillan Ingham G. , "Capitalism Divided? The City and industry in British Social Development," London，1984.

来。这一市场的崛起，标志着欧洲各国在资本市场上的合作进入了一个新阶段，为日后更广泛的金融一体化奠定了基础。①

欧洲债券市场的发展，不仅促进了欧洲各国资本市场的融合，还带来了金融市场的制度创新。这些创新不仅提升了市场的竞争力，也使得欧洲债券市场在全球金融体系中占据了重要位置。通过这一市场，欧洲各国资本市场得以实现更加高效的资金配置，从而推动了欧洲经济的整体发展和一体化进程。

国际货币基金组织（IMF）前法国执行董事、法国驻欧洲货币委员会代表勒内·拉尔（René Larre）在 1969 年进一步指出，欧洲债券市场的无监管特点虽然带来了某些问题，如逃税和匿名交易的泛滥，但它作为一个超越政府控制、没有中心权威或监管的国际市场，在全球范围内推动了资本的流动与配置。拉尔认为，欧洲债券市场不仅连接了各国的资本市场，还通过利率调整等机制，平衡了全球范围内的资金供需。这一市场的独特性在于其高效的资本流动性和对各国市场的连接能力，这些特质对欧洲一体化进程的推动作用不可忽视。

欧洲债券市场的全球扩展，使得欧洲各国之间的资本流动更加自由和频繁。通过这一市场，欧洲逐渐形成了一个更为紧密的金融网络，各国之间的金融合作与交流达到了前所未有的高度。这一过程不仅加强了欧洲各国之间的经济联系，也为欧洲在全球资本市场中占据更重要的地位提供了支持。

尽管欧洲债券市场在推动欧洲一体化进程中发挥了如此重要的作用，但历史学家尼尔·弗格森（Niall Ferguson）却感叹，这一市场的发展在二战后的欧洲历史中几乎未被记录。大多数相关的教科书中甚至未提及这一主题。这种历史的低估和忽视，使得欧洲债券市场在推动欧洲一体化进程中的关键作用未能得到充分的认可和讨论。②

然而，不容忽视的是，欧洲债券市场的发展不仅为欧洲各国提供了一个强大的资本流动平台，也通过这一市场的跨国合作和资本流动，实质性

① Kurt Richebächer, *The Problems and Prospects of Integrating European Capital Markets*, 1969.
② Niall Ferguson, *High Financier: The Lives and Time of Siegmund Warburg*, Penguin, 2012.

地推动了欧洲经济的整合与一体化进程。随着欧洲债券市场的进一步扩展，欧洲各国在金融领域的合作将会更加深入，而这种合作将继续为欧洲一体化的进程注入新的动力。

（三）推动金融全球化

1. 金融机构的全球网络扩展

欧洲资本市场的发展，尤其是欧洲美元市场的崛起，极大地推动了全球金融网络的扩展。20 世纪 60 年代中期，美国在加强国内资本管制的同时，意外地促进了欧洲资本市场成为全球资本的避风港。美国银行纷纷在伦敦和其他离岸金融中心设立分支机构，以逃避国内的监管。这一趋势使得全球金融网络迅速扩展。

数据显示，1964~1973 年，美国银行在海外的分支机构数量从 181 家猛增至 699 家，其中大部分位于欧洲和加勒比地区的离岸金融中心。[①] 这些分支机构的设立使得国际金融业务更加便捷和高效，也使得资金能够更广泛地在全球范围内流动。例如，新加坡在 1968 年建立了亚洲美元市场（ADM），其迅速扩展的金融网络吸引了东南亚地区的大量资金，使新加坡成为亚洲的重要离岸金融中心。至 1975 年，新加坡的亚洲货币单位（ACU）从 1969 年的 9 家增长到 66 家，总资产从 1.23 亿美元增至 130 亿美元。[②]

2. 资金多元化与流动性增强

欧洲美元市场为全球金融提供了一个高度灵活且效率极高的资金流通平台。欧洲美元市场的资金来源广泛，涵盖了西欧、北美、东欧、拉丁美洲和中东等多个地区。根据英格兰银行 1964 年的报告，西欧贡献了约 55% 的资金来源，北美贡献约 20%，其余 25% 来自其他地区。[③] 这种多元化的资金来源促进了不同地区之间的资金流动，增强了全球金融市场的互

---

① Cassard M., *The Role of Offshore Centers in International Financial Intermediation*, International Monetary Fund, 1994.

② David Kynaston, and Richard Roberts, *The Lion Wakes: A Modern History of HSBC*, Profile Books, 1990.

③ U. K. Banks' Claims External in Foreign Liabilties and Currencies.

联互通。

具体数据进一步说明了这一点：到 1964 年 3 月底，非银行海外客户的负债占欧洲美元市场总负债的比例已超过 20%。[1] 这意味着不仅是银行，其他类型的海外客户也参与了这一市场的资金流动。这种资金来源的多样化使得欧洲美元市场的流动性大大增强，也使全球资本流动更加复杂和动态化。美国居民通过加拿大银行间接将资金转移到伦敦，东欧国家将资金通过欧洲大陆银行再存入伦敦等复杂操作的出现，进一步表明了这一市场的全球化特征。

3. 业务多元化发展与金融创新

欧洲资本市场的发展催生了金融业务的多元化。欧洲美元市场和欧洲债券市场通过免除预扣税和提供更有利的融资条件，吸引了全球各地的投资者。20 世纪 60 年代末 70 年代初，围绕离岸金融的产业链逐渐形成，并扩展至全球。美国主要的会计师事务所、律师事务所和投资顾问开始涉足为企业和富人提供以纸面公司（Paper Company）名义设立离岸银行账户的业务。[2] 这些金融机构帮助客户利用全球不同的法律和税收制度，进行全球范围内的资本运作。

随着欧洲美元市场的壮大，英国金融市场的传统壁垒被打破，大型清算银行开始涉足消费信贷融资、投资基金管理、商业银行和金融咨询等新领域。20 世纪 70 年代，离岸金融业逐渐发展成一个完整的产业链，包括广告、专业出版物，甚至研讨会向投资者传授最大限度减少纳税的最佳策略。花旗银行、摩根大通银行等金融巨头通过创建或扩大"私人银行"（Private Banking）子公司的业务，为全球富豪和跨国企业提供保密服务，这进一步推动了全球资本的自由流动和金融全球化的进程。[3]

4. 离岸金融中心崛起与全球离岸网络形成

欧洲资本市场的迅速发展，特别是欧洲美元市场的发展，显著推动了全球离岸金融中心的崛起。伦敦作为传统的金融中心，通过欧洲美元和欧洲债券市场重新确立了其全球金融中心的地位。到 20 世纪 70 年代，伦敦

---

[1] U. K. Banks' Claims External in Foreign Liabilties and Currencies.

[2] R. T. Naylor, *Hot Money and the Politics of Debt*, McGill-Queen's University Press, 2004.

[3] R. T. Naylor, *Hot Money and the Politics of Debt*, McGill-Queen's University Press, 2004.

的离岸市场几乎不受英国国内监管，与英国经济相对独立，吸引了大量外国银行，特别是美国银行到伦敦进行在美国受限的金融活动。

随着伦敦金融城的扩展，这一网络不仅限于英国，还扩展到加勒比、新加坡、巴林、黎巴嫩、马耳他和瑞士等地，形成了一个广泛的全球离岸金融网络。例如，美国银行在 1969 年开始允许在巴哈马和开曼群岛等避税天堂设立空壳分行，以规避国内资本管制。[1] 数据显示，1964～1973年，美国银行在海外的分支机构数量从 181 家增加到 699 家，其中 177 家位于加勒比的离岸金融中心，156 家位于欧洲的离岸金融中心。[2] 这些中心不仅为大量投资资金流入和流出美国提供了便利中介，还利用了税收、银行和货币政策的优势。

全球离岸金融网络的崛起极大地促进了国际资金的自由流动，加速了全球金融市场的互联互通。伦敦与巴哈马、开曼群岛、荷属安的列斯群岛和巴拿马等加勒比地区形成了紧密联系，成为全球合法或非法金融活动的集散地。《纽约时报》报道，自 1973 年底以来，美国银行在巴哈马和开曼群岛的分行资产增长了 150% 以上，占美国银行所有海外分行资产的 31%。[3]

5. 国际银团与跨国金融合作兴起

欧洲债券市场的跨国承销团在多个国家同时发行债券，并出售给全球各地的投资者，这种国际银团的兴起进一步推动了全球金融合作。为了应对美国银行在欧洲市场上的竞争，英国的银行迅速适应这一趋势，通过组建跨国银行联盟和建立财团银行来巩固其在国际金融市场的地位。英国的米德兰银行（Midland Bank）与其他欧洲大陆银行合作，成立了欧洲咨询委员会（European Advisory Committee），为大型国际项目提供融资。[4] 这些合作不仅增强了英国银行的国际竞争力，也推动了全球金融市场的进一

---

① Ogle V., "Archipelago Capitalism: Tax Havens, Offshore Money, and the State, 1950s-1970s," *The American Historical Review* 122 (2017).

② Cassard M., *The Role of Offshore Centers in International Financial Intermediation*, International Monetary Fund, 1994.

③ Chavagneux C., Palan R., and Murphy R., *Tax Havens: How Globalization Really Works*, Cornell University Press, 2013.

④ David Kynaston, *The City of London*, London: Chatto and Windus, 2001.

步一体化。

英国银行业在面对来自美国银行的竞争时，通过与欧洲大陆的银行合作，创造了财团银行的模式。这种模式的成功不仅增强了欧洲银行在全球市场的影响力，也促使国际银团成为全球金融市场的一个重要组成部分。跨国金融合作的兴起，使得资本可以更自由地在国际市场上流动，进一步推动了金融全球化。

欧洲债券市场的显著特点是跨国承销团在多个国家同时发行债券，出售给全球各地的投资客户。这种发行方式突破了传统外国债券市场的限制，允许借款人在全球范围内筹集资金，同时吸引了大量国际投资者的关注。根据相关数据，欧洲债券市场的规模在短时间内迅速扩张，成为全球资本市场的重要组成部分。①

6. 资金吸纳及其对国际金融市场产生的重大影响

欧洲美元市场在20世纪60年代末积累了足够的规模和深度，能够吸纳和处理大量的石油美元收入。石油美元的回收为国际金融市场注入了大量的流动性，支持了大规模的国际借贷和投资活动。由于欧洲美元市场提供了比美国更高的收益率，石油输出国尤其是中东的产油国，纷纷将石油收入存入欧洲美元市场。这种资金的流入，使得欧洲美元市场在短时间内成为国际资金的主要流动中心。

根据1969年的数据，欧洲美元市场的净规模已经超过250亿美元，成为中央银行持有美元余额的主要集散地。② 这些资金在全球范围内的流动，不仅增强了国际金融市场的互联性，也使得全球资本市场更加复杂和多变。由于这些资金主要在离岸市场流动，美国和其他发达国家的监管机构对这些资金的控制力减弱，进一步推动了全球金融市场的去监管化趋势。

这种资金的流动也给全球金融市场带来了新的挑战。例如，随着石油美元的不断回流，欧洲美元市场的规模迅速扩大，导致了国际金融市场的流动性大幅增加。然而，这种流动性过剩的现象也加剧了金融市场的不稳

---

① Ogle V. , "Archipelago Capitalism: Tax Havens, Offshore Money, and the State, 1950s-1970s," *The American Historical Review* 122 (2017).

② Klopstock, Fred H. "Impact of Euro-Markets on the United States Balance of Payments." *Law and Contemporary Problems* 34, no. 1 (1969): 157-171.

定性，特别是在资本市场受到冲击时，资金的快速撤出可能引发全球金融危机。

7. 全球离岸金融网络形成

欧洲资本市场的发展，特别是欧洲美元市场的崛起，推动了全球离岸金融中心的形成。这些离岸金融中心不仅提供了税收优惠和较低的监管环境，还成为全球资本流动的重要节点。伦敦作为欧洲美元市场的核心，逐渐形成了与加勒比、新加坡等其他离岸金融中心的紧密联系，构建了一个广泛的全球离岸金融网络。

这一网络的形成不仅使得全球资本能够在不同的司法管辖区之间自由流动，还大大增加了全球金融市场的复杂性和互联性。例如，新加坡的亚洲美元市场（ADM）在1968年成立后迅速扩展，成为东南亚地区的主要离岸金融中心。通过取消非居民利息收入的预扣税，并引入一系列吸引离岸业务的政策，新加坡迅速吸引了大量资金流入，使得其金融市场规模迅速扩大。

与此同时，美国银行在加勒比地区设立的离岸金融中心也开始发挥重要作用。通过这些中心，美国银行能够规避国内的资本管制，并享受更低的税收成本。数据显示，到1975年，多达125家美国母银行拥有732家外国分行，其中很大一部分位于离岸金融中心。① 这些离岸金融中心为全球资本流动提供了便利，使得资金能够在全球范围内更自由的流动。

全球离岸金融网络的形成，不仅促进了国际资金的自由流动，也推动了全球金融市场的进一步整合。这种网络的形成，使得金融全球化进入了一个新的阶段，全球资本市场的互联性和复杂性也随之大幅提升。

欧洲资本市场的发展，特别是欧洲美元市场的崛起，极大地推动了金融全球化的进程。通过促进金融机构的全球网络扩展、增强资金流动的灵活性和多元化、推动业务的多元化发展、促进国际银团的形成以及构建全球离岸金融网络，欧洲资本市场不仅改变了全球资本的流动方式，也使得全球金融市场更加复杂和互联。此外，欧洲资本市场的崛起为全球金融创新提供了重要的推动力，加速了金融全球化。

---

① Picciotto, Sol, *International Business Taxation*, London：Weidenfeld & Nicolson, 1992.

（四）布雷顿森林体系的瓦解

欧洲资本市场的发展是导致布雷顿森林体系最终瓦解的重要因素之一。欧洲美元市场通过增加全球流动性、削弱美国对全球美元供应的控制、提升资本流动的灵活性，以及对各国经济政策产生压力等方式，直接影响了布雷顿森林体系的稳定性，最终导致其瓦解。

1. 欧洲美元市场的发展与全球流动性增加

欧洲美元市场的迅速发展极大地增加了全球美元的流动性，而这种增加并未受到美国政府的有效控制。自 20 世纪 60 年代初以来，欧洲美元市场的规模持续扩大，使得大量美元在美国境外流通。这种美元的流通不仅包括传统的贸易结算，还包括金融机构间的短期借贷和资本市场交易。例如，数据显示，欧洲美元市场的规模从 1963 年的 120 亿美元迅速增长至 1969 年的 650 亿美元，年增长率在 1969 年达到了接近 50% 的峰值。随着欧洲美元市场的扩展，大量美元进入全球市场，增加了全球货币供应量，而这些美元并未受到美联储的直接控制。①

这种全球流动性的增加使得美元作为世界储备货币的压力增大。由于美元的流动性过剩，各国持有的美元资产的实际价值开始受到质疑，导致全球对美元的信心逐渐减弱。② 这一现象成为布雷顿森林体系下美元与黄金挂钩机制的致命弱点，因为随着美元的流动性增加，美国的黄金储备无法支持如此大量的美元兑换需求。

2. 削弱美国对全球美元供应的控制

欧洲美元市场的发展削弱了美国对全球美元供应的控制权，这一削弱是布雷顿森林体系瓦解的直接原因之一。布雷顿森林体系的设计依赖美国对全球货币供应的控制，特别是对美元供应的控制。然而，随着欧洲美元市场的崛起，美国政府逐渐失去对大量美元在全球范围内流动的控制权。例如，到 20 世纪 70 年代初，美国以外的美元供应量已经大幅增加，这些美元大多流通于欧洲美元市场，并被各国中央银行和私人投资者持有。由

---

① Cassard M. , *The Role of Offshore Centers in International Financial Intermediation*, International Monetary Fund, 1994.

② Eurocurrencies and the International Monetary System.

于这些美元不在美国境内，美国政府无法通过传统的货币政策工具（如调整利率或货币供应量）来控制其流动。这导致美元的全球供应量与美国的经济政策脱节，进而削弱了美元的稳定性。

1969 年，短期资本流动对美国国际收支的贡献甚至超过了贸易差额和长期投资收益的总和。美联储理事安德鲁·布里默（Andrew Brimmer）指出，欧洲美元市场的存在"极大地复杂化了美国的货币政策管理"。随着美国对全球化金融市场的依赖加深，尤其是对短期资金流入的依赖，其经济政策的稳定性也逐渐受到威胁。如果投资者对美元失去信心或发现其他市场条件更为有利，资本的流入将会逆转，进而导致美元的危机。这种不稳定的资本流动最终加剧了布雷顿森林体系的脆弱性，并为其崩溃埋下了隐患。①

3. 资本流动的灵活性与布雷顿森林体系的压力

欧洲美元市场的崛起使得资本流动更加灵活，而这种灵活性进一步加大了布雷顿森林体系的压力。由于欧洲美元市场提供了一个不受美国政府直接监管的资本流动渠道，各国资本可以更加自由地在全球范围内流动。这种资本流动的自由度使得各国政府难以通过传统的货币政策工具来管理其本国经济，尤其是在维护固定汇率方面。

例如，当美国在 20 世纪 60 年代末面临贸易逆差和外汇储备减少的问题时，欧洲美元市场成为资本迅速流出美国的主要渠道。数据显示，1967~1972 年，欧洲美元市场的规模从 198.9 亿美元增加到 980 亿美元，占美国 M1 货币供应量的比例也从 9.65% 上升到 34.47%。这种资本流动的灵活性使得美国和其他国家无法维持固定汇率体系，因为资本的快速流动导致各国货币汇率频繁波动，最终迫使布雷顿森林体系的参与国放弃固定汇率。

4. 对各国货币政策协调与国际收支管理的冲击

随着欧洲美元市场规模的扩大，各国经济政策之间的协调变得更加困难，尤其是在维护汇率稳定和管理国际收支平衡方面。布雷顿森林体系要

---

① Francis J. Gavin, and Mark Atwood Lawrence, *Beyond the Cold War: Lyndon Johnson and the New Global Challenges of the 1960s*, Oxford University Press, 2014.

求各国政府在一定范围内维持其货币对美元的汇率稳定,并通过国际货币基金组织(IMF)的协调来解决国际收支失衡问题。① 然而,欧洲美元市场的崛起使得各国的汇率管理变得更加复杂,因为资本可以通过这个市场迅速流动,绕过政府的资本控制政策。

例如,在20世纪60年代末,欧洲美元市场的蓬勃发展使得资本流动的方向和规模变得难以预测,各国政府在维持本国货币汇率稳定方面面临巨大的压力。当时,美国的黄金储备已经不足以支撑全球范围内的美元兑换需求,这导致各国对布雷顿森林体系的信心逐渐动摇。1971年,美国的黄金储备下降到110亿美元,而官方短期负债约为250亿美元,是黄金储备的两倍多。这使得外国政府和中央银行手中的美元仅有44%有黄金担保,导致美元信誉迅速恶化。②

5. 布雷顿森林体系的瓦解

欧洲资本市场的发展,尤其是欧洲美元市场的崛起成为布雷顿森林体系瓦解的重要原因。随着全球美元供应的失控、资本流动的灵活性增加以及各国经济政策之间的协调困难,布雷顿森林体系的核心机制——固定汇率和美元与黄金的挂钩,无法再维持下去。

1971年8月15日,尼克松听取了包括首席预算顾问乔治·舒尔茨(George Shultz)和当时财政部政策小组顾问③的建议,宣布正式暂停美元兑换黄金,此举震惊了世界,实际上让世界完全采用没有黄金支持的美元本位制,并由此单方面撕毁了1944年布雷顿森林体系的核心规定。外国美元持有者再也不能用他们的纸币兑换美国的黄金储备了。④ 布雷顿森林体系至此宣告瓦解。

---

① The International Monetary System, Forty Years After Bretton Woods.

② Susan Strange, "International Monetary Relations," in *International Economic Relations of the Western World, 1959-1971*, eds. by J. S. Moser, et al., Oxford: Oxford University Press, 1976.

③ 包括保罗·沃尔克和后来成为埃克森美孚董事的杰克·F. 贝内特(Jack F. Bennet)等。

④ William Engdahl, *A Century of War: Anglo-American Oil Politics and the New World Order*, Dr. Bottinger, 1993.

第六章　后布雷顿森林体系时代：离岸金融体系扩张与金融全球化进程

布雷顿森林体系的瓦解标志着全球金融秩序的重大转折，这一转折不仅打开了全球金融自由化的大门，也促使离岸金融体系迅速发展。在这一新时期，美国看到了借助金融自由化重塑其作为全球金融霸主的机会，推动了跨境资本的自由流动。同时，伦敦作为欧洲美元市场的核心，也借此巩固了其全球金融中心的地位。随着全球各国特别是小型国家逐渐加入这一自由化浪潮，一个前所未有的全球化金融网络逐步成形。而在这一背景下，1973 年的石油危机将进一步强化这一趋势，石油美元通过欧洲美元市场进一步推动了全球金融体系的深化与发展。

布雷顿森林体系的瓦解标志着二战后固定汇率制度的终结，也揭开了世界经济、金融自由化和全球化的新篇章。随着这一体系的崩溃，美国迅速看到了重新确立其全球金融中心地位的机会，积极推动全球金融市场的自由化和跨境资本的自由流动。美国不仅在国际论坛上大力宣扬开放市场的理念，强调金融自由化的优势，还采取措施阻止任何限制资本流动的国际合作尝试。这一战略不仅使美国在全球金融体系中巩固了其主导地位，而且确保了其金融部门能够在全球资本流动中获得巨大的中介服务收益。[①]

1971 年，随着固定汇率向浮动汇率的转变，美国看到了新的机会，利用其经济和金融影响力推动全球资本的自由流动。美国的这一战略引

---

①　Eric Helleiner, *States and the Reemergence of Global Finance*: *From Bretton Woods to the 1990s*, Cornell University Press, 1996.

发了全球范围内的资本市场开放浪潮，尤其是在跨境资本流动方面。由于美国作为世界最大经济体的影响力，各国逐渐发现自己在开放资本市场方面别无选择。面对美国主导的全球金融自由化趋势，许多国家放松资本管制，开放自身的资本市场，以维持其在全球经济中的竞争力。[①] 到 20 世纪 80 年代末，大多数发达国家已经全面开放了跨境资本流动，全球金融体系因此进入了一个前所未有的自由化和全球化时代。[②] 正如勒内·拉尔（René Larre）所总结的那样，欧洲资本市场的崛起不仅彻底改变了全球金融的运作方式，还为一个真正的全球资本市场的形成奠定了基础。

布雷顿森林体系瓦解后，美元依然保持了其国际储备货币的地位，而伦敦也继续巩固了其作为全球金融中心的角色。这一时期，伦敦的金融市场通过欧洲美元市场和欧洲债券市场的快速发展，成功实现了金融中心地位的复兴。1971 年，随着布雷顿森林体系的瓦解和固定汇率向浮动汇率的转变，伦敦庞大而活跃的欧洲美元市场继续繁荣。美国证券交易委员会对在美国市场发行外国债券的严格监管，使得许多金融活动继续在伦敦进行，这进一步巩固了伦敦作为全球金融中心的地位。[③]

与此同时，其他国家，特别是一些小型国家也逐渐参与全球金融体系，形成了一个复杂而广泛的全球化金融网络。英国通过其海外领地和其他地区建立了一系列离岸金融中心，例如开曼群岛和巴哈马，这些地方因其低税收和宽松监管环境吸引了大量的国际资本。20 世纪 70 年代，随着布雷顿森林体系的瓦解，各国监管者放弃了对资本流动的严格控制，金融全球化应运而生。新兴的离岸金融中心与传统的金融中心形成了一个广泛的全球网络，推动了国际资本的自由流动。

这段时期的转型和变革不仅推动了金融全球化和自由化，也开启了一个新的经济全球化时代。在接下来的部分，将进一步讨论 1973 年第一次

---

① Raghuram G. Rajan, and Luigi Zingales, *Saving Capitalism from the Capitalists*: *Unleashing the Power of Financial Markets to Create Wealth and Spread Opportunity*, Princeton, 2003.

② Facts of Life About the Integration of National Capital Markets.

③ Richard Benzie, *The Development of the International Bond Market*, Bank for International Settlements, Monetary and Economic Department, BIS Economic Papers No. 32 (1992).

石油危机如何推动这一体系的发展，并进一步加速全球金融自由化和离岸金融市场扩展。

一　欧洲美元市场与石油美元的形成

石油美元是指石油出口国通过出口石油获得的美元收入，这些国家通常将这些美元存入国际金融市场，尤其是存放在美国及其他国家的银行体系中，或用于全球投资。石油美元的概念在 20 世纪 70 年代石油危机后变得尤为重要，因为石油美元大量涌入全球金融市场，对国际经济和金融体系产生了深远的影响。

石油美元的产生和流通对巩固美元作为国际储备货币的地位至关重要。全球石油交易几乎全部以美元结算，导致石油出口国积累了大量的美元储备。这些储备资金被广泛投资于全球金融市场，增加了对美元的需求，进一步巩固了美元在国际贸易和金融中的主导地位。通过这种机制，石油美元不仅增强了美元在全球经济中的影响力，还确保了美元作为全球首选储备货币的地位，从而使美国在国际金融体系中占据主导地位。

在 1973 年第一次石油危机之前，石油美元尚未对全球经济产生重大影响。冷战期间的地缘政治环境和美国国内对银行业的严格监管，使中东等石油生产国开始寻找美国以外的安全资金存放地。伦敦凭借其悠久的历史和在全球贸易中的核心地位，成为石油美元的主要存放地。石油输出国在此阶段更多是通过欧洲市场借贷资金，而不是提供资金。最初，中东石油出口约 75% 以美元结算，约 25% 以英镑结算，但这一格局在 1973 年后发生了变化。

（一）1973年第一次石油危机推动石油美元全球循环

导致 1973 年第一次石油危机的直接原因是 1973 年 10 月爆发的第四次中东战争（也称赎罪日战争或十月战争）。这场战争是以色列与阿拉伯国家之间爆发的一次重大冲突。战争开始时，阿拉伯国家对以色列发起突然进攻，试图收复此前失去的领土。西方国家，尤其是美国对以色列提供了强有力的军事和经济支持，这引发了阿拉伯国家的强烈反应。作为报复,阿拉伯国家通过石油输出国组织(OPEC)决定对支持以色列的国家实施石油禁运,并减少石油产量。这一举措直接导致全球石油供应骤减,油价飙升,引发了1973年的石油危机。该危机不仅造成了全球经济动荡,特别是西方国家面临能源短缺和通货膨胀的困境,还标志着全球经济和政治格局的重大转变。

1973年10月到1974年3月,原油价格上涨300%,从每桶约3美元升至12美元。这一变化使全球国际收支格局发生了根本性转变。在布雷顿森林体系崩溃前,欧洲资本市场主要由美国国际收支赤字资金主导。然而,1973年和1979年石油危机后,积累的石油美元盈余成为继美国国际收支赤字之后的第二大外部资金来源。这些盈余资金主要流入了伦敦和纽约的银行,启动了新的石油美元货币循环过程。这些资金通过欧洲货币市场由西方银行向最不发达国家提供了大量贷款,为全球银行和金融部门带来了巨大利益,并终结了战后"嵌入式自由主义"时代。[①]

几个月之内,西方发达国家和日本就面临着增长放缓和国际收支失衡问题,OPEC国家,特别是沙特阿拉伯等海湾国家迅速积累了大量流动性。1973年,主要石油出口国的国际收支已出现盈余,而1974年其经常项目的集体盈余估计达到700亿美元,相比之下,1973年仅为60亿美元。石油出口国的净国际金融头寸也增加了超过500亿美元,其中官方储备资产净增加370亿美元。[②] 这些石油美元为避免可能的官方干预或征税,并未存入美国银行,而是进入了欧洲资本市场,在那里,石油美元享受税收豁免、保持匿名,并获得可观利润。随着石油美元大量涌入,银行开始寻找新的借款人,最终在受高油价打击但渴望经济发展的发展中国家找到了需求。

与石油出口国盈余增加相对的是石油进口国的巨额赤字。1974年,这些国家的总赤字规模约为510亿美元,而1973年它们还略有盈余。超过一半的赤字变化由初级产品生产国(Primary Producing Country),特别是不产油的发展中国家承担,这些国家不仅需要为石油支付更高的价格,

---

① European Banks and the Rise of International Finance The Post-bretton Woods.

② IMF Annual Report 1975.

还要为食品、化肥等必需品支付高价。1974 年，这些发展中国家的经常账户赤字飙升至约 280 亿美元，迫使它们进行大量借贷。①

石油价格猛涨给国际金融体系带来了挑战。各国媒体甚至猜测沙特阿拉伯有能力收购纽约证券交易所，并主导各国政府融资，迅速发展成能够控制世界经济的力量。② 金融界也开始预测石油生产国未来可能积累的大量盈余。例如，1974 年 7 月，世界银行预测石油输出国组织（OPEC）到 1980 年将累积盈余 6500 亿美元，到 1985 年底这一数字将增至 1.2 万亿美元。这意味着大量资金将集中在石油生产国手中，而许多消费国的赤字将随之增加，由此引发了资金"再循环"的问题。这些欧洲美元的支付、收款、借贷、投资和转移涉及大规模的资金流动，私营国际银行体系是否能够有效应对并成功"再循环"这些欧洲美元，成为一个关键的金融挑战。

然而，英格兰银行却从挑战中发现了机遇。英格兰银行行长在 1974 年 1 月 15 日的《金融时报》世界银行大会演讲中提到，石油危机为石油出口国带来了巨额经常账户盈余，这些资金将寻求投资机会。他敏锐地意识到，这对英国和欧洲美元市场是一个巨大的机遇。他认为，尽管国际货币基金组织可能会设计新方法引导资金流动，但许多资金仍会进入全球资本市场，尤其是在伦敦和纽约，这将为英国和欧洲提供匹配贷款者和借款者需求的机会。③

在石油危机期间，美国政府在基辛格的主导下，通过与沙特阿拉伯达成秘密协议，推动了"石油美元"机制的形成。这一机制将沙特阿拉伯的大部分石油收入投入美国国债，帮助美国政府填补赤字，并确保这些石油美元通过伦敦和纽约的金融体系进行投资和再循环。这一安排巩固了美元的全球地位，并进一步加强了美国经济的稳定。④

---

① IMF Annual Report 1975.

② David Mulford, *Packing for India: A Life of Action in Global Finance and Diplomacy*, Potomac Books, Inc., 2014.

③ 英国央行行长讲话（Speeches by the Governor of the Bank of England）。

④ William Engdahl, *A Century of War: Anglo-American Oil Politics and the New World Order*, Dr. Bottinger, 1993.

与此同时，国际清算银行（BIS）很快意识到，石油危机也推动了欧洲美元市场的进一步扩展。随着石油美元大量涌入欧洲市场，各大银行开始将这些资金重新借贷给面临赤字压力的石油消费国和发展中国家，形成了一个全球性的金融循环体系。[①] 这一过程不仅弥补了布雷顿森林体系崩溃后留下的空白，还使离岸美元成为真正的全球现象，显著推动了全球金融的自由化和国际银行业的扩展。

随着20世纪70年代石油危机的发生，石油美元通过欧洲市场的再循环机制得以迅速发展。富裕的石油出口国的盈余通过欧洲资本市场被重新借给了赤字累累的石油消费国。通过伦敦及其附属机构进行的巨大的金融循环，资金被借给拉丁美洲和其他地区。然而，这些资金流动往往是在非常秘密和腐败的情况下进行的，为随后20世纪80年代的债务危机奠定了基础。[②]

通过欧洲美元市场，石油美元的再循环机制得以建立，使离岸美元的创造成为一种真正的全球现象，巩固了欧洲美元市场的全球金融中心地位。1974年，OPEC石油盈余收入的70%被投资到国外的股票、债券、房地产等领域，其中不少于60%直接流向了美国和英国的金融机构。最终，国际银行市场凭借其自身的行动，似乎有效地完成了石油出口国盈余资金的再循环工作。这些资金主要以短期欧洲美元的形式存放在美国境外银行办事处，如美国银行的伦敦分行，然后再被借贷给急需资金的国家和地区，特别是那些由于油价上涨而外部支付出现深度赤字的国家。

综上所述，国际银行市场凭借其自身的行动，有效地完成了石油出口国盈余资金的再循环工作，这些盈余资金很快就被称为石油美元。这一机制本身非常简单，主要石油出口国发现将其大部分美元积累存放在大型、知名的国际银行中非常方便，特别是以短期欧洲美元的形式（存放在美国境外银行办事处的美元）。现在拥有充足流动性的银行，发现拉丁美洲和其他地方的借款人愿意借入这些巨额资金，特别是那些由于油价上涨而外部支付出现深度赤字的政府。最终的贷方——石油输出国

---

① BIS Annual Report 1976.

② Shaxson N. , *Treasure Islands: Tax Havens and the Men Who Stole the World*, Random House, 2011.

（OPEC 国家），找到了一个安全的资金避风港，并且当其准备使用这些资金时，几乎可以立即从银行中取回资金。最终的借款人——拉丁美洲和其他地方的国家，对通常能帮助其度过数年困难期的贷款支付了相对较低的利率。①

（二）石油美元的循环回收机制

石油美元的循环回收机制是 20 世纪 70 年代全球金融体系中的关键环节，它通过欧洲美元市场的运作，将石油出口国积累的大量美元储备重新注入全球经济，维持了国际金融体系的稳定，并促进了全球资金的流动。

这一机制的核心在于将石油出口国（如 OPEC 国家）通过出售石油获得的美元储备重新投入全球金融市场。沃克尔明确指出，石油美元就是欧洲美元。他解释说，1973~1981 年，阿拉伯石油国家的大量美元存款流入了位于伦敦和其他地区的美国银行分行。这些资金在国际银行市场中通过再循环，转化为数千万甚至数亿美元的贷款，提供给因油价上涨而陷入财务困境的第三世界国家。当这些货币以债券形式贷出时，它们就被称为欧洲债券。②

在这一过程中，石油出口国发现，将其美元储备存放在大型、知名的国际银行中非常便利，特别是以短期欧洲美元的形式。例如，美国银行的伦敦分行在这一过程中发挥了重要作用。这些拥有充足流动性的银行随后将资金贷给了急需资金的拉丁美洲和其他地区的借款人，尤其是那些因油价上涨而面临外部支付赤字的国家。使这些借款国获得相对低利率的贷款，得以渡过经济难关。

与此同时，石油进口国在支付高昂的石油费用后，外汇储备减少，面临资金短缺的压力。为了弥补这一缺口，这些国家通过借贷资金，使得石油美元从出口国回流到进口国，形成了全球范围内的美元循环。这一机制不仅帮助石油进口国保持了相对稳定的外汇储备水平，还确保了全球资金

---

① Paul A. Volcker, "Changing Fortunes: The World's Money and the Threat to American Leadership," no title, 1992.

② Paul A. Volcker, "Changing Fortunes: The World's Money and the Threat to American Leadership," no title, 1992.

流动的平衡，使石油出口国和进口国在不破坏各自经济稳定的情况下进行大量的资金交易。

从 1974 年到 1981 年底，OPEC 成员国的经常账户盈余总额约为 4505 亿美元，其中沙特阿拉伯的盈余占总额的 42%。这些盈余资金通过存入美国和欧洲的银行，进一步推动了欧洲美元市场的增长，使这些美元能够在国际金融体系中循环。这一过程不仅使石油美元回流到全球经济，还为西方银行和国际机构提供了重要的资金来源，尤其是在发展中国家，如墨西哥、巴西和阿根廷，通过石油美元的再循环，银行业为这些国家提供了贷款和金融支持。

国际货币基金组织（IMF）在其 1975 年度报告中指出，石油出口国的盈余通过在国内和国际金融市场的投资，以及通过双边协议和多边机制扩大的官方融资，已经成功地用于弥补石油进口国的经常账户赤字。这种国际储备金创造的过程，即石油进口国通过在美国和欧洲市场借贷补充其储备金，使石油出口国的储备金积累能够在不显著减少石油进口国储备金的情况下持续进行。这一机制在 1975 年已经形成，并在国际货币金融体系中扮演了重要角色。[①]

到 20 世纪 70 年代末，很多专家和官员意识到欧洲资本市场石油美元的再循环对全球资金流动，甚至经济全球化产生了很大影响。曾担任美国国会联合经济委员会高级经济学家的卡尔利在 1977 年的国会听证会上指出："欧洲货币市场在接受石油生产国的大量存款并将资金借给陷入困境的石油进口国方面，发挥了至关重要的作用。发展中国家在应对能源和食品成本上涨，以及随之而来的本国商品出口收入下降的挑战时，尤其得益于欧洲美元市场提供的信贷支持。尽管这些国家的问题仍然没有得到彻底解决，且可能会更加严重，但如果没有欧洲货币市场提供的金融缓冲，近年来国际价格剧烈波动带来的冲击将会更加严重。"[②]

总的来说，石油美元的循环回收机制通过欧洲美元市场为全球经济提

---

① IMF Annual Report 1975.

② Karlick, John R., "Some Questions and Brief Answers about the Eurodollar Market: A Staff Study Prepared for the Use of the Joint Economic Committee, Congress of the United States," US Government Printing Office, 1977.

供了重要的流动性支持，并在全球范围内推动了资金的有效配置，确保了
国际金融体系的稳定与持续发展。

二　金融全球化带来的机遇与挑战

20世纪70年代，全球金融体系经历了深刻的变革，离岸金融市场尤
其是欧洲美元市场的迅速崛起，成了国际资本流动的核心。布雷顿森林体
系的瓦解与石油危机的冲击，共同推动了这一市场的发展。石油输出国积
累的巨额石油美元，通过欧洲美元市场的运作，重新注入全球经济，离岸
金融体系因此逐步成熟并在全球范围内确立了其重要地位。[①]

到70年代末，这一体系已具备了现代离岸金融市场的主要特征。离
岸金融中心的数量进一步增加，非G10国家的金融中心如新加坡、中国
香港、巴林和巴拿马等，迅速发展成国际资本流动的关键节点。[②] 事实
上，我们今天所看到的离岸金融体系的许多优点和问题，早在20世纪70
年代末就已经显现。接下来，我们将进一步讨论这一体系的优势及其带来
的负面影响。

（一）金融全球化的好处

20世纪70年代，石油美元的涌入和欧洲资本市场的扩展为全球金融
体系带来了显著的经济和政治利益，尤其是对OPEC国家和发达国家
而言。

对OPEC国家而言，石油收入的急剧增加直接推动了这些国家的经济
繁荣。这些资金不仅支持了本国大规模的基础设施建设和工业发展，还为
美国的咨询和建筑公司提供了新的市场机会，进一步推动了这些国家的现
代化进程。此外，石油美元的积累使得这些国家，尤其是伊朗，能够大量

---

① Cassard M., *The Role of Offshore Centers in International Financial Intermediation*, International Monetary Fund, 1994.

② B. Braun, A. Krampf, and S. Murau, "Financial Globalization as Positive Integration Monetary Technocrats and the Eurodollar Market in the 1970s," *Review of International Political Economy* 28（2021）.

采购美国的非核武器系统。例如，1972年，美国总统尼克松和国务卿基辛格授权伊朗国王购买所需的美国武器系统，伊朗这些采购完全由石油收入支撑。1973年油价的上涨确保了伊朗国王有能力支付这些费用，从而提升了伊朗的国防能力，并巩固了其在波斯湾地区的政治和军事影响力，使其成为美国在该地区的重要战略盟友。

对发达国家尤其是美国而言，石油美元和欧洲资本市场的发展带来了诸多益处。首先，石油收入为美国的军火工业注入了新的活力。越南战争结束后，美国的军火工业面临需求减少的困境。然而，通过向中东，特别是伊朗和其他海湾国家出售昂贵的武器系统，美国的军火工业得以恢复。例如，中央情报局在国家安全委员会的推动下，实施了一个秘密项目，通过向中东国家出售高价武器系统，收回了美国在中东石油上花费的约200亿美元资金。高价的军火销售为美国的战争工业提供了大量资金，确保了其在战后时期的经济稳定。

其次，由于国际石油交易主要以美元计价，石油价格的上涨使得几乎所有国家必须争相获取美元来支付不断增加的石油账单。这种对美元需求的激增帮助稳定了美元的汇率，使美元在1973年油价上涨后的短时间内，恢复了因美元过剩和贬值而失去的大部分价值，美国的财政状况也从石油美元的流入中获益匪浅。中东国家，特别是沙特阿拉伯和其他海湾国家，将其石油盈余大量投资美国国债。尽管这些投资的具体金额是国家机密，但其显著地缓解了美国的预算赤字压力。例如，沙特阿拉伯的大量投资使美国政府能够通过这些资金弥补预算赤字，而无须通过立法增税。这种安排使美国政府能够巧妙地利用石油出口国的盈余资金，同时将由此引发的财政负担转嫁给石油消费者，而不直接承担政治责任。

最后，美国的银行业也显著受益于石油美元的流动。与国际石油公司关系密切的美国大型银行，直接获得了大量现金流。例如，1974年，美国主要银行在欧洲货币市场的中期贷款总额约270亿美元，其中许多资金来自石油出口国的存款。这些资金不仅增强了银行的流动性，还推动了美国银行在欧洲美元市场上的迅速扩展。由于1973年油价上涨后美国可以提前一年取消在越南战争期间对资本输出的限制，美国银行的海外资产在一年内猛增了72%。在欧洲资本市场上，美国银行积极开展国际银团贷款业务，使其在全球金融市场中的影响力进一步扩大。石油美元和欧洲资本市场的发展，无论是对产油国还是发达国家都产生了深远的经济和政治影响，塑造了全球金融体系的格局。

对发展中国家来说，欧洲资本市场的发展也带来了直接的金融和政治好处。在二战结束初期，发展中国家的主要资金来源是西方国家的援助、国际货币基金组织（IMF）和世界银行的贷款以及跨国企业的投资。然而，随着西方经济状况的变化和美元危机的影响，这些资金来源逐渐减少，并附加了严格的条件，限制了发展中国家的经济甚至政治方面的自主性。① 正如苏珊·斯特兰奇（Susan Strange）所指出的："相比于西方政府或世界银行等国际组织提供的官方'援助'，这些银行贷款既没有尴尬的问题，也不附带苛刻的条件。"

在此背景下，欧洲资本市场，特别是欧洲美元市场的兴起，为发展中国家提供了新的融资途径。大量石油美元流入银行，促使银行寻找新的借款人，他们发现受高油价冲击的许多发展中国家急需资金进行经济发展。相比于西方政府或国际组织提供的官方援助，这些银行贷款既没有苛刻的附加条件，也没有对借款国主权的限制。国际银行愿意向这些国家提供贷款，因为这些银行相信，国家不会破产，并且可以用未来的原材料出口收入作为担保。这种灵活性使得发展中国家能够获得急需的资金，而不必担心跨国企业的干预或 IMF 对其国家主权的侵犯。因此，欧洲资本市场为发展中国家提供了另一个资金选择渠道，同时赋予它们更多的政治自主权。

然而，贪婪的银行家们攫取了越来越多的贷款，实际上是把钱强加给了发展中国家，而这些国家的腐败专制者们则迫不及待地接受贷款，为他们的豪华汽车和瑞士银行账户提供资金。然后有一天，新的石油价格冲击造成经济萧条，导致失业率和通货膨胀率飙升，将债务国及其银行家推向甚至超过违约的边缘。这就是近些年我们反复看到的腐败问题的由来。

（二）金融全球化的负面影响：腐败与债务危机

尽管石油美元和欧洲美元迅猛发展极大地推动了全球资金的流动和经

---

① R. T. Naylor, *Hot Money and the Politics of Debt*, McGill-Queen's University Press, 2004.

济增长，但其背后也隐藏着显著的负面影响，主要体现在腐败和债务危机
两个方面。

1. 腐败的滋生

石油美元大量涌入欧洲美元市场为一些国家的政府官员提供了前所未
有的腐败机会。随着银行家们通过复杂的金融操作将这些资金重新借贷给
发展中国家，一部分资金并未用于促进国家的经济发展，而是被腐败的政
府官员挪用于个人奢侈消费或秘密存入海外账户。

这种腐败现象在许多发展中国家中尤为严重，导致了社会不平等的加
剧，并对这些国家的经济基础产生了破坏性影响。例如，20 世纪 70 年代
的石油美元风潮让一些发展中国家的领导人迅速获得巨额财富，这些财富
常常被用于私人消费或存放在离岸账户，而非被用于国家的基础设施建设
或社会发展。这种情况不仅削弱了这些国家的长期发展潜力，还导致了经
济结构的畸形和社会矛盾的加剧。①

正如金融学者指出的那样，腐败往往伴随着资源的集中分配，尤其是
在缺乏透明度和有效监管的金融体系中。石油美元的流动就是一个典型案
例，石油出口国通过欧洲美元市场将资金借贷给发展中国家，但由于资金
的流动过程不透明，银行和政府官员之间的利益输送成为腐败的温床。这
不仅使得大量资金无法发挥其应有的经济效益，还导致了社会资源的进一
步集中，增加了不平等的程度。②

2. 债务危机的频发

20 世纪 70 年代中期，随着石油美元的迅速积累，国际借贷成本显著
降低，尤其是在通货膨胀率超过利率的背景下。这使得许多发展中国家和
债务国的借贷变得异常容易。然而，许多贷款的利率是浮动的，与伦敦银
行同业拆借利率（LIBOR）挂钩。一旦 LIBOR 上升，借款国的还本付息
压力就会剧增，导致债务危机频繁爆发。例如，墨西哥、波兰等国家在
20 世纪 80 年代初期因无法偿还巨额贷款而陷入债务危机。这些国家的经

① Shaxson N. , *Treasure Islands: Tax Havens and the Men Who Stole the World*, Random House,
2011.

② Nicholas Shaxson, *The Finance Curse: How Global Finance is Making Us all Poorer*, Random
House, 2018.

济原本就依赖稳定的出口收入和国际市场价格，但随着全球商品价格的大幅下跌，特别是美国政策的剧烈转变，许多国家发现自己在短时间内无法应对巨大的债务压力。卡特政府时期，美国为应对国内经济问题，采取了相对宽松的货币政策，容忍了较高的通货膨胀率和美元疲软。然而，里根政府上台后，采取了紧缩的货币政策，导致全球利率迅速上升。这种政策转变对那些已经背负大量浮动利率贷款的发展中国家产生了毁灭性影响。

此外，这些危机的频繁爆发也揭示了国际银行系统的深层次问题。许多国际大银行此前为了追求高额利润，轻率地向这些国家放贷，未能充分评估其偿债能力。当利率上升，贷款变成不良资产时，这些银行面临巨大的财务风险，并不得不减少新贷款，进一步加剧借款国的经济困境。1974年，德国的赫斯塔特银行和美国的富兰克林国家银行相继破产，这些事件不仅动摇了全球金融体系的信心，还让人们回忆起20世纪30年代的经济大萧条，担忧全球金融系统的稳定性。

（1）国际金融体系的脆弱性

20世纪70年代中期的金融全球化趋势，使得全球金融市场更加紧密地联系在一起，但这种紧密联系也暴露了全球金融体系的脆弱性。1974年，全球金融市场经历了两次严重的银行倒闭事件——德国的赫斯塔特银行和美国的富兰克林国家银行的破产。这些事件揭示了欧洲美元市场中的系统性风险，并对该市场的稳定性产生了深远影响。

赫斯塔特银行的倒闭事件，尤其凸显了跨境交易中的风险。当时该银行在外汇市场上进行大量投机，尤其是在美元和德国马克之间的交易。随着市场波动加剧，银行出现巨额亏损，当银行被关闭时，许多外汇交易尚未结算，导致通过欧洲美元市场进行交易的银行未能收到应得的美元付款。这一事件动摇了国际支付体系的信心，促使银行重新评估其在欧洲美元市场中的风险敞口，并采取更加保守的策略。① 几个月后，富兰克林国家银行的倒闭进一步加剧了市场的不安。该银行在外汇市场上进行了大量的投机操作，并通过伦敦办事处吸收了大量欧洲美元存款。然而，这些存

---

① C. O'Malley, *Bonds without Borders*：*A History of the Eurobond Market*, Chichester：John Wiley & Sons, 2015.

款的成本远超其在美国国内资产所产生的收益，最终导致银行资金严重错配，并在 1974 年 10 月破产。

（2）长期的不稳定性与监管的需求

随着这些危机的爆发，国际金融界意识到全球金融体系中的不稳定性，对更严格监管和风险管理的需求变得日益迫切。1974 年，各国央行行长讨论了如何应对类似危机，并提出了一系列应急措施。这些措施包括加强外汇市场监管与提升透明度、提高银行的资本充足率和风险管理能力、促进国际银行监管合作，以及强化"最后贷款人"机制等。[①]

这些变化在一定程度上帮助恢复了金融市场的稳定，推动了全球金融市场的透明度提升和风险管理能力提高。然而，这些事件也暴露了全球金融体系在面对不确定性时的脆弱性，并显示了石油美元和欧洲美元市场在全球经济中的双刃剑作用。

总体来看，尽管石油美元和欧洲美元市场的发展带来了巨大的经济利益，但其伴随的腐败问题和债务危机也反映了全球金融体系的严重缺陷。这些负面因素对全球经济的稳定性和国家间的信任造成了深远影响，为后来的金融危机埋下了隐患。

（三）多边监管尚未形成就被金融全球化打败

离岸金融体系和金融全球化的发展不仅带来了巨大的经济利益，同时也引发了严重的腐败和债务危机。这些问题促使各国认识到加强全球多边监管的必要性，各国因此推动了一系列多边监管合作。然而，尽管有这些努力，这些监管尝试却因为种种原因未能有效落地，并最终被金融全球化的力量所压制。

1. 多边监管合作的尝试

20 世纪 70 年代，随着全球金融市场的日益复杂，各国逐渐意识到单靠一国之力难以应对跨境金融活动所带来的系统性风险。因此，各国通过国际组织和多边机制，尝试建立全球范围内的监管框架。

---

① Johnson R. B. , *The Economics of the Euro-Market History*, *Theory and Policy*, New York：St. Martin's Press, 1982.

首先，巴塞尔银行监管委员会的成立就是这一努力的重要体现。1974年，德国的赫斯塔特银行倒闭引发了国际金融市场的恐慌，这促使十国集团（G10）的央行行长在瑞士巴塞尔召开会议，成立了巴塞尔银行监管委员会。该委员会旨在协调国际银行监管，推动资本充足率等标准的制定，从而增强全球银行系统的稳定性。[①]

其次，国际货币基金组织也在这一时期发挥了积极作用。IMF通过其年度报告和政策建议，呼吁各国加强对跨境资本流动的监管，以防止无序的资本流动导致全球金融市场不稳定。IMF试图通过技术援助和政策协调，帮助各国完善金融监管框架，推动全球范围内的政策协调。

最后，国际清算银行也积极参与了全球金融稳定的讨论。BIS通过各种会议和报告，建议成员国加强对跨境资本流动的监控，并在货币政策制定中考虑国际资本流动的影响。这一时期的BIS强调了全球金融市场的互联性，推动各国在金融监管上采取更加协调的行动。

2. 多边监管推进的阻碍因素

尽管有这些合作和机制的尝试，但多边监管的推进仍面临诸多阻碍，具体如下。

（1）各国之间的利益冲突是阻碍多边监管的重要原因之一。发达国家往往倾向于支持金融自由化和市场开放，而发展中国家则更关注金融稳定和主权保护。这种利益的冲突导致各国在具体监管措施上难以达成一致。[②]

（2）金融机构的强大影响力也不可忽视。跨国银行和金融机构通过游说影响各国政府，使得许多国家在推进多边监管时出现犹豫。尤其是在美国，金融机构成功阻止了多项旨在加强金融监管的立法提案的通过，这极大地削弱了全球多边监管合作的推进力度。

（3）资本的快速流动性和国际市场的竞争压力也是阻碍多边监管的关键因素。资本的高度流动性使得任何一个国家在实施严格监管时都面临

---

① Steffen Murau, Joe Rini, and Armin Haas, "The Evolution of the Offshore US-Dollar System: Past, Present and Four Possible Futures," *Journal of Institutional Economics* 16 (2020).

② Eric Helleiner, *States and the Reemergence of Global Finance: From Bretton Woods to the 1990s*, Cornell University Press, 1996.

着资本外流的风险。各国为了吸引国际资本，往往采取较为宽松的监管政策，这导致了所谓的"监管竞次"（Race to the Bottom），进一步削弱了全球统一监管框架的形成。

（4）金融市场的复杂性和创新速度也是一大阻碍。20世纪70年代，随着金融市场的快速发展，各种复杂的金融工具层出不穷，监管者难以跟上市场发展的步伐。面对迅速发展的金融创新，各国监管部门缺乏经验，导致监管的滞后和不足，使得多边监管在实践中难以有效实施。

（5）全球化与国家主权的矛盾也是多边监管推进的一个重要障碍。尽管全球金融市场的互联性要求各国放松对资本的管制以促进资金自由流动，但国家主权的概念仍然在国际政治中占据主导地位。各国在维护自身主权的过程中，往往对国际监管合作持保守态度，不愿将监管权力交给国际机构，这进一步阻碍了多边监管合作的深化。

综上所述，虽然20世纪70年代各国和国际组织在推动全球多边监管方面做出了诸多努力，但这些尝试未能构建有效的全球监管框架。国家间的利益冲突、金融机构的强大影响力、资本流动性与竞争压力、金融市场的复杂性和创新速度，以及全球化与国家主权之间的矛盾，都是导致多边监管推进受阻的重要原因。

这些阻碍因素使全球金融体系在接下来的几十年里暴露了越来越多的系统性风险，尤其是在2008年全球金融危机期间，这些风险集中爆发，进一步揭示了全球金融体系在缺乏有效监管情况下所面临的严峻挑战。回顾这些历史教训，我们应更加重视全球多边监管合作的重要性，以更好地应对未来金融全球化带来的复杂挑战。

三 离岸金融体系的巅峰与全球金融一体化

（一）冷战结束前：金融全球化已经形成

在冷战结束前的20世纪80年代，离岸金融体系的发展对全球金融市场和各国的监管政策产生了深远影响。这一时期，离岸金融体系不仅促使各国放松了金融监管，还推动了多边体系的形成，进而促进了金融全球化，并为冷战结束后的经济全球化提供了必要的金融基础设施。

新自由主义的兴起，进一步推动了离岸金融的发展。除了双边安排之外，资本流动越来越多地嵌入多边框架和组织，离岸金融因此迅速发展壮大，越来越多的国家采用单边战略来吸引资本。20世纪80年代带来了国际金融市场的放松管制，而90年代则塑造了金融全球化的时代。传统上作为国内借贷和储蓄中转站的各国家金融中心，逐渐转变为通往伦敦、纽约和全球化离岸金融中心的门户。相比之下，像阿姆斯特丹这样的二级金融中心逐渐失去了对国内资本市场的垄断地位。

冷战结束前，流入和流出离岸金融中心的全球资本达到了惊人的增长速度。流入离岸金融中心的外国直接投资（FDI）增长趋于稳定，离岸金融不再是受监管的"在岸"金融的异类存在，而成为"新常态"。①

到了20世纪90年代，尽管离岸金融中心的某些优势有所减弱，但全球资本通过这些中心的流动达到了空前的水平，标志着金融全球化的完成。IMF的研究显示，到1993年，全球银行的外部资产中有大约30%投资在海外，而世界上一半以上的货币存量是通过离岸金融中心转移的。离岸金融体系已经不再是全球金融市场的一个附属部分，而成为全球金融网络的重要组成部分。②

这些发展为金融和经济全球化在冷战结束后的进一步深化奠定了基础。冷战结束标志着全球政治格局的重新洗牌，而金融全球化的形成则提供了支持这一新格局所需的经济基础设施。全球资本市场的相互连接和各国监管的放松，使得资本可以在更广的范围内自由流动，从而推动以西方国家为主导的经济全球化进程。

综上所述，20世纪80年代，离岸金融体系的发展通过推动各国放松监管和形成多边金融体系，促成了金融全球化的实现，并为冷战结束后全球经济的一体化提供了必要的金融基础设施。冷战的结束只是全球经济格局演变的一个节点，离岸金融体系的发展则是推动这一演变的核心动力之一。

---

① Philip Mader, et al. , *The Routledge International Handbook of Financialization*, Routledge, 2020.

② Chavagneux C. , Palan R. , and Murphy R. , *Tax Havens: How Globalization Really Works*, Cornell University Press, 2013.

（二）20世纪90年代到2008年：金融全球化伴随着金融危机的全球化

从 20 世纪 90 年代冷战结束到 2008 年全球金融危机爆发前，离岸金融体系的发展达到了前所未有的巅峰，这不仅推动了金融全球化，也形成了一个高度一体化的全球经济体系。

1. 离岸金融体系的快速发展

在这一时期，离岸金融中心的数量和规模迅速增大，成为全球资本流动的重要枢纽。1994 年的一份报告显示，大约一半的跨境贷款通过离岸司法管辖区进行，而大约 30% 的外国直接投资（FDI）也流经这些避风港。这表明，离岸金融体系已经深度嵌入全球经济，对国际资本流动产生了显著影响。欧洲资本市场的规模更是不断扩大，从 1980 年的 5000 亿美元增长到 1988 年的 2.6 万亿美元，到 1997 年，几乎 90% 的国际贷款通过这一市场进行。[①]

2. 金融市场的高度全球化

20 世纪 90 年代末，欧洲美元市场的返程交易现象明显增加，即资金从离岸市场流回美国，这种情况在全球金融危机爆发前上升到近一半的比例。这意味着，离岸市场不仅在中介国际借贷方面扮演了重要角色，还成为美国金融系统内部资金流动的重要通道。伦敦作为主要的欧洲美元市场，截至 2004 年第一季度，约 1.86 万亿美元的美元负债集中在伦敦的银行中，占全球美元负债总额的 25%，几乎是第二大存储地开曼群岛的两倍。[②] 这些数据反映了伦敦在全球离岸金融体系中的核心地位。

3. 监管与政策挑战

面对金融全球化带来的挑战，20 世纪 90 年代至 2006 年，各大国际组织加强了对离岸金融的监管。联合国、OECD、反洗钱金融行动特别工作组（FATF）、金融稳定论坛（FSF）、IMF 等机构发布报告和声明，呼吁

---

① Shaxson N., *Treasure Islands: Tax Havens and the Men Who Stole the World*, Random House, 2011.

② McGuire P., "A Shift in London's Eurodollar Market," *BIS Quarterly Review*, September, 2004.

控制离岸金融活动对全球金融稳定的潜在威胁。IMF 从 2000 年开始对离岸金融中心进行评估，帮助加强这些中心的金融监督。金融稳定论坛成立了 OFC 工作组，警告离岸金融中心可能引发的系统性风险，特别是在全球金融体系日益互联的背景下。[①]

到 2008 年，伦敦已经成为全球最大的国际和离岸金融中心，占据了国际股票交易、场外衍生品交易、欧洲债券交易、全球货币交易和国际证券公开发行的显著市场份额。[②] 这一时期，全球金融市场的高度一体化，使得离岸金融体系与全球经济之间的联系愈加紧密。金融工具的创新和自由化政策的推行，进一步推动了资本的全球流动，使得全球金融市场在 2008 年金融危机前达到了顶峰。

尽管离岸金融体系的发展促进了全球化，但也为全球金融系统埋下了隐患。2008 年的全球金融危机成为一个重要的转折点，暴露了离岸金融体系和金融全球化带来的系统性风险。这场危机揭示了金融市场过度自由化、监管不足和资本跨境流动失控的问题，使得全球经济在金融危机的冲击下陷入了严重的不稳定。这一事件促使各国重新审视离岸金融体系的运作模式和监管框架，强调国际合作和金融监管的重要性。

综上所述，20 世纪 90 年代到 2008 年全球金融危机发生前，离岸金融体系的发展达到了巅峰，推动了全球金融市场的高度一体化。然而，2008年金融危机的爆发揭示了这一体系的脆弱性和潜在风险，标志着全球经济和金融监管出现重大转折点。离岸金融体系的迅速扩展和金融全球化的深入发展，使得全球经济体系在危机前已高度一体化，但也使得全球经济更加依赖金融且易受金融动荡的影响。

四　全球金融危机：世界财富分配和金融体系变化的转折点

2008 年全球金融危机是现代经济史上较严重的金融危机之一，其影

---

① B. Maurer, "Re-Regulating Offshore Finance," *Geography Compass* 2 (2015).

② Shaxson N., *Treasure Islands：Tax Havens and the Men Who Stole the World*, Random House, 2011.

响波及全球各个角落，导致了广泛的经济衰退、失业率飙升以及金融机构
倒闭。危机的起因可以追溯到美国次贷市场的崩溃，大量次级抵押贷款被
证券化，并在全球金融市场中广泛交易。当房价下跌，抵押贷款违约率上
升时，这些复杂的金融工具迅速失去了价值，导致了全球范围内的信贷紧
缩和银行系统的崩溃。雷曼兄弟的倒闭标志着危机的顶点，引发了对全球
金融体系稳健性的广泛质疑。

在这场危机中，离岸金融体系扮演了重要角色。离岸金融市场的蓬勃
发展，特别是自 20 世纪 80 年代以来，创造了一个庞大的全球金融网络，
使得资本可以在没有严格监管的情况下自由流动。这些市场通过提供避税
和规避监管的机会，吸引了大量国际资本。这种不透明和缺乏监管的环境
不仅促进了高风险金融产品的发展，也为危机的爆发埋下了隐患。

2008 年全球金融危机不仅揭示了全球金融体系的脆弱性，还暴露了
离岸金融体系中存在的一系列的深刻问题和系统风险。这些问题和风险主
要集中以下几点。

（一）财富不平等的扩大与隐匿财富的影响

离岸金融体系通过庞大的秘密财富转移和隐藏网络，极大地加剧了全
球财富不平等。全球约有 10% 的 GDP，即大约 7.8 万亿美元的私人财富隐
藏在离岸金融中心，而这一数字在一些估算中甚至可能高达 36 万亿美元。
更令人震惊的是，这些隐匿财富中的大部分集中在极少数富人手中，全球
最富有的 0.001% 人口控制了世界上超过 30% 的金融财富；80% 的离岸现金
为 0.1% 的富有家庭所拥有，其中 50% 为最富有的 0.01% 的家庭所拥有。

这种隐匿财富的存在意味着传统的财富不平等测量方法严重低估了实
际的不平等程度。这些离岸财富的存在不仅削弱了政府的税收基础，还加
剧了社会的不平等，导致富者愈富、贫者愈贫。全球金融危机期间，许多
高净值个人和跨国公司通过离岸金融中心保护了他们的资产，而普通民众
却承受了危机的主要冲击。这种现象进一步激化了社会矛盾，加剧了全球
范围内的财富分配失衡。

金融危机的冲击主要集中在普通民众和中低收入家庭，他们的资产和
收入在危机中受到严重损失，而富人和大型金融机构则通过政府救助和市

场反弹迅速恢复甚至扩大了财富。这种现象加剧了社会的不平等，导致了收入和财富分配的进一步失衡。2008～2015 年，欧盟成员国共计使用了约7470 亿欧元进行各种形式的救助，包括资本重组和提供流动性支持，此外还有 11.88 亿欧元用于担保。这些救助措施给纳税人带来了巨大的负担，导致公共债务水平显著上升。截至 2016 年 10 月，纳税人的 2130 亿欧元（相当于芬兰和卢森堡的国内生产总值）因各种救助计划而永久性损失。[1]

（二）税基侵蚀与全球财政挑战

离岸金融体系导致了严重的税基侵蚀问题。报告估算，全球离岸金融财富每年产生的未纳税收入可能高达 1890 亿美元，这远远超过了经合组织国家在海外发展援助上的总支出。对许多发展中国家而言，这种税基流失尤其严重，因为这些国家不仅面临发展资金短缺的困境，还需要应对气候变化等全球性挑战。

税收问题尤其突出。金融危机揭示了全球金融系统中的大量避税行为和避税天堂的作用。大量的财富通过复杂的金融工具和离岸金融中心被转移。例如，许多跨国公司和富人通过在开曼群岛、瑞士等地设立离岸账户，将巨额资金藏匿于此，规避税收责任。这不仅削弱了国家的财政能力，也增加了社会的不公平感。全球金融危机后很多大银行倒闭，政府救市浪费了纳税人大量财富，引起了很多人对伦敦金融城的再次关注。[2] 自2008 年全球金融危机爆发以来，资金紧张的财政部门一直试图获得隐藏在海外的数十亿美元的潜在税收。

这一问题的关键在于，全球金融体系的设计使得这些离岸财富难以被有效追踪和征税。这不仅影响了各国政府的财政收入，还削弱了其为公共服务和社会福利提供资金的能力。这种税基侵蚀现象，使得发展中国家的"债务"问题实际上变成了"税收正义"问题，即这些国家的财富被离岸转移，导致国内财政能力被削弱。

---

[1]　The Bail Out Business.

[2]　Philip Coggan, *The Money Machine：How the City Works*, London：Penguin Books Ltd., 2009.

（三）腐败与有组织犯罪的滋生

离岸金融中心为全球的腐败和有组织犯罪活动提供了温床。通过这些中心，犯罪组织、腐败官员和其他非法行为者能够轻易地隐藏非法所得，并在全球范围内转移资金，逃避法律追究。这种现象的存在不仅加剧了全球金融系统的脆弱性，还助长了腐败和犯罪行为的蔓延。全球金融危机期间，离岸金融体系中涉及的腐败和犯罪行为变得更加明显。例如，许多大型国际银行不仅帮助高净值客户避税，还涉及洗钱和其他非法活动。这些行为不仅助推了金融危机的爆发，还使得全球金融系统变得更加不稳定。

（四）揭露了欧洲美元市场的监管问题

欧洲美元市场是一个由离岸美元存款和金融交易组成的复杂网络，这些交易不受美国监管机构的直接控制。由于这一市场的复杂性和不透明性，它在金融系统内产生了明显的漏洞和风险。欧洲美元市场充当了影子银行系统的角色。国际银行通过这一离岸市场进行资金的创造和流动，而不受美国的严格监管。这种机制使得银行能够在传统银行系统的监管范围之外，大量创造信用。在 2008 年全球金融危机爆发之前，许多银行利用复杂的金融工具，如回购协议和衍生品市场来增加流动性和杠杆。然而当市场信心崩溃时，这些工具迅速失效，导致了信用紧缩和市场恐慌。

总的来说，2008 年全球金融危机揭示了离岸金融体系的许多深层次问题和风险。财富的不平等、税基的侵蚀、腐败与有组织犯罪的滋生，以及全球监管的缺失，都是离岸金融体系亟待解决的重大问题。要有效应对这些挑战，全球各国需要加强合作，制定更严格的监管措施，提升金融市场的透明度，遏制离岸金融体系对全球经济的负面影响。

尽管 G20 等国际组织曾在金融危机后承诺加强监管、结束银行保密时代，但实际情况是，许多主要的金融机构仍然在扩展离岸业务，继续从事逃避监管的活动。这种现象不仅破坏了全球市场的公平竞争，还进一步削弱了公共机构对金融市场的控制能力。

五　小结

离岸金融体系的起源与发展，是 20 世纪以来全球政治、经济和金融领域多重因素共同作用的结果。随着英国的衰落和美苏冷战的爆发，全球地缘政治格局发生了深刻变化，推动了国际资本的跨境流动，并最终促成了离岸金融体系的形成与扩展。

地缘政治因素在离岸金融体系的发展中起到了关键作用。第一，二战后，英国的全球影响力逐渐减弱，殖民地相继独立，伦敦的传统金融中心地位面临挑战。面对这一局势，英国的金融家们积极探索新的金融手段，寻找突破口以重振伦敦的国际地位。金融创新成为他们的重要武器，尤其是离岸金融，帮助他们绕过国内严格的金融监管和资本管控，从而吸引了大量国际资本回流英国。

第二，冷战期间美苏对立的加剧进一步促进了离岸金融市场的发展。为了规避政治制裁或资产被冻结的风险，苏联及其盟友选择将大量美元存入欧洲的离岸市场。这种避险需求直接推动了欧洲美元市场的迅速扩展，使其成为全球资本流动的重要渠道。与此同时，西方资本也纷纷通过离岸市场规避美国和其他国家的监管，使得这一体系规模进一步扩大。

第三，20 世纪 60 年代初，美国为应对国际收支失衡，采取了一系列资本管控政策，其中最为重要的是 1963 年推出的利率平衡税（IET）。这一政策旨在通过对美国投资者购买外国证券征税，增加外国借款的成本，从而限制资本外流，避免国内通过提高利率来应对资本外流问题影响美国经济的复苏。然而，IET 的推出反而刺激了更多资本绕道伦敦的离岸市场进行交易。美国的资本管控政策无意间推动了欧洲美元市场的进一步发展，使离岸金融体系成为全球资本流动的关键枢纽。

第四，20 世纪 70 年代的石油危机对离岸金融体系的发展产生了重大推动作用。随着石油输出国组织（OPEC）成员国因石油价格上涨积累了大量石油美元，这些国家迫切需要安全且高效的投资渠道。离岸金融中心因其低税、低监管的优势，迅速吸引了石油美元的存入和投资，从而进一步增强了离岸金融市场在全球金融体系中的地位。

第五，离岸金融体系的发展离不开所谓的"外交资本家"的推动。这些外交资本家既活跃于私人金融领域，也在政府机构中发挥了重要作用。乔治·博尔顿是其中的典型。他不仅在英格兰银行和国际货币基金组织等机构中担任要职，还通过推动伦敦金融市场的开放和国际化，确保了伦敦在全球金融版图中的重要地位。博尔顿等外交资本家利用其国际网络和对全球金融动态的洞察力，推动了欧洲美元市场的发展，并通过金融产品的创新（如推出欧洲债券）扩大了伦敦的金融影响力。外交资本家不仅在金融市场创新中发挥了重要作用，还在国际金融政策的制定中具有强大的影响力。他们通过游说和跨国合作，促使各国政府采取更加宽松的金融政策，从而推动了离岸金融市场的自由化与全球化。他们的努力不仅帮助伦敦重新确立了全球金融中心的地位，还为其他离岸金融中心的兴起奠定了基础。

总之，离岸金融体系的起源与发展深受地缘政治变化的影响。英国的衰落、美苏冷战、美国的资本管控政策（如利率平衡税），以及 20 世纪 70 年代的石油危机等事件，促使国际资本在寻求安全与避险时，选择了离岸金融市场。这一体系的成功不仅得益于全球政治环境的变化，还依赖外交资本家的推动与金融创新的引导。未来随着全球化的进一步深入，离岸金融体系将在国际资本流动中扮演更为重要的角色。然而，这也对全球金融监管提出了更高的要求，以确保其稳定与安全。

尽管离岸金融市场为各国提供了避税、资金避险以及规避监管的便捷途径，但它也加剧了全球金融系统的不透明性。国际社会因此面临越来越多的挑战，尤其是在打击跨境金融犯罪、加强反洗钱和应对避税天堂的问题上。未来，各国政府和国际金融监管机构需要进一步合作，以平衡资本自由流动与全球金融稳定之间的关系。

20 世纪 50~70 年代，离岸金融体系逐步从初期的避税和资本保护，发展为全球资本流动的关键网络。特别是美国的资本管控政策和国际政治局势的变化，意外地推动了这一体系的扩展。离岸金融市场通过其低税、低监管的特性，吸引了大量资本，包括石油美元、跨国企业资金和各国财富，为全球金融一体化提供了重要支持。

因此，离岸金融体系不仅是金融市场发展的结果，更是全球地缘政治、经济政策变化和国际资本流动共同推动的结果。随着未来国际资本市场的不断演变，离岸金融体系的影响力也将持续扩大。与此同时，如何通过国际监管合作确保全球金融体系的透明性与安全性，将成为全球金融治理的关键议题。

第三部分　全球治理视角下的离岸金融体系与未来发展

在 2008 年全球金融危机之后，离岸金融体系的问题愈发显现。虽然离岸金融体系在推动全球资本流动和促进金融全球化方面发挥了积极作用，为跨国公司和富人提供了税收优化和资产保值的便利，但随着金融危机的爆发，公众逐渐认识到这一体系在全球金融稳定性和透明度上的缺陷。离岸金融体系不仅成为一些跨国公司避税和富人隐匿财富的工具，还助长了全球范围内的金融犯罪，包括洗钱、逃税、贪腐等。危机之后，全球各国政府和国际组织开始更加关注这一体系的问题，并逐步采取行动，推动离岸金融体系改革，以打击金融犯罪，提高金融透明度，并强化全球治理。

本书的第三部分将着重研究全球治理背景下离岸金融体系的改革进程。随着全球金融环境的变化，尤其是在 2008 年金融危机后，各国对离岸金融体系的监管呼声逐渐增强。而推动这些改革的力量不仅仅来自政府和国际组织，越来越多的民间社会力量，包括记者、非政府组织等，通过曝光一系列金融丑闻和文件泄露事件，推动了全球对离岸金融体系问题的关注，并促成了某种共识的达成。这些行动极大地推动了全球治理层面的改革进程，尤其是在反洗钱和反腐败领域。

本部分分为三章，分别探讨了不同的改革力量和推动机制。

第七章探讨了国际社会组织和记者通过一系列的文件泄露事件，如"巴拿马文件""天堂文件"等，揭示了全球离岸金融体系的隐秘运作。这些信息的曝光不仅让公众更加了解了离岸金融体系的真实面貌，也促使各国政府和国际组织不得不正视这一体系带来的挑战，从而在全球范围内推动金融犯罪打击和离岸金融改革。民间社会组织和记者作为自下而上的推动力量，展现了在全球离岸金融体系改革中的重要作用。

第八章聚焦分析了美国作为全球金融大国的双重角色。尽管美国在全球金融体系中扮演着重要的领导者角色，并推动了一系列反洗钱和反腐败的立法，如《爱国者法案》和《反洗钱法案（2020）》，但其自身在全球离岸金融体系中的角色却充满了矛盾。一方面，美国在打击全球金融犯罪和提升金融透明度方面表现积极；另一方面，美国自身也是全球重要的金融保密中心之一，为全球资本提供避税和资产保密的便利。这一双重角色使得美国在全球离岸金融体系改革中的立场复杂多变，既推动了全球反腐行动，又试图将其作为大国竞争的工具，尤其是在中美之间的金融博弈中，美国利用离岸金融改革对中国施加影响。

　　第九章则探讨了中国在这一背景下应如何应对离岸金融体系的改革。随着人民币国际化进程的推进，中国有必要深入研究离岸金融体系的运作及其改革对国际金融秩序的影响。从全球治理的角度来看，离岸金融体系的改革不仅关乎全球金融稳定，而且为人民币国际化提供了宝贵的经验借鉴。中国可以通过参与全球反洗钱和反腐败的合作，提升自身在全球金融治理中的话语权，同时加强国内金融监管，确保在未来的全球金融体系中占据有利地位。此外，中国也可以提出符合自身发展需求的改革方案，以推动全球金融治理体系的完善，为提升全球金融透明度和稳定性做出贡献。

　　本部分的目的是通过分析国际社会的推动力量、美国的双重角色以及中国的应对策略，全面呈现全球治理背景下离岸金融体系的改革现状和未来趋势。

第七章　跨国组织和社会力量推动反洗钱、反腐败和离岸金融体系改革

从 20 世纪 60 年代到 2008 年，离岸金融体系的治理主要依赖各国政府主导的多边合作机制。这一阶段的核心是通过国际组织的合作，推动全球金融监管标准的制定与实施，以确保全球金融体系的稳定与透明。主要的国际组织有以下几个。

（1）巴塞尔银行监管委员会（BCBS）。1974 年成立的巴塞尔银行监管委员会是全球银行监管领域的重要组织。其主要职责是制定银行业的国际监管标准，特别是围绕资本充足率、风险管理和银行稳健性方面的规定。BCBS 制定的《巴塞尔协议》是全球银行监管的重要基石，旨在确保银行系统的稳定性，减少因不充分的资本缓冲导致的系统性风险。

（2）国际证监会组织（IOSCO）。成立于 1983 年的 IOSCO 是全球证券监管的主要国际组织，致力于促进证券市场的公平、有效和透明运作。IOSCO 的成员涵盖全球主要的证券监管机构，它通过制定国际标准和萃取最佳实践，帮助各国提高证券市场的监管水平。IOSCO 特别关注跨境证券交易、市场透明度以及投资者保护，这些都是离岸金融活动中常见的问题。

（3）国际保险监督官协会（IAIS）。1994 年成立的 IAIS 是全球保险监管领域的核心组织。IAIS 为保险业制定了广泛的国际标准，包括保险公司资本要求、公司治理以及消费者保护等方面的标准。IAIS 的标准和指导方针帮助各国提升了对保险行业的监管能力，特别是在应对跨境保险

活动和防止非法资金流动方面发挥了关键作用。

（4）反洗钱金融行动特别工作组（FATF）。1989 年，由七国集团（G7）发起成立的 FATF 是打击全球洗钱和恐怖融资的重要机构。FATF 通过发布一系列反洗钱建议，为各国制定并实施反洗钱法规提供了指导框架。FATF 的工作不仅涵盖银行业，还包括更广泛的金融服务业和非金融业务。FATF 的评估和监督机制确保了成员国在反洗钱和反恐融资政策上的持续改进，极大地提升了全球金融系统的透明度。

（5）经济合作与发展组织（OECD）。成立于 1961 年的 OECD 在全球税收治理中扮演了重要角色。特别是 1998 年发布《有害税收竞争：一个正在出现的全球性问题》后，OECD 致力于打击全球范围内的避税天堂和有害税收竞争。该组织的倡议促使多个国家和地区加强了税收信息交换合作，推动了全球税收透明度的提高。OECD 还在跨国公司税收、国际税收规则制定等方面具有重要影响力。

（6）金融稳定论坛（FSF）。1999 年成立的 FSF 是为应对全球金融稳定威胁而成立的国际组织。FSF 关注的重点包括离岸金融中心对全球金融系统稳定性的影响。FSF 通过成立专门的工作组，评估离岸金融中心对全球金融稳定的潜在威胁，并提出改进金融监管的建议。FSF 在促进国际社会协调应对金融风险、提升全球金融市场透明度方面发挥了重要作用。

尽管 20 世纪 60 年代至 2008 年的多边合作机制在全球金融监管方面取得了一定成效，但事实证明这些措施仍然不足。2008 年的全球金融危机暴露了政府监管和国际合作的局限性，未能有效应对离岸金融体系的复杂问题，这促使了危机后社会力量的崛起，推动了更广泛的改革和透明化进程。

2008 年全球金融危机是离岸金融体系监管和治理的一个重要转折点。尽管国际组织仍然在推动多边合作机制，但以国际调查记者同盟（ICIJ）为代表的民间社会力量，在揭露离岸金融体系中的非法活动方面发挥了越来越重要的作用。例如，ICIJ 通过披露"巴拿马文件""天堂文件"等，引发了全球对离岸金融体系透明度的广泛关注。这些爆料揭示了全球精英利用离岸金融中心逃税、避税的行为，引发了公众对全球金融体系的不信任，也促使各国政府进一步加强了对离岸金融体系的监管。

民间组织和记者的参与，使得离岸金融体系的监管和治理从传统的政府间合作，转向更加多元化的治理结构。政府不再是唯一的治理主体，社会力量通过揭露和曝光的方式，倒逼政府和国际组织采取更加严格的监管措施，以提高离岸金融体系的透明度和合规性。

综上所述，离岸金融体系的监管和治理经历了从以政府主导的多边合作机制为主，到近年来越来越依赖民间记者组织等社会力量的转变过程。这一演变表明，离岸金融体系的治理不仅需要国际组织和政府的合作，也需要社会力量的参与。在未来，如何更好地协调和整合这些多元化的治理力量，将是离岸金融体系监管和治理面临的重要挑战。

一 "离岸泄密事件"推动离岸
金融体系的治理和改革

过去十年中，国际调查记者同盟（ICIJ）等组织披露了一系列重大"离岸泄密事件"（Offshore Leaks），揭露了全球离岸金融活动中的诸多腐败与不法行为。著名的泄密事件包括"瑞士泄密""巴拿马文件""卢克斯泄密""天堂文件"，以及"潘多拉文件"。这些泄密事件曝光了跨国公司、富豪及政治人物通过复杂的离岸金融网络进行逃税、避税和洗钱的行为。[1] 例如，"瑞士泄密"揭露了汇丰银行的瑞士子公司帮助客户实施大规模逃税计划；"巴拿马文件"则揭露了全球律师事务所莫萨克·冯塞卡（Mossack Fonseca）在巴拿马制造空壳公司，帮助客户隐藏资产；而"卢克斯泄密"曝光了卢森堡当局与会计巨头普华永道合作，促成了企业避税的庞大计划。

这些泄密事件在全球范围内引起了强烈的社会反响，各国政府纷纷采取行动，制定新的法律法规以应对这些暴露的问题。例如，"巴拿马文件"导致多个国家加强了对离岸空壳公司的透明度要求，英国、欧盟成员国和印度尼西亚等国相继出台了更严格的反洗钱法规和税收透明度措施。

---

① R. Hendrikse, and R. Fernandez, "Offshore Finance: How Capital Rules the World," *State of Power* (2019).

同时，这些泄密事件也推动了国际合作的加强。许多国家在应对跨国腐败和洗钱方面开始更加紧密协作，以应对全球化带来的挑战。例如，在美国，针对"潘多拉文件"的曝光，立法者提出了《促成者法案》，旨在加强对金融中介机构的监管，并推动了"反洗钱检举人项目"（The AML Whistleblower Program）的出台。

总体而言，国际调查记者同盟等民间组织通过一系列文件披露，揭示了离岸金融体系中的隐秘运作方式，并促使各国政府和国际社会对这一问题给予了高度重视。这些事件不仅推动了全球范围内的反洗钱和反腐败立法，还加强了国际社会在打击离岸金融不法行为方面的合作。在接下来的部分中，我们将详细介绍这些泄密事件如何具体影响全球的立法和国际合作。

（一）"巴拿马文件"：揭开全球金融秘密的序幕

"巴拿马文件"是 2016 年泄露的 1150 万份文件，来自巴拿马的莫萨克·冯塞卡律师事务所。这些文件揭示了该事务所自 20 世纪 70 年代以来，帮助全球客户设立的 20 多万个离岸公司和信托的信息。这次文件泄露被认为是历史上较大的数据泄露事件之一，揭示了该律师事务所如何与全球的银行、财富管理公司和律师事务所合作，为客户提供匿名的离岸公司和秘密银行账户，以进行逃税、洗钱、贿赂、武器交易、金融欺诈和毒品贩运等非法活动。[①]

"巴拿马文件"的数据量巨大，总共达 2.6 TB，包含电子邮件、财务记录、合同、照片和内部数据库摘要等多种类型的文件。这些文件涉及143 位政治家，包括 12 位现任国家领导人，涵盖了 200 多个国家和地区的客户，揭示了许多知名人物和公司的财务秘密。这次泄露引发了全球范围内的政治和经济地震，许多国家启动了对相关公众人物的调查，并推动了对离岸金融交易透明度和监管的改革。

"巴拿马文件"的披露促使了人们对全球离岸金融体系的深入审视。文件显示，多个国家和地区的政要和商界领袖利用离岸公司隐藏其资产和

---

① The Library Card Project.

逃避税收。例如，冰岛总理、巴基斯坦总理和阿根廷总统等政要都因被曝光利用离岸公司进行财务操作而受到审查，有些甚至被迫辞职。此外，文件还揭露了国际足联内部成员与犯罪集团的合作，利用离岸公司进行贿赂和洗钱活动。

此外，"巴拿马文件"还揭露了离岸金融体系中的"协助者"（Enablers 或 Facilitators）——那些帮助设置和管理这些秘密结构的中介机构，包括会计师事务所、律师事务所、银行和信托公司。这些中介机构通过离岸法律和金融服务帮助全球富人和企业减轻税务负担，隐藏其财富。

"巴拿马文件"的泄露不仅揭露了个别案件，还揭开了一个庞大的全球金融秘密网络，对全球金融透明度和监管提出了严峻挑战。文件的曝光促使国际社会对金融系统中的透明度和责任提出更高要求，推动了多个国家加强对离岸金融交易的监管。"巴拿马文件"还揭露了全球离岸金融体系的复杂性和隐蔽性，并引发了国际社会对金融公正和税务公平的广泛讨论。

2017年，"巴拿马文件"调查因其对金融保密天堂的深入揭露，获得了普利策解释性报道奖，彰显了这次泄露事件在全球范围内的重要性和影响力。

（二）"天堂文件"：揭露全球离岸金融秘密的又一重磅炸弹

"天堂文件"是2017年曝光的1340万份文件，这些文件主要来自百慕大群岛的阿普尔比（Appleby）律师事务所和其他一些离岸服务提供商。这些文件揭露了全球富人和权势人物利用离岸避税天堂隐藏其财富并规避税负担。文件涉及的数据涵盖了1950~2016年的离岸金融交易和财务信息。

ICIJ 的"天堂文件"调查导致全球报道了100多家跨国公司利用离岸金融中心隐瞒某些交易的情况。ICIJ 的调查涉及380多名记者，他们在六大洲工作，使用30种语言，这突出表明了合作网络对从事复杂跨境调查记者的重要性。

这些文件是由德国《南德意志报》（*Süddeutsche Zeitung*）的两位记者——巴斯蒂安·奥伯梅尔（Bastian Obermayer）和弗雷德里克·奥伯迈尔（Frederik Obermaier）收到的，他们此前也曾获得并曝光过"巴拿马文件"。这批文件之后被共享给国际调查记者同盟（ICIJ），ICIJ 组织了来自 67 个国家的 380 多名记者对这些文件进行分析和调查。这次调查被称为历史上最大规模的跨国新闻合作，揭示了全球离岸金融体系的运作方式。

"天堂文件"揭露了大量的金融交易和离岸公司操作细节，展示了离岸法律和金融服务如何帮助富人和公司减少税务负担。这些文件包括了电子邮件、财务记录、合同和其他文件，披露了离岸公司如何持有和转移公司股份、私人飞机、房地产和游艇等资产。文件中提到的许多离岸公司被用来持有这些高价值资产，从而实现避税和隐藏财富的目的。

"天堂文件"涉及了许多知名的政治人物、企业家和其他公众人物，包括英国女王伊丽莎白二世、美国前商务部部长威尔伯·罗斯和加拿大总理贾斯廷·特鲁多的重要盟友。这些文件显示了他们通过复杂的离岸结构来管理和隐藏财富。

文件还揭露了跨国公司如何利用离岸避税天堂来避税。例如，苹果公司在爱尔兰法律收紧后，通过利用泽西岛等地的税务优惠政策，继续将其巨额利润隐藏在离岸账户中。此外，耐克公司通过离岸公司持有其商标权，以减轻税务负担。这些跨国公司利用复杂的公司结构和税务安排，将利润转移到税率较低或零税率的离岸地区，从而降低其主营业务所在国的税务负担。

"天堂文件"的曝光推动了多国政府对离岸避税行为的关注和立法改革。例如，美国通过了《企业透明法案》，要求公司披露其真正的所有者，以提高金融透明度。该法案的通过被视为加强反洗钱和反避税措施的重要一步。此外，英国也启动了对反洗钱系统的调查，并加强了对洗钱和金融犯罪的监管。英国政府的调查旨在优化其反洗钱政策，确保金融系统的透明和诚信。

"天堂文件"不仅揭露了富人和企业通过离岸结构避税的广泛行为，也促使各国政府采取措施加强金融监管，提高透明度。这些文件显示了全球离岸金融体系的复杂性和隐蔽性，并引发了国际社会对金融公正和税务公平的广泛讨论并采取行动。多个国家在"天堂文件"曝光后都表示将加强对离岸金融活动的监管，并采取措施打击利用离岸公司进行避税和洗钱的行为。

（三）"FinCEN 文件"：揭示全球金融体系的漏洞与脆弱性

"FinCEN 文件"（FinCEN Files）是由国际调查记者同盟（ICIJ）和 BuzzFeed News 于 2020 年曝光的一批机密文件。这些文件揭示了全球银行系统中存在的严重漏洞，显示了大银行未能阻止非法资金流动。这些文件总计超过 2100 份，涉及的金融交易总额超过 2 万亿美元，涵盖了 1999 ~ 2017 年的可疑资金转移。文件显示，许多银行未能履行基本的尽职调查要求，允许犯罪分子和腐败官员利用全球金融系统洗钱和隐藏资产。

"FinCEN 文件"主要由美国财政部金融犯罪执法网络（FinCEN）的可疑活动报告（SARs）组成，这些报告由银行提交，报告了其认为可疑的交易活动。泄露的文件揭示了诸如汇丰银行、摩根大通银行和德意志银行等大型金融机构在监控和阻止非法资金流动方面的失败。这些文件显示，汇丰银行在明知客户涉嫌洗钱的情况下，依然允许大量资金从墨西哥贩毒集团流入美国。摩根大通银行则未能阻止一家位于伦敦的公司转移超过 10 亿美元的资金，这些资金被怀疑与马来西亚的一起重大腐败案件有关。此外，文件揭露了德意志银行在处理来自俄罗斯的可疑资金方面存在严重问题。这些资金通过复杂的离岸结构转移，使得银行难以追踪其来源和最终目的地。

"FinCEN 文件"还揭示了一些著名政治人物和公众人物的金融活动。这些文件不仅揭示了金融机构在防范非法资金流动方面的失职，也揭示了全球金融体系的复杂性和脆弱性。"FinCEN 文件"促使国际社会更加关注金融透明度和反洗钱措施的有效性。

（四）"潘多拉文件"：揭示全球离岸金融网络的隐秘运作

"潘多拉文件"（Pandora Papers）是一系列泄露的文件，揭露了全球政界精英、企业家和某些名人在离岸金融中心的财务安排。这些文件涉及大量涉嫌腐败、逃税和洗钱的情况，涉及的人物包括政府官员、商界领袖和其他公众人物。

"潘多拉文件"是由国际调查记者同盟（ICIJ）获得，并与《华盛顿邮报》和世界各地的 150 多家媒体合作伙伴分享的。这些机密信息是同类信息中最大的泄露，涉及 2.94 TB 的数据量，比之前的"巴拿马文件"（2.6 TB）和"天堂文件"（1.4 TB）都要大。这项调查历时两年多时间，审查了 14 家离岸服务公司的 1190 万份文件。这些文件揭露了各国领导人、企业高管和公众人物利用离岸金融体系隐藏资产和逃避税收的行为。文件主要来自 14 家不同的离岸服务提供商，它们分别在伯利兹、英属维尔京群岛、新加坡、塞浦路斯、瑞士以及美国的南达科他州、特拉华州等地经营。这些文件不仅揭露了全球离岸金融体系的广泛使用，还揭示了离岸金融中心在促进非法资金流动和隐藏财富方面的作用。

"潘多拉文件"揭露了包括政治公众人物、罪犯、公职人员和名人在内的高净值个人在银行、会计师和律师事务所等中介机构的协助下，与离岸专业服务提供商密切合作，设计在保密管辖区或避税港注册的复杂公司结构，保护收入和资产免受税收、制裁和其他法律义务的影响，并实现洗钱和资助恐怖主义的目的。"潘多拉文件"披露的活动包括滥用空壳公司、基金会和信托基金用于以下目的：匿名购买房产和奢侈品，为非法目的进行投资和在银行账户之间转移资金，以及避税和实施金融犯罪（包括洗钱和资助恐怖主义）。①

"潘多拉文件"揭露了全球范围内的腐败和洗钱问题。文件涉及的主要人物包括英国前首相布莱尔、哥伦比亚流行歌星夏奇拉、中国精英阶层成员以及沙特阿拉伯王室成员，揭露了他们通过复杂的离岸结构来管理和隐藏财富，尤其揭露了俄罗斯人对离岸系统的使用，一则报道称，一位与普京从小就是朋友的俄罗斯大提琴家与持有多达 20 亿美元的离岸账户有秘密联系。

"潘多拉文件"还揭露了美国南达科他州在金融保密方面可以与欧洲和加勒比地区臭名昭著的不透明司法管辖区相媲美。来自美国以外的数千万美元现在被苏福尔斯的信托公司庇护，其中一些与被指控侵犯人权和其他不法行为的人与公司有关。这些文件揭示了外国政治家、领导人和企业家或其家庭成员将资金和其他资产从长期存在的避税地转移到美国的信托公司。调查确定了与 41 个国家有关的 206 家美国信托公司，其中近 30 家

---

① Lessons learnt from the "Pandora Papers" and other revelations.

信托公司持有的资产与被指控在世界一些最脆弱的社区有欺诈、贿赂或侵犯人权行为的人或公司有关。

Alcogal 是一家具有高道德标准的顶级事务所，该公司已经成为帮助精英客户隐藏海外财富的主要服务提供者。文件显示，在潘多拉数据库中出现的政治家，近一半是 Alcogal 的客户。文件揭示了 35 位现任和前任世界各国领导人以及其他有权势的政治人物和他们最亲密的同事在世界各地使用保密司法管辖权。

"潘多拉文件"的曝光引起全球范围内对金融监管和法律改革的广泛关注。多个国家在"潘多拉文件"曝光后表示将加强对离岸金融活动的监管，并采取措施打击利用离岸公司进行避税和洗钱的行为。"潘多拉文件"促使国际社会更加关注金融透明度和反洗钱措施的有效性，直接推动了美国《促成者法案》的出台。

总之，"潘多拉文件"揭露了全球政界和商界精英通过离岸金融中心隐藏财富和进行非法活动的诸多行为。这些文件引起了国际社会对金融监管和透明度的广泛关注，并推动了多个国家的政策改革，以加强对离岸金融活动的监管，确保金融系统的透明和诚信。

ICIJ 的调查在 2023 年引起了全球广泛的反响。首先，多国政府和执法机构对相关公司和个人展开调查与突袭行动。欧洲议会在"潘多拉文件"曝光后，强调了记者和举报人在揭露税法违规和腐败方面的重要作用。其次，ICIJ 的揭露导致世界各地领导人被制裁、亿万富翁账户被冻结、名人因逃税被审判。再次，调查还引发了国际上对金融监管的重视和法律改革，例如日本修改了鱼类追踪系统法律以防止公款滥用。最后，ICIJ 的报道不仅影响了政策和法律，还对文化和公众舆论产生了深远影响。公众对不公正、不平等和腐败现象的关注度增加，推动了社会改革的呼声。这些调查结果还激发了艺术家、音乐家和作家的创作，这些创作成为反映社会问题的象征。通过揭露金融秘密和环境滥用行为，ICIJ 的工作推动了公众对政府和企业行为的监督，推动了更加透明和负责任的全球治理模式的建设。

通过"巴拿马文件""天堂文件""FinCEN 文件"和"潘多拉文件"的曝光，ICIJ 和全球记者网络展示了强大的揭露能力，这不仅推动了全球对离岸金融体系的广泛关注，还促使了许多国家进行法律和监管改革。这使得国际社会更为重视金融透明度，推动了全球治理体系的改革和完善，为构建一个更加公平、透明和负责的全球金融体系做出了重要贡献。

二　参与反洗钱与离岸金融体系治理的相关政府间组织

由于很多贪污腐败是跨国的，腐败和洗钱活动可以在不止一个国家或地区进行，并对其产生影响，因此，多国调查记者组成的国际调查记者同盟可以更有效地追踪非法资金的跨境流动，并向公众披露贪腐活动的来龙去脉，给各国民众介绍他们本国和自身是如何受到影响的。这些网络化的调查举措已经成功地吸引了全球对涉及高层政治领导人的大规模数据泄露的关注，如"巴拿马文件""潘多拉文件""天堂文件"等。

（一）金融稳定论坛与金融稳定理事会

金融稳定论坛（FSF）于 1999 年 4 月成立，起源于七国集团财长的倡议，旨在加强全球金融系统的稳定性和弹性。FSF 的成立背景是为应对 20 世纪 90 年代末的一系列金融危机，特别是 1997~1998 年的亚洲金融危机和俄罗斯金融危机，这些危机暴露了全球金融体系的脆弱性和监管的不足。因此，FSF 的主要目标是通过促进国际合作和信息共享，防范和减轻金融系统风险，推动全球金融体系的改革。[①]

FSF 的成员包括各国中央银行、财政部和金融监管机构的代表，以及国际金融机构如国际货币基金组织、世界银行和国际清算银行。这些成员定期举行会议，讨论和协调全球金融稳定相关议题。FSF 的主要职能包括以下几个方面。

（1）促进国际合作。FSF 致力于在全球范围内促进金融监管机构、中央银行和财政部之间的合作。通过定期召开会议和成立工作组，FSF 为各国提供了一个讨论和协调金融稳定政策的平台。

---

① Picciotto, Sol, *Regulating Global Corporate Capitalism*, Lancaster University, 2011.

（2）监测和评估金融系统风险。FSF 通过收集和分析金融市场数据，监测全球金融系统的潜在风险。其评估结果为各国制定金融政策提供了重要参考。

（3）制定和推广最佳实践。FSF 致力于制定和推广金融监管和风险管理的最佳实践。通过发布报告和建议，FSF 帮助各国改进其金融监管框架和风险管理体系。

（4）应对金融危机。在发生金融危机时，FSF 为国际社会提供协调和应对危机的机制。通过迅速分享信息和协调行动，FSF 帮助各国共同应对金融市场的波动和冲击。

在 1997 年东亚金融危机之后，FSF 成立了一个工作组，专门研究离岸金融中心的运作及其对金融稳定的影响。2000 年 4 月 FSF 发布的报告建议对若干离岸金融中心进行系统评估，并指出这些中心在金融危机期间可能会成为金融体系的薄弱环节。FSF 的报告强调了离岸金融中心可能带来的监管套利和系统性风险，并建议由国际货币基金组织负责协调对这些离岸金融中心的评估。①

随后，FSF 在 2000 年 5 月公布了一份国际离岸金融中心名单，从监管良好（第一类）到监管最差（第三类）将它们分为三类。这一分类帮助国际社会了解了全球金融监管中存在的薄弱环节，并促使其采取措施加强监管。

金融稳定理事会（Financial Stability Board，FSB）在 2009 年取代了 FSF 的地位。FSB 的成立是为了应对 2008 年全球金融危机，进一步加强全球金融监管与合作。FSB 继承了 FSF 的职能，同时扩大了其职责和成员范围，以更有效地应对全球金融稳定的挑战。FSB 不仅延续了 FSF 促进国际合作、监测金融风险和推广最佳实践的职责，还通过制定更严格的国际金融监管标准，增强了全球金融系统的抗风险能力。

（二）国际清算银行

国际清算银行（BIS）成立于 1930 年，是全球历史悠久的国际金融机

---

① *Offshore Financial Centers*, IMF Background Paper.

构。从其成立之初，BIS 就在全球经济中扮演了多个关键角色，如负责第一次世界大战后对德国赔款支付的管理。随着时间的推移，BIS 的职能逐渐扩展，成为各国中央银行合作的中心，致力于促进国际金融和货币稳定。BIS 不仅是中央银行之间合作的桥梁，还通过设立各类委员会和工作组，协调和促进各国央行在货币政策、金融监管和金融市场基础设施等方面的合作。BIS 的主要目标和职能如下。

（1）促进国际货币和金融合作。BIS 为各国中央银行提供一个平台，通过定期召开会议和研讨会，促进各国央行在货币政策和金融监管方面的合作与交流。这种合作有助于全球金融体系的稳定，并增强各国在应对金融危机时的协调能力。

（2）提供金融服务。BIS 为中央银行和国际组织提供金融服务，包括资产管理、金融稳定和货币稳定相关的技术支持。这些服务支持了各国央行在全球金融市场中的运作，并为其提供了必要的金融工具和资源。

（3）研究和分析。BIS 进行广泛的经济和金融研究，分析全球经济和金融体系的动态，并发布报告和政策建议。这些研究为各国央行提供了重要的决策支持，帮助它们应对全球经济中的复杂挑战。

（4）协调和监督。BIS 设立和管理了多个国际委员会，如巴塞尔银行监管委员会（BCBS）和支付与市场基础设施委员会（CPMI）。这些委员会负责制定全球金融监管标准和萃取最佳实践，确保国际金融体系的稳定和安全。

BIS 在治理离岸金融体系方面也发挥了重要作用，特别是在 1974 年十国集团（G10）对国际金融体系监管的讨论中发挥了关键作用。1974年，十国集团的中央银行行长以及卢森堡和瑞士的代表在巴塞尔举行会议，讨论了银行监督和最后贷款人的问题。随后，BIS 成立了一个常设委员会，即库克委员会，并于 1975 年发布了《巴塞尔协议》。《巴塞尔协议》提出了以下几项重要建议。

（1）对外国银行的监督应由母国和东道国共同负责，子公司由东道国负责，分支机构则由母国监督。

（2）任何一家外国银行都不应逃避监督，确保所有跨境银行活动都在有效的监管之下。

（3）东道国对银行的流动性负责，以确保在危机中银行能够继续运营。

（4）东道国和母国当局之间应加强国际合作，以更好地应对跨境金融风险。[①]

通过这些建议和政策的制定，BIS 在确保全球金融系统的稳定性和安全性方面发挥了重要作用，特别是在离岸金融中心的监管和监督上，为全球金融稳定做出了重大贡献。

（三）金融情报机构和埃格蒙特集团

金融情报机构（FIU）是各国负责与金融机构互动并收集可疑活动和货币交易报告的治理机构，在全球反洗钱领域中扮演着至关重要的角色。FIU 不仅在支持各国国内和国际反恐融资方面具有独特地位，还根据全球反洗钱和反恐怖主义融资（AML/CFT）标准，扮演着国内和国际共享金融信息的主要角色。FIU 主要负责金融数据和情报的收集与分析，而不是直接参与执法行动。全球范围内有 167 个 FIU 通过埃格蒙特集团联系在一起，相互共享金融情报以及相关的专业知识和经验。

埃格蒙特集团（The Egmont Group）是由包括美国 FinCEN 在内的 167 个全球各国金融情报单位组成的联合机构。其主要作用在于推动各国间的金融情报共享和国际合作，并促进国际标准的实施。通过这一平台，金融情报机构可以安全地交流专业知识和金融情报，以打击洗钱、阻止恐怖主义和其他相关犯罪。埃格蒙特集团还支持国际合作伙伴和其他利益相关者实施包括联合国安理会、反洗钱金融行动特别工作组（FATF）及 G20 财长的决议和声明。

埃格蒙特集团的起源可以追溯到 1995 年，当时由少数国家机构组成，这些机构曾被称为"金融信息披露单位"，旨在探索彼此之间的合作方式。为了成为埃格蒙特集团的成员，金融信息披露单位必须是一个国家或司法管辖区内的中央单位，负责监测可疑的金融犯罪活动，并与国家和外

---

① Hampton M. , *The Offshore Interface：Tax Havens in the Global Economy*, Palgrave Macmillan, 1996.

国政府实体分享金融情报和信息，以确保遵守打击恐怖主义融资、洗钱和其他金融犯罪的法律。

自成立以来，埃格蒙特集团已发展为一个拥有 160 多个金融情报机构成员的大型国际网络。为了应对成员的反洗钱、打击恐怖主义融资的挑战，埃格蒙特集团设有 8 个区域小组，负责协调区域问题，并与埃格蒙特集团进行沟通。此外，埃格蒙特集团还设有 4 个主要工作组，分别负责信息交流、成员支持与合规、政策与程序以及技术援助与培训。

2018 年，埃格蒙特集团成立了埃格蒙特金融单位卓越与领导力中心（ECOFEL），为成员提供专业培训、指导、辅导和其他支持。ECOFEL 由美国国务院国际麻醉品和执法事务局以及其他捐助者资助。埃格蒙特集团的秘书处位于加拿大，负责为埃格蒙特区域小组提供战略、技术和行政支持。埃格蒙特集团每年至少召开两次委员会和工作组会议，其中包括为金融情报机构负责人、成员和观察员组织的年度全体会议。

金融情报机构（FIU）通过收集和分析金融情报，扮演着打击全球金融犯罪的重要角色。而通过埃格蒙特集团，这些机构得以在全球范围内共享情报，合作应对洗钱和恐怖主义融资等重大问题。随着全球金融犯罪的日益复杂化，金融情报机构和埃格蒙特集团的作用变得愈加重要，确保了全球金融体系的安全与稳定。

（四）反洗钱金融行动特别工作组

反洗钱金融行动特别工作组（Financial Action Task Force on Money Laundering，FATF）是一个政府间机构，负责制定反洗钱（AML）和打击资助恐怖主义的国际标准并评估其遵守情况。FATF 是在七国集团（G7）的倡议下于 1989 年成立的，最初是为应对全球日益严重的洗钱问题，尤其是与非法毒品贸易和刑事犯罪收益有关的洗钱活动。该组织的总部设在法国巴黎，虽然最初成立时主要关注洗钱问题，但在 2001 年美国"9·11"恐怖袭击发生事件后，FATF 的任务扩展到了打击资助恐怖主义的活动。

FATF 的工作主要围绕制定国际标准，确保全球采取一致的反洗钱和反恐怖主义融资（AML/CFT）措施。这些标准包括 40 项反洗钱建议和 9 项旨在打击恐怖主义融资的特别建议。通过这些标准，FATF 帮助各国政府追踪并打击非法活动，包括毒品走私、人口贩运、恐怖主义和腐败。此外，FATF 还关注新兴的金融风险，如加密货币和虚拟资产的使用，并不断调整其标准以应对这些新风险。

FATF 的运作方式包括定期审查各成员国的反洗钱和反恐怖主义融资措施，确保其法律和监管框架符合 FATF 的标准。对于不符合标准的国家和地区，FATF 会将其列入"不合作国家和地区名单"，并施加国际压力，迫使这些国家和地区进行立法和监管改革。例如，2000 年 4 月，FATF 发布了《关于不合作国家和地区的报告》，列出了那些在反洗钱合作方面存在问题的司法管辖区。这一策略被称为"点名羞辱"，其效果显著，到同年 10 月，其中一些被点名的国家和地区已经迅速通过立法，试图从名单中除名。

FATF 还与其他国际组织合作，包括联合国、国际货币基金组织（IMF）和世界银行，加强全球反洗钱和反恐怖主义融资的协调与合作。例如，FATF 与经济合作与发展组织财政事务委员会（OECD-CFA）在处理银行保密和信息交流障碍方面存在类似问题，但由于反洗钱机构担心与税务机关的信息共享会增加获取信息的难度，所以 FATF 与 OECD-CFA 的合作较少。[①]

FATF 的成员包括全球 200 多个司法管辖区，这些司法管辖区承诺实施 FATF 制定的标准，并接受 FATF 的定期评估。通过这些评估，FATF 监测各司法管辖区实施反洗钱和反恐怖主义融资措施的情况，并对不遵守标准的司法管辖区追究责任。

FATF 的工作极大地推动了全球反洗钱和反恐怖主义融资的立法和执法力度，增强了国际社会应对金融犯罪的能力。中国自 2007 年成为 FATF 的正式成员，并参与了 FATF 的互评估和其他相关工作。2018 年，FATF 委托国际货币基金组织牵头对中国进行了为期一年的反洗钱和反恐怖主义融资的评估，评估结果为中国在这两个领域的政策和措施提供了有力的指导。

总体而言，FATF 作为全球反洗钱和反恐怖主义融资的标准制定机构，在反洗钱和反恐怖主义融资方面发挥了重要作用。它不仅推动了全球各国在反洗钱和反恐怖主义融资方面的立法与监管改革，还通过协调国际合作，帮助维护全球金融体系的稳定和安全。

---

① Picciotto, Sol, *Regulating Global Corporate Capitalism*, Lancaster University, 2011.

三　参与反洗钱与离岸金融体系
治理的民间社会组织

近年来，随着全球化的发展和跨国犯罪的复杂性日益增加，非政府组织（NGO）、民间社会组织以及独立记者和调查性新闻团队在全球反腐败、反洗钱和揭露离岸金融体系中的非法活动方面，发挥了越来越重要的作用。这些组织和个人通过揭露隐藏在权力和财富背后的秘密，促进了全球对金融透明度的关注，并推动了多国立法和政策改革。

调查性新闻旨在揭露那些被拥有权力地位的人故意隐瞒的事实，或者那些隐藏在复杂背景中的重要问题。联合国教科文组织将调查性新闻定义为："揭露被权力人物刻意隐藏的重大社会问题，或者被掩盖在复杂事实和情况中的模糊真相，通过分析并向公众揭示所有相关事实，从而为言论自由和媒体发展做出关键贡献。"[1] 调查性新闻是一种系统化、深入的新闻报道形式，通常涉及广泛的数据收集和分析，并常常揭露重大的社会问题。其核心在于揭露社会的不公、权力滥用以及腐败行为，从而推动社会责任和正义的实现。这种新闻形式为言论自由和媒体发展做出了关键性的贡献，尤其是在揭露跨国腐败和金融不当行为方面，发挥了至关重要的作用。例如，国际调查记者同盟（ICIJ）与有组织犯罪和腐败报告项目（OCCRP）等网络化新闻倡议，通过揭露大型数据泄露事件，如"巴拿马文件""天堂文件"和"潘多拉文件"，成功地吸引了全球对高层政治领导人和富商的关注。这些调查揭露了全球政界精英、企业家和名人在离岸金融中心的财务安排，以及他们如何通过复杂的结构隐藏财富、逃避税收，甚至洗钱。这些跨国调查活动展示了国际新闻网络在追踪非法资金跨境流动方面的独特优势，并通过详细的报道向全球公众传达了相关信息。

随着数据和通信技术的飞速发展，全球和区域调查性记者网络得到了越来越多的支持。这种合作不仅提高了记者的技能和新闻的内容质量，还

---

[1]　Hunter, Mark Lee, Story-Based Inquiry: A manual for investigative journalists, Unesco, 2011.

增强了媒体报道的放大效果和机构的反应能力。特别是对跨国性有组织犯罪和腐败的调查，记者们通过"跟着钱走"，在跨司法管辖区、跨学科和跨结构的网络中工作，揭示了犯罪实体或国家与私人行为者之间复杂的关系。例如，"巴拿马文件"和"潘多拉文件"项目的成功，不仅依赖强大的数据收集分析能力，更因为国际合作的加强，使得这些调查能够在全球范围内引起广泛的关注并产生深远的影响。

此外，非政府组织和媒体的作用也越来越受到重视。正如研究所指出的那样，来自受腐败困扰国家的民间社会活动家和研究人员通过记录证据，帮助执法机构对个别贪官污吏进行制裁或在欧美司法系统中起诉腐败案件。例如，乐施会（Oxfam）等组织在揭露跨国公司避税活动对发展中国家的影响方面，发挥了重要作用。其研究和报告帮助公众认识到全球金融体系中的不公正现象，并推动了国际社会对离岸金融中心的关注和改革。

总之，尽管政府间组织在全球金融治理中仍然占据主导地位，但非政府组织、民间社会组织以及独立调查记者的作用日益重要。他们通过揭露、倡导和推动政策变革，成为全球反腐败和金融透明度领域的关键力量，促使国际社会更加关注离岸金融体系中的非法活动，并推动了多国的政策和法律改革。这些努力不仅提升了全球金融治理的透明度，也为构建更加公正的国际金融体系做出了重要贡献。

（一）国际调查记者同盟

国际调查记者同盟（International Consortium of Investigative Journalists，ICIJ）是一家致力于揭露全球性问题的非营利性新闻组织，成立于1997年，最初是公共诚信中心（Center for Public Integrity）的一部分，后来在2017年初成为一个独立的组织。ICIJ 的总部位于华盛顿，但其影响力遍布全球。该组织专注于跨国调查，揭露涉及金融、法律和权力滥用等复杂问题，并通过报道推动全球范围内的改革和透明度提升。

ICIJ 自成立以来，已经发展成全球最有影响力的调查性新闻组织。该组织通过其全球网络，聚集了来自100多个国家和地区的280名顶级调查记者，与100多家媒体组织合作。这些合作伙伴包括全球知名媒体如《纽约时报》《卫报》《朝日新闻》，也包括一些小型的区域性非营利调查中心。ICIJ 的核心团队虽小，但其志向远大，致力于揭露权力滥用行为，并通过深度报道来赋予公众权力，使他们能够与当地社区一起讨论具有全球重要性的问题。

ICIJ 的独特之处在于其拥有广泛的国际合作网络，这使得它能够进行规模空前的跨国调查。ICIJ 的调查工作不仅限于揭露事实，还致力于推动全球范围内的改革和政策变化。例如，ICIJ 的"离岸泄密事件""巴拿马文件""天堂文件""FinCEN 文件"等调查项目，都是有史以来较大的跨境新闻合作项目，已经在全球范围内引发了广泛的法律改革和政府行动。

ICIJ 的调查报道产生了深远的全球影响。例如，ICIJ 的"巴拿马文件"调查获得了普利策奖，并促使多个国家进行全面的法律改革和官方调查。这项调查揭露了全球政界精英和富豪利用离岸公司隐藏财富和逃避税收的行为，导致了包括巴基斯坦、冰岛和马耳他在内的多国领导人在被指控腐败后辞职。ICIJ 的工作还促成了美国通过《企业透明法案》，这被认为是自 2001 年《爱国者法案》以来美国实施的最重要的反腐败措施。此外，ICIJ 的调查还帮助推动了 130 多个国家和地区签署了全球最低税率协议，旨在阻止跨国公司通过税收漏洞逃避责任。

ICIJ 高度重视信息的安全性和来源的保护。该组织鼓励公众、举报人以及有兴趣与其合作的优秀调查记者提供线索和故事创意。为此，ICIJ 提供了高技术加密的联系平台，以确保信息的安全传递。这种技术保障不仅保护了信息来源的安全，也增强了报道的可信度和影响力。

国际调查记者同盟（ICIJ）通过其全球合作网络，成功地揭露了许多重大国际问题，推动了全球范围内的法律和政策改革。其调查性新闻报道不仅揭露了复杂的金融和权力滥用问题，还通过推动公众讨论和法律变革，为实现全球正义和透明度提升做出了重要贡献。在这个过程中，ICIJ 和类似的组织展示了调查性新闻在 21 世纪的重要性，并重新定义了新闻报道在推动社会变革中的角色。

（二）透明国际

透明国际（Transparency International，TI）是一个推动全球反腐败运

动的组织网络，致力于打击腐败、维护公正。透明国际不仅仅是一个组织，更是一场全球性的运动，广泛活跃在100多个国家，致力于揭露和打击腐败行为。通过各种宣传、活动和研究，透明国际揭露腐败滋生的制度和网络，并推动在公共生活的各个领域提高透明度和诚信度。

透明国际的主要任务是揭露和打击腐败现象，特别是那些滋生腐败的制度和网络。透明国际认为，腐败不仅仅是个人行为的问题，更是由复杂的制度和网络所推动的。这些制度和网络通过隐秘的金融体系、缺乏透明度的法律结构以及不受监管的经济活动，让腐败现象持续存在并扩展。

透明国际的工作涉及多个方面，包括政策建议、法律改革、公共倡导以及教育和宣传活动。他们通过发布全球清廉指数（Corruption Perceptions Index，CPI），评估各国的腐败程度，促使政府和公众意识到腐败问题的严重性，并推动必要的改革。此外，透明国际还致力于推动完善全球反腐败的法律框架，协助各国政府和国际组织制定有效的反腐败政策和措施。

透明国际特别关注全球影子金融体系的形成，这一体系被视为腐败滋生的温床。全球影子金融体系由复杂的离岸公司、秘密银行账户和不透明的法律结构组成，使得腐败分子能够隐藏非法所得并逃避法律制裁。透明国际指出，这种影子金融体系不仅促进了腐败的蔓延，还加剧了全球不平等和社会不公。

透明国际称自己为全球性的反腐败运动，因为它不仅仅依靠单一的组织运作，而且通过全球各地的分支机构和合作伙伴，共同推动反腐败工作开展。这一运动在世界各地取得了显著成果，通过与政府、企业和民间社会的合作，透明国际推动了许多国家的反腐败立法，并提高了公众对腐败问题的认识。

透明国际强调，腐败问题不仅仅是道德层面的问题，更是一个系统性的问题，涉及国家的经济和社会结构。通过曝光腐败案件、支持反腐败政策制定，以及倡导提高透明度和完善问责制，透明国际努力减少腐败对社会的负面影响，推动更加公平和公正的全球治理。

透明国际作为一个全球性的反腐败运动机构，通过揭露和打击腐败行为，特别是那些滋生腐败的制度和网络，推动了全球反腐败工作的深入开展。其对全球影子金融体系的揭露和批判，使得国际社会更加关注腐败问题的根源，并促使各国采取行动，提高金融体系的透明度和法律的执行力度。透明国际的努力不仅促进了全球反腐败的进程，也为建立更加公平、透明和负责任的全球治理体系做出了重要贡献。

（三）有组织犯罪和腐败报告项目

有组织犯罪和腐败报告项目（Organized Crime and Corruption Reporting Project，OCCRP）是一个全球调查记者组织网络，专门研究和揭露有组织犯罪和腐败问题。OCCRP 成立于 2006 年，由调查中心、媒体和记者组成联盟，主要在东欧、高加索地区、中亚和中美洲开展工作。OCCRP 通过当地媒体发布其调查故事，并在其网站上以英语和俄语发布。

OCCRP 是一个基于当前新技术和现代社会组织模式构建的典型组织或平台。其组织模式基于全球网络，吸引众多的媒体中心和记者参与。这些成员通过网络进行联系，不仅共享数据，还共同开展跨国调查。OCCRP 充分发挥了人力在信息收集方面的独特性和不可替代性，同时也积极运用互联网大数据搜索、收集、整理信息。

OCCRP 的一个显著特点是其创新的数据平台——Aleph。Aleph 是一个调查数据平台，旨在帮助记者追踪资金流动。Aleph 不仅仅是一个简单的文件搜索引擎，还能从电子表格和数据库导入结构化数据，使记者能够深入探索有关利益相关者、公司、金融交易等方面的详细数据。记者和研究人员可以上传自己的文件进行私人调查，并使用平台提供的工具来提取文本、制作图表、总结调查结论，并交叉引用感兴趣的人物和公司。

OCCRP 的成立背景之一是全球洗钱和腐败问题的日益网络化和规模化。OCCRP 的信念是："需要一个网络来对抗一个网络。"通过发展和装备全球调查记者网络并发表他们的故事，OCCRP 揭露犯罪和腐败，致力于赋权公众，推动对权力的问责。OCCRP 通过其全球网络，利用先进的数据平台 Aleph 收集和分析海量数据，以支持其深入调查。Aleph 平台的资料来源非常广泛，专注于收集能够帮助追踪资产和公司所有权、政府开支以及具有新闻价值的个人及团体信息。此外，OCCRP 还导入泄露的档案和与新闻有关的企业数据。这一平台不仅提升了调查效率，还增强了调查记者对复杂跨国犯罪的应对能力。

OCCRP 的工作已经对全球有组织犯罪和腐败问题产生了深远影响。通过对洗钱、腐败和有组织犯罪的深入调查，OCCRP 揭露了全球范围内隐藏的非法活动，并使得公众对这些问题有了更清晰的认识。OCCRP 的调查报道促使多国政府加强了对金融犯罪的打击力度，并推动了国际社会对透明度和问责制的重视。

OCCRP 及其网络中其他组织和记者通过努力，揭露了一系列重大案件，包括全球范围内的洗钱网络、政治腐败以及企业非法行为。这些调查不仅引发了公众的强烈反应，也促使相关国家和地区的法律与监管机制得以改进。OCCRP 是现代调查性新闻在打击有组织犯罪和腐败方面的一个典范。通过创新的数据平台和全球网络，OCCRP 成功地揭露了复杂的犯罪网络，并为全球反腐败和打击有组织犯罪做出了重要贡献。OCCRP 的工作不仅显示了调查性新闻在揭露真相和追究权力责任方面的力量，也为未来的新闻工作者提供了一个强有力的合作与技术支持平台。

（四）全球金融诚信组织

全球金融诚信组织（Global Financial Integrity，GFI）是一家总部位于美国华盛顿特区的非营利性研究和倡导机构，致力于研究和打击非法资金流动、逃税、洗钱及其他跨境金融犯罪。GFI 成立于 2006 年，其主要目标是通过推动政策改革和提高全球金融透明度，减少发展中国家和新兴市场的非法资金外流。

1. 使命与愿景

GFI 的使命是通过研究、倡导和政策建议，减少全球非法资金流动，提升国际金融系统的透明度、公正性和完善问责制。GFI 的愿景是营造一个更加公平和透明的全球金融环境，让非法资金流动得到有效遏制，各国能够充分利用其资源促进经济发展和社会进步。

2. 主要职能和工作领域

（1）研究与分析。GFI 专注于收集和分析全球非法资金流动的数据，发布年度报告和专题研究。这些报告量化了非法资金流动的规模，揭示了其对发展中国家经济和社会的影响。GFI 的研究表明，每年有数千亿美元的资金通过逃税、腐败、非法贸易等渠道从发展中国家流出，这严重削弱了这些国家的发展潜力和财政能力。

（2）提出政策建议。基于其研究，GFI 向各国政府、国际组织和政策制定者提出建议，旨在提升金融透明度、打击逃税避税和洗钱活动。GFI 提倡的政策建议包括：推广和实施《共同申报准则》（CRS），以便实现跨国税务信息的自动交换；提升受益所有权透明度，确保公司和信托的实际控制人身份公开；推动国际会计标准的改革，以提高公司财务报告的透明度；强化对非法金融活动的监管，加强对洗钱和非法贸易的审查。

（3）倡导与教育。GFI 通过举办研讨会、培训和公共活动，提高公众和政策制定者对非法资金流动危害的认识。GFI 还与媒体合作，通过新闻报道和宣传活动揭露金融腐败和非法活动的实际案例，推动公众意识提升和政策变化。

（4）推动国际合作。GFI 与其他国际组织、民间社会团体、政府机构以及学术研究机构合作，建立网络和联盟，共同应对全球非法金融流动问题。GFI 的合作伙伴包括透明国际、税收正义网络（TJN）等组织。

3. 关键报告和影响

GFI 发布的年度报告，如《非法资金流动报告》（*Illicit Financial Flows Report*），已经成为全球了解非法资金外流问题的重要参考。这些报告通过量化非法资金流动的规模，揭示了资金流失对发展中国家造成税基侵蚀、公共服务削减、贫困加剧等一系列负面影响。此外，GFI 的研究也常被国际货币基金组织（IMF）、世界银行和联合国等机构引用，用于制定政策和评估全球金融稳定性。通过这些努力，GFI 致力于推动国际社会在打击金融犯罪和增强全球经济公平性方面取得了实质性进展。

（五）税收正义网络

税收正义网络（Tax Justice Network，TJN）是一个国际性非政府组织，成立于 2003 年，总部设在英国。TJN 的主要目标是通过倡导税收公平和透明，打击全球避税、逃税和不公平的税收制度，推动社会经济的平等和正义。TJN 关注跨国公司、富裕个人和避税天堂对全球税收公平性构成的挑战，并致力于通过研究、政策建议、公共倡导等方式推动国际税收改革。

1. 主要职能和工作领域

（1）研究与报告。TJN 开展深入研究，揭示和分析全球税收不公现象，尤其是跨国公司利用复杂的财务安排和避税天堂来减少其税负的行为。TJN 定期发布报告，如《金融保密指数》（*Financial Secrecy Index*）和《避税天堂指数》（*Corporate Tax Haven Index*），这些报告提供了有关国家和地区在税务透明度、金融秘密和避税政策方面的信息和排名。

（2）提出政策建议。TJN 向各国政府和国际机构提供政策建议，以促进税收透明和公平。TJN 倡导的政策建议包括：建立强制性的国家间税务信息自动交换制度，以打击跨境逃税；强化对跨国公司利润转移的监管，确保公司税缴纳在其实际经营和产生利润的国家和地区；公开公司受益所有权信息，以揭露隐藏在复杂公司结构背后的真实控制人；采用全球最低企业税率，防止国家间的税收竞争和"向底层竞争"的现象。

（3）倡导与公众教育。TJN 通过各种媒体平台、研讨会和公共活动，教育公众和政策制定者有关全球税收不公的影响。TJN 致力于提高人们对避税天堂、税务隐私和不公正税收体系问题的认识，推动民众要求实施更公平和透明的税收政策。

（4）推动国际合作。TJN 与全球多个非政府组织、民间社会组织、政府机构以及国际组织合作，建立网络和联盟，共同应对全球税收正义问题。通过这些合作，TJN 推动了相关政策变革和全球税务制度的改革。

2. 关键项目和倡议

（1）金融保密指数（FSI）。TJN 开发了《金融保密指数》，这是一个评估全球各国和地区在税务透明度和金融保密性及排名方面的工具。FSI 根据一系列指标，如银行保密、公司透明度和司法合作，来衡量一个国家或地区为逃税和洗钱提供便利的程度。

（2）避税天堂指数（CTHI）。TJN 推出了《避税天堂指数》，该指数评估全球各国和地区在企业税务规避方面的表现并进行排名。CTHI 根据各国的税收政策、透明度标准和对税基侵蚀与利润转移（BEPS）措施的实施情况，来评估其对全球税收公平性的影响。

（3）税收正义宣言。TJN 与全球多个组织合作，倡导"税收正义宣言"（Tax Justice Pledge），鼓励个人、公司和政府承诺支持更公平的税收制度。通过这一倡议，TJN 希望推动全球范围内的税收改革，减少税收不公对社会的负面影响。

3. 使命与愿景

TJN 的使命是推动全球税收制度的正义性，确保税收系统在全球范围内的公平和透明。TJN 认为，税收是实现社会公平和经济发展的基本工具，应该得到更公平的设计和执行。TJN 的愿景是"一个世界"，各国都能够有效地对财富和收入征税，从而缩小贫富差距，促进可持续发展，保障公共服务和社会福利。

四　国际组织之间的合作

在全球化日益深入的背景下，国际组织之间的合作已经成为应对复杂全球性问题的关键策略，特别是在打击腐败和洗钱方面。多个国际组织之间的紧密合作，不仅增强了各自的能力，也推动了全球反腐败运动的发展。这种合作展现了全球治理中"协作"的重要性，尤其是在应对跨国犯罪和腐败问题上。

（一）合作的内容

国际组织之间的合作主要体现在资源共享、信息交换、联合行动以及平台建设等方面。合作并不限于同一类型的组织之间，还包括不同性质的国际组织之间。例如，有政府间组织（如金融稳定理事会、国际清算银行等）与非政府组织（如国际调查记者同盟、透明国际等）的合作。这种跨组织、跨领域的合作，使得反腐行动更具全球性和综合性。

1. 资源共享与联合调查

近年来，大规模的全球性调查，如"巴拿马文件""天堂文件""FinCEN 文件"的曝光，都是多个国际组织、媒体平台和记者网络共同努力的成果。例如，"巴拿马文件"的调查由国际调查记者同盟（ICIJ）牵头，联合有组织犯罪和腐败报告项目（OCCRP）以及全球数百名记者，深入挖掘离岸金融中心的秘密。这种合作不仅加快了信息的整理和发布，也扩大了调查的影响力，推动了全球范围内的反腐败行动。

　　国际组织之间的合作在全球反腐败和打击洗钱方面发挥了关键作用。例如，国际调查记者同盟（ICIJ）与全球多个媒体网络合作，披露了"巴拿马文件""天堂文件""FinCEN 文件"等，推动了多国的立法改革。透明国际（TI）与反洗钱金融行动特别工作组（FATF）及 OCCRP 等组织合作，通过全球反腐败联盟（GACC）揭露了全球洗钱和腐败网络，促使多国加强金融监管。欧洲刑警组织（Europol）与 OCCRP 在打击跨国犯罪方面的合作，揭露了复杂的洗钱网络，并推动欧洲国家加强对银行系统的监管。这些合作不仅增强了各组织的能力，还形成了一个强大的全球网络，有效应对跨国犯罪和腐败问题，推动了全球治理的发展。

2. 平台建设与合作机制

　　除了临时性合作项目，国际组织还通过分析各自的优势，建立了更为稳定的合作机制和联盟关系。例如，全球反腐败联盟（GACC）是透明国际（TI）与 OCCRP 联合开展的反腐败项目，聚集了 OCCRP 的调查能力和透明国际的倡导能力。这一联盟不仅在揭露全球范围内的腐败问题上取得了显著成效，还推动了政策改革和立法。GACC 通过全球调查记者网络收集的证据，为透明国际在全球范围内推动反腐败运动提供了坚实的基础。

（二）合作的意义与影响

1. 国际组织之间的合作反映了全球反腐败行动的战略转型

　　过去，反腐败行动往往是孤立、分散的，难以应对跨国腐败网络的复杂性。而如今，随着国际组织之间的合作，这些行动变得更加协调和有效。联合国教科文组织定义的调查性新闻，也强调了"系统化、深入的调查与报道"对揭露隐藏的腐败行为的重要性。这种合作不仅在揭露真相方面发挥了重要作用，而且通过推动立法和政策改革，使得全球治理更加透明和负责任。

　　国际组织之间的合作，特别是在打击腐败和洗钱方面的合作，体现了全球治理中协作的重要性。通过资源共享、联合行动和平台建设，不同性质的国际组织能够在全球范围内形成合力，共同应对复杂的跨国问题。这不仅增强了各组织的能力，也推动了全球反腐败运动的发展。在未来，随着全球化的进一步发展，国际组织之间的合作将变得更加频繁和深入，成为全球治理的重要支柱。

2. 一些政府试图通过影响这些组织达到政治目的

近年来，随着全球信息传播和舆论的重要性日益提升，各国政府逐渐意识到这些调查记者以及相关组织在反腐败、反洗钱方面的重要性。也有一些国家意识到渗透这些组织可以达到某些政治目的。因此，一些政府以及相关机构愈发关注并试图通过各种手段影响调查记者及其参与的组织，以实现自身的政治目标。例如，美国国家民主基金会（National Endowment for Democracy，NED）参与了对国际公共利益媒体基金等机构的资助和相关活动。

（1）美国国家民主基金会（NED）

NED 被我国外交部定义为美国政府的"白手套"，长期以来，NED 打着"促进民主"的幌子，颠覆他国政权，干涉别国内政，煽动分裂对抗，蛊惑干扰舆论，实施思想渗透。[①] NED 是一个长期以"促进民主"为名，实际上进行干涉他国内政和颠覆合法政府的工具。NED 通过资助各类非政府组织和"民主运动"，推动亲美傀儡势力上台。NED 不仅依靠白宫和国会的资金支持，还直接执行美国政府的指令，以实现美国在全球的战略利益。

NED 自成立以来，频繁参与所谓的"颜色革命"，包括苏联解体、格鲁吉亚"玫瑰革命"、乌克兰"橙色革命"，以及"阿拉伯之春"等。在这些活动中，NED 通过资金支持、培训、策划和宣传等手段，扶植反对派势力，煽动社会动荡。其创始人艾伦·温斯坦曾坦言，NED 在做的事情与几十年前的美国中央情报局相似，这使得 NED 被称为"第二中情局"。

此外，NED 在中国香港、新疆和西藏等地的活动也受到广泛关注。通过资助分裂势力和反政府团体，NED 试图破坏中国的主权与稳定。

在全球范围内，NED 的活动已引发众多国家的不满和反对。俄罗斯、

---

① 外交部：《美国国家民主基金会的所作所为及真实面目》，2022 年 5 月 7 日，
https：//www.mfa.gov.cn/zyxw/202205/t20220507_ 10683088.shtml。

古巴、委内瑞拉等国家都公开谴责 NED 的颠覆活动，并采取了限制措施。中国也明确指出，NED 的行为是在打着民主旗号进行反民主的行动，破坏国际关系的正常发展。①

（2）国际公共利益媒体基金（International Fund for Public Interest Media，IFPIM）

IFPIM 是一个专注于支持全球范围内公共利益媒体和调查记者的基金会。该基金会旨在通过提供资金、技术支持和培训，帮助媒体组织维持独立性，开展深度调查报道，以及在经济困难和政治压力下生存和发展。IFPI 的目标是增强媒体在揭露腐败、促进透明度和完善问责制方面的能力，确保公众能够获得客观、公正和可靠的信息。通过资助调查记者和媒体机构，IFPIM 在全球范围内促进新闻自由和信息公开，为推动社会公正和民主治理做出贡献。

NED 通过资助 IFPIM，试图间接影响国际调查机制和社会组织，以实现特定的政治目标。NED 声称支持全球民主和人权，但其实际行动经常被批评为带有强烈的政治动机。通过支持 IFPIM，NED 可以利用这一平台推广符合其利益的议程，特别是在涉及地缘政治竞争的地区。

NED 通过 IFPIM 影响国际调查媒体和社会组织，有以下几个主要目标。

①争夺国际舆论战的制高点。通过支持 IFPIM，NED 可以在全球范围内资助和推广特定的报道方向和议题。例如，NED 可能资助揭露中国在发展中国家基础设施项目中的"债务陷阱"外交，批评中国的"一带一路"倡议等。这些报道旨在诋毁中国在全球的形象，特别是对于那些对中国投资和影响力日益依赖的国家。

②干涉和影响目标国家的内政。通过资助调查媒体，NED 可以在特定国家推动"民主化"议程。例如，NED 通过支持报道腐败或政府不透明的媒体，煽动人们对现有政权的不满，支持反对派势力，最终可能促成政治动荡或政权更迭。在一些国家，这种干预被视为对主权的侵犯，并引

① 外交部：《关于美国国家民主基金会的一些事实清单》，2022 年 5 月 7 日，https：// www. mfa. gov. cn/zyxw/202205/t20220507_ 10683088. shtml。

发了严重的政治和社会后果。

③对中国进行抹黑和围堵。NED 长期以来一直对中国的治理模式和政策持批评态度。通过对 IFPIM 的资助，NED 可以支持那些对中国政策进行负面报道的媒体和组织，试图塑造不利于中国的国际舆论环境。这样的战略不仅仅是为了在道德和价值观上进行对抗，更是为了削弱中国的国际影响力，使中国在全球事务中处于劣势。

④提升美国在全球事务中的道德领导地位。通过宣称支持新闻自由和民主，NED 及其支持的 IFPIM 能够塑造美国全球"民主和自由捍卫者"的形象。这种道德高地不仅有助于在与中国等国家的竞争中占据舆论优势，还能在国际社会中赢得更多的支持。

通过资助国际公共利益媒体基金，美国国家民主基金会能够巧妙地影响全球媒体议程，推动有利于美国利益的报道和舆论宣传，特别是在涉及与中国的竞争时。尽管这些资助被包装成促进新闻自由和公共利益的行为，但背后的政治动机和地缘政治考量显而易见。这种策略不仅是信息战的一部分，也是更广泛的全球战略竞争的一部分，旨在通过控制信息流向和舆论，争夺国际话语权和扩大影响力。

这些资助行为反映了各国（地区）政府利用媒体和信息传播来实现政治和外交目标的战略思维。在当今的全球信息战中，控制舆论和信息流向已成为国家权力竞争的重要手段。独立媒体和调查记者虽然在推动透明度和揭露真相方面发挥着不可或缺的作用，但他们也面临来自资助者潜在政治压力的挑战。因此，保持独立性和公正性对新闻业来说尤为重要，应确保其能够忠实地为公众利益服务，而不被政治目的所左右。

五　民间组织在反腐败和反洗钱领域的技术创新

"数据共享"（Datashare）是由国际调查记者同盟（ICIJ）开发的免费开源研究平台，旨在支持全球调查记者和研究人员进行复杂的数据分析。它能够处理数百万份不同语言和格式的文件，利用自然语言处理（NLP）和人工智能（AI）技术来提取和分析关键信息。Datashare 在 ICIJ 的重大调查项目，如"潘多拉文件"（Pandora Papers）中，发挥了关键作用，使调查团队能够快速发现和识别涉及洗钱、腐败、避税等问题的高风险个体和机构。

（一）平台背景和目标

Datashare 平台最初是为了支持 ICIJ 内部的跨国调查合作开发的，特别是处理大规模泄露数据，如"巴拿马文件"和"潘多拉文件"。这些调查涉及分析和整理数百万份文档，而这些文档通常来自多个国家，以多种格式存在。为了有效地完成这些任务，ICIJ 开发了 Datashare，使得记者能够快速搜索和分析这些数据，从而揭示隐藏的腐败和其他非法活动。如今，该平台被开放给更广泛的用户群体，包括学者、历史学家、公共机构和政府监察机构，用于各种类型的研究和信息挖掘。

（二）技术特性和功能

（1）自然语言处理（NLP）。Datashare 利用 NLP 技术自动提取文档中的命名实体，如人名、地名和电子邮件地址。它能够理解上下文，以区分同一个名字的不同含义。例如，它可以识别"帕丽斯·希尔顿"（Paris Hilton）指的是名人而不是法国的酒店。

（2）人工智能和批量搜索。Datashare 的 AI 功能使用户能够在大数据中快速找到相关的信息。用户可以一次性搜索数百万份文档，定位特定人物或事件，而不是进行烦琐的单独搜索。这种批量搜索能力在分析大量泄露文档时非常有用，可以在短时间内发现隐藏的关系和模式。

（3）开放源码和用户隐私。Datashare 是开放源码软件，这意味着它可以被全球各地的研究人员自由下载和使用。为了保护用户隐私，ICIJ 不收集下载 Datashare 的用户信息或这些用户分析的数据，这些数据安全地存储在用户的本地服务器或计算机中。

（三）广泛应用和未来发展

除了新闻调查，Datashare 还在学术研究、历史文献分析和公共政策研究中得到了广泛应用。例如，历史学家可以使用 Datashare 来处理和分析大量的历史文献，而不需要依赖大型机构的资源。Datashare 的强大处理能力使得个人研究者也能够高效地完成复杂的文档分析任务。

ICIJ 计划继续开发 Datashare，加入更多的功能，如通过 AI 技术更有效地提取特定类别的文档（例如发票或与离岸实体相关的电子邮件）。未来的开发还将关注帮助用户组织信息、建立知识库以及识别数据点之间的联系等功能。

（四）信息获取和开放协作

ICIJ 的宗旨是通过提供开放源码软件来促进信息获取，使记者和研究人员能够更有效地揭露不当行为。这种技术开放不仅支持了 ICIJ 自身的调查工作，还帮助其他组织在各自的地区内开展反腐败和履行透明度倡议，推动全球范围内的辩论。

通过 Datashare 的持续发展，ICIJ 希望进一步推动跨界合作，利用技术创新来支持全球的反腐败和信息公开工作。[①]

六　社会力量对离岸金融体系监管和改革的贡献

调查记者主要针对特定案件进行追踪，或对某些数据进行披露。学者对这些问题有系统研究并针对洗钱的根本立法、技术创新、多边合作等问题提出建议。例如，在离岸金融体系的改革和监管方面，社会力量提出了多项具体的措施和倡议，这些措施和倡议不仅针对当前离岸金融体系中的漏洞，还旨在提高全球金融透明度和打击洗钱等非法活动。

（一）受益所有权透明度

受益所有权透明度（Beneficial Ownership Transparency，BOT）是社会力量推动的关键改革内容之一。BOT 的目标是确保公司、信托等法律实体的真正所有人信息公开透明，从而防止这些实体被滥用于洗钱、逃税和其他非法活动。FATF 等国际组织在推动这一改革中发挥了重要作用，并

---

① Tracie Mauriello, "We Wouldn't Have Been Able to do Pandora Papers without It: The Powerful Platform behind ICIJ's Biggest Investigations," October 3, 2023.

制定了相关标准。多个国家已经建立了受益所有权登记制度，这些制度要求公司向当局提供真正的所有者信息，以供执法机构和监管机构查阅。例如，美国的《企业透明法案》（CTA）要求对公司的受益所有权信息进行集中登记，供执法部门使用。登记制度旨在打击非法资金流动，创造一个更加透明和负责任的商业环境。

（二）全球资产登记册

透明国际等组织提出了全球资产登记册（Global Asset Register，GAR）的构想，该登记册将记录全球财富和资产的分布及其真正的受益人。全球资产登记册旨在通过提供集中化的信息资源，使各国和国际当局能够有效地制定税收政策，并解决全球不平等现象。这个机制将全球各地的国家（地区）资产登记处连接起来，为监管当局提供详细的数据支持，从而更好地理解和治理全球财富分布的不平衡。

这些社会力量的倡议和措施在离岸金融体系的改革中起到了关键作用。通过提高透明度、建立全球性的登记系统以及加强国际合作，限制非法活动的空间，营造更公平和透明的全球金融环境。

第八章　美国在反洗钱和离岸金融体系治理方面的措施

美国在全球离岸金融体系中的作用既复杂又矛盾。一方面，美国推动实施了一系列旨在提升全球金融透明度和打击非法金融活动的立法和监管措施；另一方面，美国自身通过其宽松的法律体系吸引了大量国际资金，使其成为全球重要的避税天堂之一。

一　美国的立法和监管措施

（一）推动透明度改革相关立法

美国的反洗钱和反腐败法律体系经历了数十年的发展，从 1970 年的《银行保密法》（*Bank Secrecy Act*，BSA），到 2001 年的《爱国者法案》（*Patriot Act*），再到 2020 年《国防授权法案》（*National Defense Authorization Act*，NDAA）中的《反洗钱法案（2020）》（*Anti-Money Laundering Act of 2020*，AMLA 2020），逐步形成了一个综合性的法律框架，用以应对不断演变的金融犯罪威胁。每一个法案的出台不仅是对此前法律的补充和扩展，也是为了应对特定历史背景下的新挑战，构建了一个层层递进、环环相扣的法律体系。

为了更加详细地展示美国反洗钱、反腐败和应对其他金融犯罪的法律演变，本章将对每一个重要法案进行深入分析，涵盖其背景、推动力、目的以及对法律体系的贡献。具体将从 1970 年的《银行保密法》开始，一直到 2020 年的《反洗钱法案（2020）》，详细阐述每个法案的细节和其在美国反洗钱、反腐败框架中的位置。

1. 1970 年《银行保密法》(*Bank Secrecy Act*, BSA)

(1) 背景与推动力

《银行保密法》(BSA) 是美国反洗钱法律体系的奠基石，发布于1970 年。当时，美国正面临日益猖獗的毒品交易和有组织犯罪问题，尤其是在非法资金的洗钱过程中，金融机构被广泛利用。美国政府意识到，缺乏对大额金融交易的监控使得犯罪分子能够轻易地通过金融系统将非法所得合法化。因此，BSA 应运而生，旨在提高金融系统的透明度和可追溯性。

(2) 内容与目的

BSA 要求金融机构记录并报告大额现金交易，特别是涉及 1 万美元及以上的现金交易。该法案的核心目的是通过强制性记录和报告制度，为执法机构提供必要的信息，以识别和打击洗钱行为。金融机构需要保存客户身份、交易详情等信息，并向美国财政部的金融犯罪执法网络（FinCEN）提交可疑活动报告（SAR）。

(3) 作用与贡献

BSA 为后续的反洗钱立法奠定了基础，是美国乃至全球反洗钱制度的基石。它首次确立了金融机构在预防洗钱中的责任，为执法机构提供了追踪非法资金流动的工具。通过 BSA，执法机构能够更有效地识别和打击洗钱活动，阻止非法资金进入合法经济体系。

2. 1977 年《海外反腐败法》(*Foreign Corrupt Practices Act*, FCPA)

(1) 背景与推动力

FCPA 是在一系列针对美国公司在国际商业活动中的腐败行为被曝光的背景下制定的。20 世纪 70 年代中期，美国几家大公司被指控通过向外国政府官员行贿获得有利的商业合同。为了维护国际商业公平性和提高全球商业道德标准，美国国会通过了 FCPA。

(2) 内容与目的

FCPA 禁止美国公司和个人向外国官员行贿以获取或保留业务。该法案还要求公司保持准确的财务记录和内部控制系统，以防止贿赂行为发生。FCPA 的主要目的是打击跨国商业中的腐败行为，维护国际商业的诚信和透明度。

（3）作用与贡献

FCPA 是全球范围内反腐败立法的先驱，促使其他国家也开始制定类似法律，进而形成了国际反腐败斗争的共同框架。该法案的实施不仅提高了美国公司的国际竞争力，也为全球商业环境的改善做出了重要贡献。

3. 1986 年《洗钱控制法》（*Money Laundering Control Act*，MLCA）

（1）背景与推动力

20 世纪 80 年代，美国毒品交易愈演愈烈，与此同时，洗钱行为也变得更加复杂和隐蔽。尽管 BSA 已经确立了金融机构的报告义务，但缺乏直接针对洗钱行为的刑事制裁手段。为了解决这一问题，1986 年，美国通过了《洗钱控制法》（MLCA），使美国成为第一个将洗钱行为刑事化的国家。

（2）内容与目的

MLCA 明确规定，任何人只要参与洗钱行为，即通过金融交易掩盖、隐瞒非法所得的真实来源，即构成联邦犯罪。该法案还赋予执法机构更广泛的调查和起诉权力，使其能够更有效地追查和打击洗钱行为。MLCA 的目标是通过提升刑事制裁的威慑力，减少犯罪分子利用金融系统进行洗钱的机会。

（3）作用与贡献

MLCA 大幅提升了美国打击洗钱犯罪的能力，它不仅强化了执法的法律依据，还鼓励国际社会采取类似措施，推动了全球反洗钱法律的普及。该法案的通过标志着美国在反洗钱立法上取得了重大进步，推动了全球范围内对洗钱犯罪的重视。

4. 1988 年《反毒品滥用法》（*Anti-Drug Abuse Act*）

（1）背景与推动力

随着毒品危机在美国的蔓延，政府对毒品相关犯罪的打击力度不断加大。制定《反毒品滥用法》是里根政府为应对毒品泛滥所采取的全面立法行动之一。该法案的核心在于加强对毒品犯罪的惩罚，同时也意识到洗钱行为是毒品犯罪的重要组成部分，因此需要进一步强化反洗钱措施。

（2）内容与目的

该法案扩大了对洗钱犯罪的打击范围，特别是在毒品相关的洗钱活动中，增加了对金融机构的合规要求。它要求金融机构报告所有可疑的大额现金交易，尤其是与毒品交易相关的资金流动。这一措施旨在切断毒品犯罪的资金链条，从源头上打击毒品交易。

（3）作用与贡献

《反毒品滥用法》有效地结合了反毒品和反洗钱的努力，进一步加强了对金融机构的监管力度。这一法案的实施增强了金融机构在打击毒品相关洗钱活动中的作用，促使更多的可疑交易被披露并报告给执法机构。

5. 1992 年《阿农齐奥-怀利反洗钱法》（*Annunzio-Wylie Anti-Money Laundering Act*）

（1）背景与推动力

进入 20 世纪 90 年代，金融犯罪的形式愈发多样化和复杂化，特别是在国际恐怖主义和跨国犯罪势力抬头的背景下，洗钱行为成了全球性的问题。美国国会通过制定《阿农齐奥-怀利反洗钱法》作为应对这一新形势的立法措施，旨在进一步提升金融系统的透明度和合规性。

（2）内容与目的

该法案严格了金融机构对客户的尽职调查要求，并规定银行必须对可疑活动进行监控和报告。同时，法案也规定了金融机构在违反反洗钱规定时将面临更严厉的处罚。此外，法案还引入了针对银行高管的个人责任，要求他们确保所在机构严格遵守反洗钱法规。

（3）作用与贡献

《阿农齐奥-怀利反洗钱法》强化了金融机构在打击洗钱中的前线作用，特别是通过强化对客户的尽职调查和可疑活动报告机制，提高了洗钱行为的发现率。这一法案进一步完善了美国的反洗钱法律框架，并推动了国际反洗钱标准的制定。

6. 1994 年《禁止洗钱法》（*Money Laundering Suppression Act*）

（1）背景与推动力

随着金融犯罪手段的不断发展，美国政府认识到需要统一各州的反洗钱措施，以确保全国范围内对洗钱行为的有效打击。《禁止洗钱法》应运而生，旨在统一和强化州与联邦政府之间的合作，确保反洗钱法律的有效实施。

（2）内容与目的

该法案要求每个州都制定和执行反洗钱计划，并对金融机构施加更严格的报告义务。特别是要求金融机构在发现可疑交易时立即向政府报告，同时也规定了对不合规行为的处罚措施。该法案的目的是通过州与联邦政府的合作，确保全国范围内的反洗钱工作统一进行。

（3）作用与贡献

《禁止洗钱法》推动了美国各州在反洗钱领域的合作，确保了全国范围内反洗钱措施的统一性和一致性。该法案的实施增强了美国金融系统的整体防护能力，减少了州与州之间法律执行的差异，为打击跨州洗钱活动提供了更有力的法律支持。

7. 1998 年《洗钱和金融犯罪战略法》（*Money Laundering and Financial Crimes Strategy Act*）

（1）背景与推动力

进入 20 世纪末，全球化的推进和金融创新的快速发展，使得跨国金融犯罪日益复杂。美国政府需要一种更为综合的法律框架来应对这些新挑战。1998 年的《洗钱和金融犯罪战略法》就是在这一背景下制定的，旨在通过跨部门合作，制定和实施全国范围内的反洗钱战略。

（2）内容与目的

该法案要求美国财政部制定一项全国性反洗钱战略，并成立专门的任务小组，以协调各联邦、州和地方政府之间的合作。法案还规定了对金融犯罪的预防措施，并要求加强对高风险地区的监控，其目的是通过全面战略的实施，减少金融犯罪的发生，提高执法的效率。

（3）作用与贡献

《洗钱和金融犯罪战略法》通过建立一个统一的反洗钱战略框架，极大地提升了美国在打击金融犯罪方面的协调和合作能力。它确保了各级政府之间的信息共享和资源整合，推动了全国范围内反洗钱工作的有效实施。

8. 2001 年《爱国者法案》(*Patriot Act*)

（1）背景与推动力

2001 年 9 月 11 日的恐怖袭击事件极大地改变了全球安全形势，也暴露了金融系统在反恐怖主义融资方面存在薄弱环节。为了应对这一挑战，美国迅速通过了《爱国者法案》。该法案不仅强化了反洗钱措施，还将反恐怖主义融资纳入其法律框架，成为美国乃至全球反恐和反洗钱法律的标志性法案。

（2）内容与目的

《爱国者法案》对 BSA 进行了大规模修订，尤其是第三章"2001 年国际反洗钱和反恐怖主义融资法案"对金融机构的客户识别程序进行了强化，要求银行对外国银行的代理账户进行更严格的审查，并提高了对客户的尽职调查要求。该法案的目的是通过更严格的监管和信息共享，防止恐怖组织利用金融系统进行洗钱和融资活动。

（3）作用与贡献

《爱国者法案》大大扩展了反洗钱和反恐怖主义融资法律的适用范围，极大地增强了美国对国际恐怖主义融资的打击能力。该法案不仅为金融机构提供了更加明确的合规指导，也促进了国际合作，成为全球反洗钱和反恐怖主义融资法律的重要参考。

9.《反洗钱法案（2020）》(*Anti-Money Laundering Act of 2020*, AMLA 2020)

（1）背景与推动力

进入 21 世纪，全球金融犯罪形式日益多样化，尤其是在金融技术和虚拟货币的迅速发展下，传统的反洗钱法律面临新的挑战。与此同时，国际社会对公司透明度和信息共享的要求也在不断提高。为此，美国通过了《反洗钱法案（2020）》，这是自《爱国者法案》实施以来最为重要的反洗钱立法改革。

（2）内容与目的

AMLA 2020 包括《企业透明法案》(CTA)，要求在美国设立的公司披露其受益所有权信息，并建立一个全国性的数据库。这一法案还扩展了《银行保密法》(BSA)的适用范围，将反洗钱义务延伸至文物和虚拟货币交易领域。其主要目的是通过提高公司透明度和信息共享水平，提升美国金融体系的透明度和合规性，进一步打击利用金融系统进行的洗钱和腐败行为。

（3）作用与贡献

AMLA 2020 的通过标志着美国在反洗钱和反腐败领域进入了一个新的阶段。通过该法案，美国强化了对匿名公司和跨国金融犯罪的监管，为全球反洗钱和反腐败斗争提供了新的范例。特别是《企业透明法案》的实施，为执法机构提供了识别和打击隐藏在复杂公司结构背后的犯罪行为的重要工具。

综上所述，美国的反洗钱和反腐败法律体系从 1970 年的《银行保密法》起步，经过多次重要的立法，形成了一个综合性的法律框架，确保了美国在面对不断变化的全球金融犯罪环境时，始终保持法律体系的前瞻性和有效性。每一部法案的制定都有其特定的背景和推动力，反映了美国政府应对新兴威胁、维护金融系统安全和提升全球金融透明度的坚定决心。这些法案不仅完善了美国国内的法律框架，也为全球范围内反洗钱和反腐败法律体系的发展提供了重要的参考和支持。

（二）打造全球最大的金融保密推动者

随着全球金融体系的日益复杂化，资金的跨境流动变得更加频繁和隐秘。美国作为全球经济的引领者，长期以来在反洗钱和打击跨国腐败方面发挥着重要作用。然而矛盾的是，美国自身的金融系统，尤其是某些州的宽松法律和保密性政策，却为全球范围内的逃税、避税和洗钱活动提供了温床。

1. 金融保密体系及逃税问题

（1）美国在全球金融保密中的角色

当提到离岸金融和避税天堂时，人们往往首先会想到加勒比地区的小岛。然而，实际上美国在全球避税和金融保密问题中的角色极为关键。根据税收正义网络（Tax Justice Network）发布的《金融保密指数》（*Financial Secrecy Index*）报告，美国被列入全球最具问题的国家行列，尤其是在一些州，如特拉华州、内华达州和怀俄明州，金融保密制度极大地助长了财富隐藏和逃税行为。

特拉华州、内华达州和怀俄明州以其宽松的公司注册法律著称，允许创建匿名公司和信托，确保资产所有者及其财务信息处于保密状态。怀俄明州尤为引人关注，因为它允许私人公司由家庭成员控制并作为信托的管理人，这使得客户能够对资产进行完全控制，同时享受高度的保密性。这些州的政策使得美国成为全球较容易注册空壳公司和隐藏财富的地方之一。

（2）逃税导致的全球性税收损失

根据研究，每年因非居民利用美国金融系统逃税而导致的全球税收损失约200亿美元。2020年，美国因其国内税务漏洞就损失了超过6000亿美元税收。美国财政部部长耶伦在2021年民主峰会上曾强调，美国金融系统的漏洞不仅被外国犯罪分子所利用，也为国内企业和个人的逃税行为提供了便利。美国的金融保密政策，尤其是在特定几个州的宽松法律环境下，极大地削弱了全球打击逃税行为的努力。

这种现象并不局限于美国国内，其对全球税收系统的冲击也很明显。在全球其他避税天堂变得更加透明的背景下，美国的金融保密体系反而变得更加隐秘。例如，瑞士等传统避税地已经开始改革，提升金融透明度，但美国未加入经济合作与发展组织（OECD）的"共同申报标准"（CRS），这使得美国成为全球逃税资金的"安全港"。

2. 美国金融系统中的漏洞

（1）特拉华州、怀俄明州和南达科他州的法律漏洞

特拉华州以其宽松的公司注册规定和高度保密的金融制度闻名。该州的公司注册费用和税收政策对全球企业非常有吸引力，导致大量匿名公司在该州注册。特拉华州最大城市威尔明顿的一栋建筑曾一度成为近30万家公司的"法律地址"，充分显示了该州在公司注册方面的繁荣。

匿名公司的存在带来了一系列严重问题。除了逃税之外，许多公司还被用于不透明的政治捐款以及非法活动的资金掩盖。2016年"巴拿马文件"泄露事件揭示了大量在美国注册的空壳公司涉及全球范围内的财务犯罪和非法资金流动。美国司法部助理部长兰尼·布鲁尔指出："空壳公司是洗钱和犯罪收益的首要工具，这个问题必须得到遏制。"

怀俄明州和南达科他州也成了重要的避税和财富隐匿地。怀俄明州允许创建家庭信托，这些信托通常由家庭成员控制，确保资产所有者对其财产拥有绝对的控制权，并提供高度的保密性。这使得该州成为国际客户隐匿资产的理想选择，尤其是在全球其他传统避税天堂逐渐开放金融信息的情况下。

南达科他州则因其对信托产业的保护而成为全球财富管理的中心之一。该州不征收公司或个人所得税，且对金融机构征收的税款极少。信托公司可以将资产从一个有税收义务的司法管辖区转移到没有税收的地方，而且南达科他州也不会向其他州分享有关信托的信息，这进一步增加了全球金融透明度的挑战性。

（2）美国未加入"共同申报标准"（CRS）

美国拒绝加入经合组织制定的"共同申报标准"（CRS），使其金融体系对全球逃税者极具吸引力。CRS要求各国自动分享其金融机构关于其他国家居民的财务信息，旨在打击跨国逃税和洗钱行为。然而，美国并未参与这一全球标准，反而通过其自身的《外国账户税收遵从法案》（FATCA），仅要求美国纳税人报告他们的外国资产，而不对外国客户的美国账户信息进行披露。

这一双重标准使得美国成为全球逃税和隐藏财富的重要地区。随着全球其他地区的金融透明度逐步提高，美国的金融系统反而成了隐藏非法资金和逃税行为的安全避风港。

3. 反洗钱体系中的问题

（1）空壳公司的普遍存在

美国每年注册的公司（包括匿名和公开公司）数量超过其他任何一个司法管辖区。特拉华州是公司注册的核心区，其注册公司数量甚至超过了该州的人口。这种空壳公司的大规模存在助长了洗钱和逃税行为的蔓延。

这些空壳公司常常被用来掩盖非法活动的收益，包括香烟走私、武器交易以及毒品贩运等。由于空壳公司能够轻松地在美国注册，并且不需要提供过多的个人信息，犯罪分子可以轻松利用它们将非法资金合法化。

（2）金融透明度的缺失

美国金融体系中的保密性和匿名性为全球非法资金流动提供了便利。

2016年的"巴拿马文件"泄露事件揭示了美国金融系统中存在的重大问题，尤其是在空壳公司和匿名信托的注册方面。正如美国司法部助理部长兰尼·布鲁尔所指出的，这些公司的存在严重威胁了全球打击洗钱和腐败行为的努力。

美国在打击洗钱方面虽然出台了多项法律，如《反海外腐败法》（FCPA）和《外国账户税收遵从法案》（FATCA），但其国内金融系统中的漏洞依然巨大，特别是在州一级的公司注册和信托法方面，这些漏洞使得美国无法有效应对全球范围内的非法资金流动。

4. 面临的挑战与未来展望

（1）全球金融透明度的压力

随着全球金融体系的日益透明化，传统避税天堂如瑞士、巴哈马等地已经开始提升金融透明度，分享国际金融信息。然而，美国却因其国内的金融保密法律，尤其是在特拉华州、怀俄明州和南达科他州等州，逐渐成为全球财富管理者的避税天堂。美国未加入"共同申报标准"，进一步削弱了全球打击逃税和洗钱行为的努力。

（2）政策改革的必要性

为了应对全球范围内的避税和洗钱问题，美国需要在金融保密和公司注册法规上进行重大改革。尽管美国政府推出了《企业透明法案》（CTA），要求公司披露其实际所有者信息，但各州之间的法律差异仍然是亟待解决的问题。联邦政府应加强对州一级金融制度的监管，防止这些州成为全球逃税和洗钱的避风港。

总的来说，美国在全球金融体系中扮演着双重角色，一方面通过推动反腐败和反洗钱政策积极参与全球治理，另一方面其国内某些州的金融保密政策却使其成为全球较大的金融保密中心之一。

（三）率先推动全球反腐败

除了金融保密和透明度之外，美国在跨国反腐败方面的政策也比较矛盾。美国一方面确实在推动全球反腐败战略，另一方面也将其用作大国竞争的手段。这两方面实际存在一定悖论。

美国的反腐败战略有着深厚的历史根基，早在20世纪70年代，美国就通过《海外反腐败法》（FCPA）确立了全球首个针对跨国腐败行为的立法。FCPA 的颁布标志着美国反腐败行动的开始，尤其是在全球商业活动中，针对公司和个人的贿赂行为进行了严格规范。这一法案旨在打击美国企业在海外贿赂外国官员以获取商业合同的行为，旨在维护公平的全球商业环境。

近年来，随着全球化进程的加速，腐败问题也日益呈现跨国、复杂和网络化的趋势。跨国公司、洗钱活动、匿名公司结构的兴起，以及互联网技术的发展，使得腐败和洗钱行为的发现和打击变得更加困难。这些因素迫使美国重新审视其反腐败战略，并在全球反腐败行动中扮演了更加重要的角色。

2021 年 12 月，美国总统拜登发布了《美国反腐败战略》，这是美国首次将反腐败提升到国家安全战略的高度。拜登政府认为，腐败不仅仅是经济问题，更是威胁全球和平与安全的重大隐患。腐败削弱了国家治理，破坏了法治，加剧了贫困与社会不公，甚至在某些情况下，还可能成为引发冲突的导火索。因此，反腐败行动成为美国国家安全战略的核心组成部分。

2021 年《美国反腐败战略》的出台最初是由一群来自世界各地的调查记者、反腐机构和智库学者推动的，可以说这是一个自下而上的公民运动的成果。这些记者和学者通过深入调查和研究，揭露了全球腐败的广泛性和深层次影响，并引发了公众的关注。这一小批人最初推动了更多学者和普通民众的参与，使腐败问题逐渐进入公共讨论的中心，最终引起了部分政客和政策制定者的重视，从而促成了国家层面的反腐败战略出台。

反腐败运动的初步推动始于 2015 年左右，当时许多调查报告和新闻揭露了腐败与不法行为对全球治理的严重影响。这些调查报道，如"巴拿马文件"，揭露了全球范围内隐藏财富和避税的复杂网络。这成为公众讨论和抗议的催化剂，一些反腐败倡导者利用这些报道，将腐败问题与国家安全联系起来，强调腐败不仅是一个道德或经济问题，甚至会威胁全球稳定和美国的国家利益。

其中，哈德逊研究所是较早关注腐败问题的智库之一。2017 年，少数学者提出了"盗国者"这一概念，指出腐败的统治和滥权行为正在破坏全球安全。这些学者呼吁将打击腐败和应对盗贼统治作为美国外交政策的优先事项。他们在当时的报告中强调，腐败不仅仅在经济层面产生负面影响，还可能削弱国家制度，并破坏全球规则秩序。这一研究在学术界和政策圈中产生了重要影响，促使更多决策者认识到腐败治理的紧迫性。

这些倡导者和学者的共同努力逐步演变为一个系统的国家战略。记者们通过揭露腐败的具体案例和背后的利益链条，使得普通公众对腐败问题有了更加清晰的认知。同时，反腐机构和学者通过研究和政策建议，推动了腐败问题从社会问题逐步上升为国家安全问题。各类智库通过论坛、报告和媒体宣传，广泛推广治理腐败的必要性，并提出了具体的应对措施。

这些自下而上的推动逐渐得到了政治家和政策制定者的关注。在公众和专家的共同推动下，美国政府认识到腐败问题对国家安全的威胁，从而将其纳入国家安全战略，并在2021年形成了《美国反腐败战略》。这个战略不仅是政府的行动指南，更是全球反腐力量的集结，反映了公民社会、学术界和政府之间的合作与互动。

总结来看，《美国反腐败战略》的形成不仅仅是自上而下的政策制定，它背后有着来自公民社会、调查记者和智库学者的长期努力和推动。可以说，这一战略是自下而上的公民运动的成果，通过公众的参与和倡导，腐败问题从社会层面上升到了国家安全的高度，最终促成了国家政策的转变和《美国反腐败战略》的出台。

1. 战略目的

《美国反腐败战略》的核心目的是应对腐败给国家安全、经济发展和全球治理带来的威胁。该战略的主要目标包括以下几个方面。

（1）保障国家安全。腐败行为削弱了国家治理能力，并对法治构成了威胁。腐败不仅破坏了公共信任，还可能助长极端主义和恐怖主义。因此，美国将反腐败视为国家安全的一个重要组成部分，旨在通过打击腐败来维护国家的安全与稳定。

（2）促进全球经济公平。腐败行为使得合法企业无法公平竞争，削弱了经济增长的潜力。通过打击跨国腐败，美国希望建立一个更加透明和公平的全球经济秩序，鼓励负责任的商业行为。

（3）加强国际合作。腐败问题具有跨国性质，美国在推动开展国内反腐败行动的同时，也将反腐败作为外交政策的重要组成部分。通过与国际社会的合作，美国希望形成全球反腐败联盟，共同应对腐败带来的挑战。

（4）提高政府透明度和完善问责制。腐败破坏了公共信任，因此提高政府透明度和完善问责制是反腐败战略的重要组成部分。美国通过推动国内外的法律和制度改革，确保公共资源的使用透明、可问责，并打击那些滥用职权、贪污腐败的官员。

2. 参与部门和机制

为确保《美国反腐败战略》的有效实施，美国政府各部门和机构密切合作，形成了一个多层次的反腐败机制。以下是几个关键的参与部门及其在战略中的角色。

（1）美国国际开发署（USAID）。USAID 是美国负责对外援助的机构，该机构通过其反腐败中心（Anti-Corruption Center）专门推动开展反腐败行动，尤其是在低政治意愿的国家。USAID 通过提供技术援助、资金支持和能力建设，帮助发展中国家加强反腐败体系建设，推动制度和法律改革。此外，USAID 还在公共卫生、基础设施和教育等领域推动透明度和问责制建设，以防止这些关键领域滋生腐败行为。

（2）财政部（Department of the Treasury）。美国财政部在打击腐败和洗钱行为方面发挥着至关重要的作用。该部门通过反洗钱法规，尤其是《企业透明法案》（CTA），要求公司披露受益所有权信息，以防止匿名公司成为隐藏非法资金的工具。此外，财政部还与全球执法机构合作，追踪和查封腐败行为者的资产，特别是通过金融制裁来打击腐败。

（3）司法部（Department of Justice，DOJ）。司法部是执行《反海外腐败法》（FCPA）的主要机构，负责对腐败行为者进行起诉。DOJ 通过与其他国家合作，追究全球范围内腐败行为者的责任，并通过资产追回机制，将贪污所得返还给受害国。DOJ 还在海外设立常驻法律顾问，帮助其他国家提高执法和司法能力，以更好地打击腐败行为。

（4）国务院（Department of State）。美国国务院负责外交政策的制定和实施，在全球反腐败行动中发挥着协调作用。国务院通过全球反腐败协调员（Coordinator on Global Anti-Corruption），推动国际反腐败合作，并确保反腐败议题被纳入双边和多边外交政策。此外，国务院还通过签证限制和制裁，打击腐败行为者及其支持者，确保他们无法在国际社会逃避责任。

（5）联邦调查局（FBI）。FBI 通过其国际反腐败协调中心（International Anti-Corruption Coordination Centre，IACCC）与全球执法机构合作，调查和打击跨国腐败行为。FBI 还与美国司法部和财政部合作，追踪腐败行为者的非法所得，并确保这些行为者受到法律制裁。

3. 实施情况

自《美国反腐败战略》发布以来，美国政府在多个领域采取了具体行动，以确保战略目标的实现。

（1）现代化和资源配置。美国国际开发署的反腐败中心已经在多个国家推出了专门的反腐败项目，特别是在政治意愿较低的国家，推动透明度和问责制的制度化建设。该中心还加强了与非政府组织、学术界和私营部门的合作，推动开展跨部门的反腐败行动。此外，美国财政部与其他国家的财政和执法部门建立了更加紧密的合作关系，共同打击跨国腐败和洗钱活动。

（2）遏制非法资金流动。从 2024 年起，美国政府实施了新的《企业透明法案》，要求所有在美国运营的公司必须披露其受益所有权的信息。这一措施旨在防止匿名公司成为洗钱和隐藏非法资产的工具。与此同时，美国财政部还加强了对房地产市场的监管，防止腐败行为者通过房地产交易进行洗钱活动。

（3）追究腐败行为者责任。司法部在 2023 年通过多个海外腐败案件，成功追究了全球范围内多家跨国公司腐败行为的责任，并处以总计超过 5 亿美元的罚款。此外，美国政府通过对腐败行为者及其支持者实施签证限制和资产冻结，进一步增大了对腐败行为的打击力度。2023 年，超过 130 名个人或实体因涉嫌腐败行为受到制裁，涉及 17 个国家。

（4）加强多边反腐败合作。美国政府通过与国际组织和其他国家合作，推动了全球反腐败框架的完善。作为《联合国反腐败公约》（UNCAC）的缔约国之一，美国在 2023 年主办了第十届缔约国大会，并宣布了多项新的反腐败措施，包括在多个地区设立反腐败中心，帮助发展中国家提高反腐败能力。此外，美国还通过《经济合作与发展组织反贿赂公约》（*OECD Anti-Bribery Convention*），推动跨国公司提升透明度和合规性。

（5）对外援助。美国国务院和美国国际开发署通过外援项目，向多个国家提供了反腐败援助，尤其是在政府透明度、问责制和司法改革方面。2022财年，美国政府共提供了2.52亿美元的反腐败相关援助，涉及全球多个地区。此外，美国还通过培训项目，帮助发展中国家的司法和执法人员提高打击腐败的能力。

4. 面临的挑战与未来展望

尽管美国在全球反腐败行动中取得了显著成就，但仍然面临诸多挑战。首先，全球化和技术进步使得腐败行为变得更加复杂和隐蔽，特别是加密货币和匿名交易的兴起，增加了追踪非法资金的难度。其次，国际合作的复杂性也增加了打击腐败的难度。不同国家的法律制度和政治意愿存在差异，导致跨境腐败案件的调查和起诉变得更加复杂。

总的来说，美国的反腐败战略体现了国家安全、经济发展和全球治理的高度融合。通过各部门的紧密合作和国际社会的广泛参与，美国不仅提升了国内的反腐败能力，还在全球范围内推动了透明度的提升和问责制的完善。未来，美国将在现有基础上，继续推动开展全球反腐败行动，确保腐败行为者无法逍遥法外，同时为全球经济的公平和透明做出贡献。

（四）滥用反腐战略作为大国竞争工具

1. 全球金融体系中的两大基本漏洞

拜登政府在2021年12月第一届"民主峰会"上宣布了《美国反腐败战略》。2023年3月29～30日，美国与哥斯达黎加、荷兰、韩国和赞比亚共同主办了第二届"民主峰会"，并再次讨论了反腐败战略成果。

全球反腐败运动最初并非由任何政府发起，而是一场自下而上的运动，始于一系列国际调查记者和媒体发起的信息披露事件，如"潘多拉文件""巴拿马文件""天堂文件""FinCEN文件"等。参与的组织包括国际调查记者同盟（ICIJ）、有组织犯罪和腐败报告项目（OCCRP）、华盛顿邮报、卫报、南德意志报（SZ）等。通过一系列的全球曝光，这些组织揭露了全球金融系统的漏洞是如何被腐败分子利用来洗清他们的不义之财。这些数据泄露事件成功地引起了美国立法者对跨国腐败的关注，并成为推动《美国反腐战略》出台的关键因素。

对这些泄密事件分析不难发现，要有效打击跨国腐败，必须解决全球金融体系中的两大基本漏洞。

一是全球金融基础设施的漏洞。资本通过离岸金融网络轻松流动，使腐败分子能够在全球范围内转移他们的资金。离岸美元（欧洲美元，Eurodollar）市场起源于 20 世纪 50 年代，由两个主要地缘政治因素促成。一是 1956 年苏伊士运河危机导致英国失去大国地位，从而引发英镑危机，大批资金撤离英国。英国的银行家们为这个问题提供了一个解决方案，那就是构建欧洲美元市场，即离岸美元市场。在这个体系下，英国银行为非本国居民提供美元业务，其优点是，一方面因为不在美国国土，这个离岸市场不会受到美国政府的监管，另一方面因为这些服务是专门针对外国居民的，也不会被认为是在英国的管辖范围内，因此避免了英美两国的监管。第二个地缘政治因素是，冷战期间因为担心资产被美国政府没收或扣押，苏联不愿意将其美元贸易收入存入美国银行，而最终把这些美元存到了伦敦的银行。这种业务渐渐蔓延到英国的海外管辖区，如开曼群岛、巴哈马等。为了与英国银行竞争，美国银行也开始在伦敦开设分行以避免美国的监管，并建立了他们自己的离岸银行业务——国际银行设施（IBF）。现在，大约有 1/3～1/2 的美国金融业务在离岸展开。离岸金融系统在全球化时代为全球精英提供了便利的金融服务。但这些不受约束的国际资本流动也带来了一个问题，那就是帮助了非法资金在全球范围内相当自由地流动。因此，解决跨国腐败和洗钱问题需要对全球货币金融体系进行改革。

二是美国在全球金融保密方面的漏洞。近年来，美国的避税天堂发展迅速，已经抢夺了很多欧洲和加勒比地区的传统离岸中心的高净值客户。"潘多拉文件"显示，在促进非法资金流动的保密性方面，美国仅次于开曼群岛。税收正义网络发布的《金融保密指数》（*The Financial Secrecy Index*）报告将美国列为世界上最大的金融保密助推者。拥有隐蔽所有权（Concealed Ownership）的信托和公司给腐败官员秘密转移和使用资金提供了极大便利。特拉华州从 1980 年底开始，以保护资产安全作为口号向外国贪腐官员推销其"匿名空壳公司"机制。现在，特拉华州已经成为世界上最大的匿名公司的单一来源。怀俄明州也已成为世界顶级避税天堂之一，在"潘多拉文件"中，有十几个创建于怀俄明州的信托。

2. 美国政府努力渗透全球反腐败运动，将其作为大国竞争的工具

近年来，美国在修改国内法律以促进透明度和金融保密问题治理方面取得了一定进展，例如，用于打击"空壳公司""影子公司"的《企业透明法案》（CTA）于 2021 年 1 月颁布。该法案要求美国企业向财政部的金融犯罪执法网络（Financial Crimes Enforcement Network，FinCEN）报告其真正的所有者。然而，对于国际层面的全球金融体系改革，其发挥的作用乏善可陈。相反，美国政府将大部分人力物力投到了对"战略腐败"（Strategic Corruption）等概念的宣传，并试图将反腐败与民主等所谓"核心价值"联系起来。其目的是悄悄地渗透全球反腐败运动，最终使其成为美国的外交政策工具。

2020 年，几位前布什政府国家安全委员会和五角大楼的官员在《外交事务》上发文，提出了"战略腐败"这一概念，他们认为中国和俄罗斯已经将腐败"转化为国家战略的工具"。这一概念后来被《美国反腐败战略》采纳，将战略腐败定义为："一个政府将腐败行为武器化，并将其作为外交政策的主旨。"美国国际开发署（USAID）进一步阐述战略腐败"是一种由专制政权用于暗中破坏其他国家的主权的地缘政治武器"[1]。从美国政府官方描述看，他们认为战略腐败和其他普通腐败之间的主要区别有两个方面：首先，战略腐败是政治目标而非经济目标，它的目的是影响其他国家的政策或破坏其主权；其次，它经常被专制政权而不是民主政府使用。因此，这个概念从最初提出就希望跟民主等价值观联系起来。

其实，尽管战略腐败这一概念比较新，但其实质内容并不新鲜。各国政府利用秘密特工进行政治献金和贿赂官员来实现国家政治目标。这些活动通常被称为"颠覆行动"（Subversion），或"政治影响力行动"（Political Influence Operation），通常被认为是政治战，或"灰色地带行动"的一种。

---

① *USAID Anti-Corruption Policy*，USAID，December 2022，p. 4.

各国一般会通过完善本国相关法律法规，或者加强反情报工作，防止和打击这些活动。美国在1938年通过的《外国代理人登记法》（*Foreign Agents Registration Act*，FARA），以及澳大利亚在2018年底生效的《外国影响力透明度计划》（*Foreign Influence Transparency Scheme*）就属于这类法律法规。这些法规都要求个人和实体登记其代表外国政府进行的、以施加政治影响为目的的活动。

那么，为什么要用新瓶装旧酒？其目的是将"战略腐败"作为向同中国友好的共建"一带一路"国家领导人发起的宣传战、舆论战工具。用美国国际开发署署长萨曼莎·鲍尔（Samantha Power）的话说，就是他们意识到"美国在反腐领域比中国有竞争优势"[①]。她认为腐败是很多小国领导层的一个关键弱点。尽管不怕推崇"中国模式"会导致民众不满，但没有一个领导人希望本国民众知道他利用自己的权力帮助自己和亲信在牺牲公民利益的情况下获利。她还发现"对腐败的愤怒已经成为世界各地群体事件激增的推动力"。换句话说，美国政府发现通过将反战略腐败与民主价值观联系起来，可以渗透国际反腐败运动，从而将这些调查记者群体调动起来揭露和宣传"亲中"国家可能存在的腐败行为。

自2021年12月宣布该战略以来，美国政府一直试图将战略腐败与民主等"核心价值"联系起来，并向全球反腐败民间社会宣传这一概念。例如，沙利文明确提出，"反腐斗争是民主斗争的一部分"[②]。美国国际开发署在2022年1月举办了"反腐败证据和学习周"，积极召集学术界、智库和民间团体参与。美国国家安全委员会的全球反腐败协调员理查德·尼普尔（Richard Nephew）专门访问世界各地，不仅会见政府官员，还与记者进行直接对话。在美国-非洲领导人峰会期间，他与政府领导人以及民间组织讨论了腐败问题的解决方案。美国国际开发署推出了几个资金项目

[①] Power, Samantha. "The Can-Do Power: America's Advantage and Biden's Chance." *Foreign Affairs*. 100 (2021), p. 22.

[②] Jake Sullivan, Remarks by National Security Advisor Jake Sullivan at the International Anti-Corruption Conference (IACC), December 06, 2022, https://www.whitehouse.gov/briefing-room/speeches-remarks/2022/12/06/remarks-by-national-security-advisor-jake-sullivan-at-the-international-anti-corruption-conference-iacc/ .

以激励民间社会在世界各地打击腐败。例如，通过调查性报道推动提升透明度和完善问责制，支持调查性新闻在"建立抵御专制影响的能力"方面发挥作用。2022 年 12 月，美国国务院与透明国际（TI）联合资助了在华盛顿特区举行的第二十届"国际反腐败会议"（IACC），美国政府派出了一个高级别的代表团参加会议，其中包括国务卿布林肯、国家安全顾问沙利文和美国国际开发署署长鲍尔。经过美国的努力，这次活动的主题被毫无意外地设定为"根除腐败：捍卫民主价值观"。

3. 大国竞争比"核心价值"更重要

事实证明，在面对与中国的竞争时，民主作为一种"核心价值"似乎变得可有可无。赤道几内亚总统特奥多罗·奥比昂·恩圭马·姆巴索戈（Teodoro Obiang Nguema Mbasogo）被西方政府称为"世界上执政时间最长的独裁者"，他在遭受持续不断的腐败指控中统治了自己的国家 43 年。他的儿子，同时也是副总统特奥多罗·恩圭马·奥比昂·曼格（Teodoro Nguema Obiang Mangue）于 2017 年在法国被判犯有贪污罪，并受到英国反腐败制裁。他的很多资产在美国、瑞士、法国当局开展反腐败调查后被没收。

然而，这个被西方记者、媒体等公认的"腐败""独裁"政权，却是拜登政府的座上宾。原因仅仅是因为美国听说中国将在该国建设军事基地。因此，拜登政府不仅对奥比昂家族的腐败指控视而不见，还加强了与该国的合作。例如，五角大楼正在改善同赤道几内亚的军事关系，进行联合训练并增加军事援助。此外，多名拜登政府高级官员率代表团访问了该国，包括美国首席副国家安全顾问乔纳森·芬纳（Jonathan Finer），拜登政府负责非洲事务的最高级别外交官、助理国务卿莫莉·菲（Molly Phee），以及中央情报局副局长大卫·科恩（David Cohen）。访问期间，莫莉·菲不仅送给曼格一个银盘，还告诉他白宫将曼格称为"我们两国关系的头号对话者"。2022 年 11 月，曼格在 Instagram 平台上发布了一段视频，展示他与美国中情局副局长科恩的会面。作为一名反洗钱专家，以及专门负责打击洗钱、腐败等金融犯罪的美国前财政部副部长，科恩和曼格的合影显然是在向赤道几内亚发出信号：只要不允许中国在赤道几内亚境内建立军事基地，腐败、侵犯人权和洗钱活动都不会受到美国的惩罚。

美国加强与奥比昂政府的关系显然表明，拜登政府认为同中国的战略竞争比打击腐败和促进民主更重要。

总的来说，《美国反腐败战略》主要投入资源渗透"自下而上"的全球反腐败运动以及参与其中的调查记者和组织，不管是提出"战略腐败"概念，还是将其同民主等"核心价值"相关联，都是服务于美国的外交政策和地缘政治目标。具体来说，美国只是利用这些概念和价值观渗透民间组织和反腐败运动，试图利用其"揭露"和诋毁"亲中"的国家，特别是共建"一带一路"国家的领导人。

二 美国反洗钱相关金融犯罪的主要机构

（一）金融犯罪执法网络（Financial Crimes Enforcement Network，FinCEN）

FinCEN 是隶属美国财政部的一个重要局级机构。自 1990 年成立以来，FinCEN 一直在全球范围内扮演着至关重要的角色，专注于打击金融犯罪、洗钱和恐怖主义融资，同时维护美国及全球金融系统的安全与透明度。

FinCEN 是美国的国家金融情报机构（Financial Intelligence Unit，FIU），也是全世界第一个 FIU。[①] 美国财政部根据部长第 180-01 号命令（Treasury Order 180-01）及《爱国者法案》相关条款创建了金融犯罪执法局，作为财政部内部的一个局级单位，执行《爱国者法案》指定的职责和任务，以及根据部长命令授权的任何其他职责和责任。该局局长兼任金融犯罪执法网络局长，向主管反恐和金融情报的副部长汇报。FinCEN 的使命是：支持执法，促进跨部门和全球合作，打击国内和国际金融犯罪，并为美国政策制定者提供关于国内和全球趋势的战略分析。FinCEN 完成以上任务的方式包括：信息收集、分析、共享，技术援助和创新，以及高效行使《银行保密法》和财政部赋予 FinCEN 的其他权力。

---

① Cassara, John A., *Money Laundering and Illicit Financial Flows: Following the Money and Value Trails*, Independently published, 2020.

FinCEN 不仅是金融情报的收集和分析中心，也是监管和执法的关键机构。FinCEN 的核心使命是通过收集、分析和传播金融情报，以及实施金融监管措施，保护金融系统免受非法活动的侵害，并保障国家安全。作为全球金融情报机构网络的一部分，FinCEN 与其他国家的类似机构密切合作，形成了一个全球性的金融情报共享和打击非法金融活动的合作体系。FinCEN 不仅在国内有着较大的权力，而且在国际上发挥着重要的领导作用，推动全球反洗钱和反恐怖主义融资的标准化和国际合作。

1. FinCEN 的组织架构

FinCEN 有一个由约 300 名专职员工组成的团队，这些员工包括情报分析员、调查员、反洗钱和打击恐怖主义融资政策专家、执法和合规官员、对外联络专家、数据分析师、监管人员和经济学家。这支多元化的团队反映了 FinCEN 的职能广泛，保障了 FinCEN 使命的执行。除了 FinCEN 的长期人员外，还有约 20 名来自 13 个不同监管和执法机构的长期借调人员，以进一步提升该机构的跨领域合作能力和专业水平。

FinCEN 不仅监管各类金融机构，如银行、证券经纪人、保险公司、货币服务企业、赌场、贵金属和珠宝交易商，还积极参与情报收集与分析，以支持打击洗钱和恐怖主义融资的全球行动。

FinCEN 分为 7 个主要部门，每个部门由副局长领导，并向 FinCEN 局长汇报。以下是 FinCEN 的主要部门及其职能。

（1）执法部（Enforcement Division）。负责确保金融机构的合规性，特别是在执行《银行保密法》（BSA）方面，FinCEN 通过情报驱动的检查，以及监督和调查金融机构的操作，确保其符合规定。执法部在此过程中拥有执行 BSA 规定的权力，包括实施民事罚款等制裁措施。执法部还负责通过主动调查，识别并打击利用美国金融系统从事非法活动的行为。其内部结构包括多个办公室，每个办公室都专注于不同类型的金融机构和特殊执法任务。例如，合规与执法办公室处理与金融机构合规性相关的案件；特别措施办公室则专门执行《爱国者法案》第 311 条以及 BSA 地理目标命令（GTO），旨在限制洗钱活动对美国金融系统的威胁。

（2）情报部（Intelligence Division）。主要职能是分析金融交易数据，特别是根据 BSA 报告的数据，识别潜在的洗钱活动以及其他金融犯罪。

这些分析结果不仅为 FinCEN 内部的其他部门提供支持，也会传播给联邦、州、地方以及国际的执法机构。情报部在全球范围内监控和分析与美国金融体系相关的非法金融活动，提供前沿的情报支持，以协助相关机构采取行动。情报部内部设有专注于美国国内以及全球范围内金融犯罪的不同办公室，对不同地理区域的非法金融网络保持高度关注。此外，情报部还利用先进的技术和数据分析工具来识别支付系统中的漏洞和可疑活动，进一步提升其在反洗钱和打击恐怖主义融资方面的能力。

（3）全球调查部（Global Investigations Division）。负责处理国际和国内金融犯罪的调查工作，特别是在执行《爱国者法案》第 311 条方面，该部门具有极高的权威，能够采取各种特殊措施以保护美国金融系统免受洗钱等活动的侵害。全球调查部不仅聚焦国际金融犯罪，还在国内领域发挥关键作用，利用 FinCEN 的 BSA 执法权力，调查和打击涉及跨国犯罪、恐怖主义融资及其他形式的非法金融活动。该部门通过发布 BSA 地域目标命令（GTO）来加强金融监管，确保相关地区或金融机构的操作符合美国的金融法律与政策。

（4）战略业务部（Strategic Operations Division）。主要负责建立和维持 FinCEN 与国内外合作伙伴的关系，包括政府机构、金融机构以及国际组织等。战略业务部管理着 FinCEN 的信息共享协议，确保信息的安全性和保密性，并负责传播 FinCEN 发布的最新分析和风险评估。这一部门还承担着 FinCEN 与私营部门合作的重任，通过发布金融犯罪威胁的警报，指导金融机构识别和应对新的犯罪模式。战略业务部还负责协调与金融机构的定期沟通，并为联邦和州政府的 BSA 检查员提供培训，以增强他们在执法中的反洗钱和反恐怖主义融资能力。

（5）政策部（Policy Division）。在 FinCEN 的架构中扮演着设计和实施反洗钱及反恐怖主义融资政策的核心角色。政策部不仅负责制定和修订 BSA 相关的法规，还负责解释这些法规的具体应用，为金融机构提供指导。此外，政策部通过发布行政裁决和合规建议，确保金融机构在遵守 BSA 规定时的透明度和一致性。政策部的工作涉及广泛的战略政策问题，包括对美国和国际金融体系中的反洗钱及反恐怖主义融资的弱点进行深入分析，并提出相应的政策建议，以提高整体系统的安全性和稳定性。

（6）技术部（Technology Division）。在 FinCEN 的整体架构中发挥着至关重要的支撑作用，负责维护和升级支撑 FinCEN 各项运作的技术基础设施。技术部不仅确保数据的安全性和可用性，还引入了多种先进的数据分析工具和平台，以提高 FinCEN 在金融情报分析中的效率和准确性。该部门在不断创新和优化技术手段的过程中，为 FinCEN 的情报分析和执法提供了强大的技术支撑。

（7）管理部（Management Division）。负责 FinCEN 的运营服务，包括设施管理、人身安全和人力资源管理等。管理部通过提供后勤支持和行政服务，确保 FinCEN 的日常运作顺利进行，以保证各部门在执行任务时能够有效协作，提升整体工作效率。

2. FinCEN 的职能

FinCEN 主要承担情报和监管两大职能，旨在打击洗钱、恐怖主义融资和其他形式的金融犯罪。以下是对 FinCEN 职能的详细介绍。

（1）情报职能

①金融情报的收集与分析

FinCEN 作为美国的国家金融情报机构（FIU），其核心职能之一是收集和分析金融情报。美国的金融机构必须根据《银行保密法》（BSA）的规定，向 FinCEN 提交货币交易报告（CTR）和可疑活动报告（SAR）。[1]这些报告详细记录了金融活动的相关信息，为识别和打击非法金融活动提供了重要线索。FinCEN 负责收集、储存、分析和传播美国的金融信息。理论上，联邦、州和地方各级金融情报的官方客户均可以联系 FinCEN，要求适当查询金融数据库。FinCEN 有各种程序和平台供这些官方机构查询，查询条件应尽可能具体，并包括已知的识别信息。当然，FinCEN 只能获取与美国有关系或有联系的金融情报。此外，FinCEN 还授予某些执法部门（如 FBI）直接批量下载金融信息的权利。[2]

收集到的大量数据经过 FinCEN 分析部门的高级处理，借助复杂的算法和数据分析工具，可以帮助识别可疑交易模式，揭示隐藏在合法金融活

---

[1] FinCEN advisory on real estate firms and professionals.

[2] Cassara, John A., *Money Laundering and Illicit Financial Flows*：*Following the Money and Value Trails*, Independently published, 2020.

动中的非法行为。通过这些分析，FinCEN 能够为执法机构和政府部门提供有力的情报支持，以制定有效的应对措施。

②情报支持与执法合作

虽然 FinCEN 本身并不负责刑事调查或逮捕行动，但它通过提供关键情报支持，间接参与了大量的金融犯罪调查。FinCEN 分析的情报被广泛应用于联邦、州和地方执法机构的行动中，涉及的领域包括打击洗钱、恐怖主义融资、腐败以及其他跨国犯罪。

（2）监管职能

①管理与执行《银行保密法》

FinCEN 在监管方面的主要职责是管理和执行《银行保密法》。该法律是美国打击洗钱和恐怖主义融资的主要法律框架，要求所有金融机构必须遵守严格的记录保存和报告要求。具体而言，任何超过 1 万美元的现金交易，以及所有可疑活动，必须向 FinCEN 提交报告。①

FinCEN 侧重以反洗钱、打击恐怖主义融资的名义，对各类金融机构进行监管，包括银行和传统的存款机构、证券经纪人和交易商、保险公司、货币服务企业、赌场和棋牌俱乐部，以及贵金属、宝石或珠宝交易商。

通过监督和检查金融机构的合规性，FinCEN 确保这些机构能够有效地执行反洗钱和反恐怖主义融资的规定。虽然 FinCEN 没有刑事调查或逮捕权，但它利用其数据和数据分析来支持对金融犯罪的调查和起诉，并在必要时将可能的案件移交给执法机关。对于未能遵守规定的金融机构，FinCEN 有权施加严厉的民事处罚，确保法律的执行力度得到强化。②

②情报平台与合作机制

作为情报收集和分析的中心，FinCEN 为联邦、州和地方的金融情报用户（Official Customer）提供了访问其庞大的金融数据库的渠道和工具。这些用户可以通过各种平台和程序向 FinCEN 提交查询请求，以帮助其获取相关的金融情报。此外，FinCEN 还为某些执法部门（如 FBI）提供直

① Treasury Order 180-01, from Financial Crimes Enforcement Network, September 26, 2002.
② 金融犯罪执法网络监督（Oversight of the Financial Crimes Enforcement Network）。

接批量下载金融信息的权限，支持大规模的金融犯罪调查。

FinCEN 为金融、执法和监管界的利益服务。FinCEN 的分析员为超过 165 个联邦、州和地方机构提供案件支持，每年发布约 6500 份情报报告。利用先进的技术和来源丰富的数据，FinCEN 将犯罪的各种金融要素联系在一起，帮助联邦、州和地方执法部门找到犯罪拼图的缺失部分。解决洗钱问题是美国的一个全国性问题，FinCEN 也这样对待它，通过门户项目，FinCEN 与各州的执法官员合作，使他们能够在线访问 FinCEN 的数据库。Gateway 的尖端技术使每个州都能以电子方式直接访问金融信息，他们在使用这些信息时非常成功。

在打击金融犯罪和相应的国际经济腐败方面，FinCEN 正在成为一个国际领导者。FinCEN 支持反洗钱金融行动特别工作组（FATF）的工作，该工作组第七轮（1995～1996 年）主席国由美国担任。此外，FinCEN 与包括英国、法国、比利时和澳大利亚在内的几十个国家的金融情报单位进行协调。FinCEN 还利用自身专业知识，帮助 FATF 在世界各地建立金融情报机构。

执法部门可以向适当的跨部门工作组索取金融情报。财政部（FinCEN 或国家税务总局）和国土安全部（移民和海关执法局）的代表可以直接访问大多数金融数据库。一般来说，非财政部和国土安全部的执法机构直接查询的权限有限。①

（3）跨国合作与信息共享

金融犯罪是一种全球现象，超越了地理边界。与其他国家和国际机构建立良好的伙伴关系对侦查犯罪所得至关重要。FinCEN 在打击跨国金融犯罪方面也发挥了重要作用。通过与全球各国的金融情报机构合作，FinCEN 积极参与跨国情报交换，帮助追踪跨境资金流动，识别国际金融犯罪网络。这种合作不仅使 FinCEN 能够有效支持全球反洗钱和反恐怖主义融资工作，还提升了国际金融体系的透明度和标准化。

FinCEN 是多边国际组织，如反洗钱金融行动特别工作组（FATF）的

---

① Cassara, John A., *Money Laundering and Illicit Financial Flows：Following the Money and Value Trails*, Independently published, 2020.

积极成员，通过参与全球反洗钱标准的制定和推广，推动全球金融体系的标准化。这些合作使得全球范围内的金融监管更加一致和有效，为打击国际非法金融活动打下了坚实的基础。例如，FinCEN 通过向执法、情报和监管机构提供调查支持，在全球范围内与对应的金融情报机构合作，并利用其监管权力使有组织犯罪集团难以通过金融系统转移资金。FinCEN 支持财政部推动涉及反洗钱和打击资助恐怖主义的国际标准制定。1995 年，FinCEN 与其他几个司法管辖区的金融情报机构联合成立了埃格蒙特集团，通过数据共享彻底改变了对跨国犯罪分子的国际追踪能力。

综上所述，FinCEN 的职能涵盖了广泛的情报和监管活动。通过收集和分析金融情报，FinCEN 支持了大量的执法行动；通过管理和执行《银行保密法》，FinCEN 确保了金融机构活动的合规性；通过跨国合作与信息共享，FinCEN 推动了全球范围内的反洗钱和反恐怖主义融资工作的开展。

3. FinCEN 的金融情报分析

金融情报分析是 FinCEN 的核心职能之一，主要包括以下几个方面。

（1）数据收集。FinCEN 从金融机构获取的大量数据主要来自《银行保密法》规定的报告义务。两种最常见的报告是货币交易报告（Currency Transaction Report，CTR）和可疑活动报告（Suspicious Activity Report，SAR）。所有超过 1 万美元的现金交易都必须提交 CTR。2021 年，美国全国金融机构提交的 CTR 超过 1800 万份。对于可疑活动，如果金融机构"知道、怀疑或有理由怀疑"交易有问题，则必须提交 SAR。通常单笔交易或合计交易金额必须在 5000 美元及以上。2021 年，金融机构向 FinCEN 提交了超过 300 万份 SAR，其中包括了额外的账户、金额、交易性质以及其他对金融机构来说可疑的信息。这些报告经常可以提供与恐怖主义融资、腐败、勒索软件攻击、跨国犯罪、贩毒和大规模欺诈计划等有关的交易信息。

（2）情报分析。收到这些数据后，FinCEN 的情报分析部门使用先进的分析工具和算法，对数据进行深度挖掘和模式识别。情报分析的目标是发现潜在的金融犯罪活动，包括洗钱、恐怖主义融资、贩毒、腐败等。分析结果以情报报告的形式提供给相关的监管和执法机构，帮助其开展进一步的调查和行动。

（3）信息共享。FinCEN 的情报报告不仅限于美国国内使用，还通过与其他国家的金融情报机构交换信息，支持全球范围内的金融犯罪打击工作。FinCEN 在国际金融情报网络中的活跃表现，使其成为全球反洗钱和反恐怖主义融资的关键参与者之一。

（4）定期报告与威胁评估。FinCEN 会定期发布关于金融犯罪趋势的报告和威胁评估。这些报告为金融机构提供了识别和应对新兴威胁的指导，也为政策制定者提供了重要的决策依据。

4. FinCEN 在反洗钱和反腐败中的作用

FinCEN 在美国的反洗钱和反腐败行动中起着核心作用。作为美国财政部的一个关键部门，FinCEN 负责执行《银行保密法》（BSA），并通过严格的反洗钱措施来打击洗钱活动。它通过收集和分析可疑活动信息，识别并追踪复杂的洗钱等跨国犯罪行为，为国内执法提供支持，同时通过国际合作揭露全球洗钱网络。此外，FinCEN 在反腐败领域也发挥了重要作用，通过监控和分析金融活动，帮助揭露腐败行为，支持全球反腐败行动。情报分析和国际合作使 FinCEN 成为美国及全球反洗钱和反腐败的中坚力量。

2021 年 6 月 30 日，FinCEN 发布了"反洗钱和打击恐怖主义融资（AML/CFT）国家优先事项"，将腐败确定为美国目前面临的重大 AML/CFT 威胁之一。[①]

（1）反洗钱

FinCEN 在反洗钱方面的主要职责是通过 BSA 监管金融机构，确保它们履行对可疑交易的报告义务。这些报告为 FinCEN 提供了大量的金融情报，使其能够分析并识别洗钱活动。例如，2021 财年，FinCEN 收到了约 2300 万份 BSA 规定的金融交易报告，其中包括约 350 万份可疑活动报告（SAR）。这些报告为打击洗钱提供了关键数据，帮助执法部门定位和追踪资金流动。FinCEN 在反洗钱中的具体实施方式主要体现在以下三个方面。

首先，FinCEN 通过对可疑活动报告和其他金融报告的深入分析，能

---

① FinCEN，"Anti-money Laundering and Countering the Financing of Terrorism National Priorities," June 30, 2021.

够识别复杂的洗钱模式，这些模式通常涉及跨国资金转移和空壳公司的使用。FinCEN 利用其先进的数据分析能力，有效地追踪和识别了这些可疑的资金流动。

其次，在国际合作方面，FinCEN 与全球的金融情报单位（FIU）密切合作，通过信息共享和联合调查来打击跨国洗钱网络。例如，通过与埃格蒙特集团的合作，FinCEN 能够帮助全球各国的金融情报单位共享信息，这对追踪跨国洗钱活动来说至关重要。

最后，FinCEN 通过技术创新来增强其反洗钱能力。利用人工智能、大数据分析等先进技术，FinCEN 能够更高效地处理和分析大量的金融数据，快速识别和应对洗钱行为，从而提升其反洗钱行动的有效性。

（2）反腐败

在反腐败方面，FinCEN 通过其金融情报网络，帮助揭露和打击腐败活动。腐败通常涉及非法资金的隐藏和转移，FinCEN 通过分析可疑活动报告等金融情报，能够识别腐败分子使用的金融工具和渠道。此外，FinCEN 通过与国际组织和其他国家的合作，追踪和打击腐败分子的资金流动，帮助揭露和打击涉及多个司法管辖区的腐败案件。例如，FinCEN 在处理"马来西亚 1MDB 丑闻"中，通过分析复杂的资金流动，揭露了数十亿美元的腐败资金流入多个国家的银行账户。这个案件最终导致了相关资金被冻结，相关涉案人员受到法律追责。另一个例子是 FinCEN 在揭露涉及南美洲贩毒集团的洗钱网络中所发挥的作用。通过可疑活动报告和其他情报分析，FinCEN 能够追踪这些毒贩通过美国金融系统转移的巨额资金，并将这些情报提供给执法部门，帮助破获了一系列涉及毒品交易和洗钱的案件。

（二）美国国际开发署

美国国际开发署（USAID）是美国政府的主要国际援助机构，其核心使命是通过提供经济援助和技术支持，促进全球范围内的民主、经济发展和人权保障。USAID 不仅是外交政策的重要工具，还在全球反腐败和反洗钱领域发挥着重要作用，特别是在跨国腐败和非法金融活动的打击方面。

USAID 由约 300 名专职员工组成，包括情报分析员、反洗钱/打击恐怖主义融资（AML/CFT）政策专家、执法和合规官员、经济学家、数据分析师、对外联络专家等。这些员工共同努力，通过援助和投资项目，推动全球发展。USAID 通过其项目和计划，在全球范围内促进政府提升透明度、完善问责制和推动公民社会参与。USAID 的项目广泛分布于多个领域，包括卫生、教育、农业、经济发展以及社会治理和反腐败。USAID 不仅提供资金支持，还为发展中国家和新兴国家提供技术援助和政策建议。

USAID 的核心工作之一是反腐败，特别是在那些腐败问题严重的国家和地区。USAID 通过其反腐败工作组（Anti-Corruption Task Force，ACTF），专门负责推进美国的反腐败战略，并将其作为核心发展优先事项。USAID 的反腐败工作主要包括以下几个方面。

（1）资金和项目支持。USAID 启动了多个资金项目，旨在支持全球范围内的反腐败行动。例如，"赋权反腐败变革推动者计划"（The Empowering Anti-Corruption Change Agents Program）旨在加强对公民社会和媒体的支持，确保这些反腐败先锋能够安全工作，揭露腐败行为。USAID 还设立了"诽谤辩护基金"（Defamation Defense Fund），为调查记者提供法律保护，帮助他们应对因揭露腐败而面临的诉讼风险。

（2）"全球问责计划"。USAID 通过"全球问责计划"（The Global Accountability Program），致力于强化各国的反腐败框架。这些努力包括结束不透明的商业行为、打击盗贼统治以及挫败非法金融和货物的流动。"全球问责计划"旨在通过法律和制度改革，提高国家和地方政府的透明度和完善问责制，从而更有效地打击腐败行为。

（3）跨国合作与创新。USAID 发起了"打击跨国腐败大挑战"（The Combating Transnational Corruption Grand Challenge）项目，该项目通过推动创新和跨国合作，致力于解决跨境腐败问题。该项目动员了私营部门、技术专家和民间社会，利用先进的技术和工具，检测和打击非法金融活动、高价值商品的贩运以及全球供应链中的腐败行为。USAID 通过这一项目，建立了跨国和跨部门的网络，推动了全球范围内的反腐败合作。

（4）应对全球腐败的动态。USAID 认识到腐败的跨国性质需要全球范围的应对。因此，USAID 宣布了一系列计划，旨在解决腐败的本地化驱动因素和表现形式。这些计划包括通过"赋权反腐败变革推动者计划"加强公民社会的作用，通过"全球问责计划"提高国家层面的反腐败能力，以及通过"反腐败响应基金"（The Anti-Corruption Response Fund）为基于证据的反腐败行动提供支持。

USAID 在全球反腐败中发挥了关键作用。通过资金支持、跨国合作和技术创新，USAID 不仅帮助各国提高了透明度和建立了问责制，还推动了全球范围内的反腐败和反洗钱措施的实施。

（三）美国国务院

美国国务院（USA Department of State）是美国联邦政府的一个执行部门，主要负责外交事务和对外政策的制定与执行。作为美国总统的主要外交顾问，国务卿领导国务院，并与其他国家和国际组织协商与合作，推动实现美国的外交政策目标。美国国务院的职责包括外交谈判、国际合作、促进人权、提供领事服务等。它在全球事务中扮演着关键角色，协调美国的外交政策和国际援助。

美国国务院在全球反腐败和反洗钱方面也发挥了重要作用。2021 年 12 月，国务卿布林肯宣布成立全球反腐败协调员职位，这一举措标志着美国政府在国际反腐败斗争中迈出了新的一步。全球反腐败协调员的设立旨在通过整合和提升美国在外交和对外援助中的反腐败斗争，推动国际反腐败合作与治理。美国国务院在反腐败和反洗钱方面的主要策略如下所示。

（1）设立全球反腐败协调员。该协调员与美国政府其他部门以及国际合作伙伴紧密合作，协调并实施《美国反腐败战略》。具体而言，协调员和其团队将直接与外国政府合作，促进其履行全球反腐败承诺，并在必要时提供援助。这也包括与民间社会和私营部门进行互动，以分享经验和探索合作途径。此外，协调员还努力将反腐败问题纳入美国外交政策的各个层面，并推动在适当的领域进行改进。

（2）战略传播与地方合作。国务院通过现有和新设平台，向国内外传达美国扩展反腐败努力的原因和方式。同时，美国积极加深与地方组织和基层政府的合作，以推动持久变革，尤其是在小型组织和社会运动方面加大资金支持力度。

（3）国际合作与援助。美国国务院与美国司法部共同管理和运营"全球反腐败快速反应基金"（Global Anti-Corruption Rapid Response Fund），通过这一基金，专家顾问能够为全球各地的反腐败同行提供咨询、指导和帮助。此外，USAID 在不同地区（如欧洲、中东、拉丁美洲、亚洲、撒哈拉以南的非洲）提供支持，推动国家反腐败计划的实施、公共财政管理的改革，以及公民社会和媒体网络的加强。

通过这些措施，美国国务院不仅在国际舞台上积极推动反腐败和反洗钱斗争，还通过跨部门和跨国合作，确保美国在全球反腐败工作中的领导地位。

（四）千禧年挑战公司

千禧年挑战公司（Millennium Challenge Corporation，MCC）是美国政府于 2004 年成立的一个独立的对外发展机构，其主要使命是通过促进可持续的经济增长来减少全球贫困。MCC 的独特之处在于它采用了以国家主导、竞争性选择、结果导向和透明度为基础的援助模式。该机构在提供经济援助之前，会依据一系列独立和透明的政策指标对潜在受援国进行评估，表现良好的国家才有资格获得援助。这些指标包括善治、打击腐败、尊重民主权利等。MCC 在反腐败中的作用主要表现在以下几方面。

（1）将反腐败作为资格标准。MCC 将反腐败作为选择援助伙伴国家的核心标准之一。只有那些治理良好且在控制腐败方面表现优异的国家，才有资格获得 MCC 的契约援助。这种严格的筛选机制确保了 MCC 资金的使用效率，并促进了受援国在打击腐败方面的进步。

（2）综合反腐败政策。MCC 在其援助项目中实施了一项全面的反腐败政策，以防止、发现和补救资金使用过程中可能出现的欺诈和腐败行为。这一政策是在与透明国际（Transparency International）等全球反腐败组织合作的基础上制定的，并借鉴了腐败风险管理的最佳实践。通过这一政策，MCC 能够在项目实施的各个阶段有效地监控和应对腐败风险。

（3）"国家所有权"与责任实体。MCC 倡导"国家所有权"的原则，每个接受 MCC 援助的国家都必须建立一个专门的法律实体（通常称为 MCA，即千禧年挑战账户），负责管理和监督 MCC 资助的项目。这一机制不仅确保了援助资金的透明使用，还强化了受援国在反腐败中的责任意识。

（4）全球合作与透明度。MCC通过与国际组织、政府和民间社会的合作，推动全球反腐败斗争开展。此外，MCC还重视项目的透明度和结果导向，确保援助资金的使用符合预定目标，并通过公开的方式向全球报告其反腐败的成果和挑战。

千禧年挑战公司在全球反腐败斗争中发挥了重要作用。通过将控制腐败作为援助资格的关键指标，实施全面的反腐败政策、倡导"国家所有权"原则，并与国际合作伙伴密切合作，MCC不仅帮助受援国减少了贫困，还在全球范围内推动了善治和反腐败的实践。这一系列举措不仅确保了美国纳税人资金的有效使用，还提升了受援国的治理能力及其在国际社会上的信任度。

三　美国政府反洗钱、反腐败的方法及工具解析

美国反洗钱和反腐败战略的制定与实施不仅是国内政治和经济活动的重要组成部分，也是全球治理中的一项重要举措。在过去几十年中，美国通过多样化的工具和手段构建了一个庞大的反洗钱和反腐败体系，覆盖国内外多个领域。美国这一机制并不仅仅打击了国内犯罪，同时也在全球范围内打击了腐败行为，为全球反腐败斗争提供了支撑。本书将从多个层面深入分析美国在反洗钱和反腐败过程中所使用的具体工具和方法，并探讨其在全球大环境下的应用与影响。

（一）金融情报与反腐败体系的构建

反洗钱和反腐败的根本在于通过收集、分析和利用金融情报，发现非法资金流动并阻止其继续发展。金融情报机构（Financial Intelligence Unit，FIU）在这一过程中起到了至关重要的作用。FIU的职能是收集可疑金融交易报告、分析数据并与执法机构共享信息，以支持对犯罪行为的调查和起诉。

1. 金融情报与数据库的结合

反洗钱和反腐败的首要工具是通过多个数据库的结合，实现对个人、公司和银行账户资金流动的全面追踪。FIU可以通过整合犯罪数据库、移

民数据库、海关数据库以及其他商业和社会信息，形成更为完整的资金流向画面。这些信息不仅可帮助识别洗钱行为，还能揭露隐藏在复杂结构下的腐败活动。

其中，美国的金融犯罪执法网络（FinCEN）起到了核心作用。FinCEN 负责管理由金融机构提交的可疑活动报告（SAR）和货币交易报告（CTR），并维护一个中央金融情报数据库。通过这些信息，FinCEN 可分析出潜在的腐败行为，并将信息提供给执法机构用于进一步调查。

2. 政治敏感人物名单的作用

在反洗钱和反腐败的过程中，所谓的"政治敏感人物"（Politically Exposed Persons，PEP）名单是至关重要的工具之一。这份名单涵盖了世界各国的高层政治人物以及他们的家庭成员、密切商业伙伴等。这些人往往有着更高的洗钱和腐败风险，特别是在其所在国家的政治和经济体制不健全的情况下。在开展客户尽职调查（Customer Due Diligence，CDD）时，PEP 名单可帮助金融机构更加快速地识别高风险客户，从而对其金融行为进行特别监控。

（二）侦测腐败的多种方法

反腐败和反洗钱的首要步骤是通过有效手段来侦测异常的资金流动和潜在的腐败行为。在美国的反腐败体系中，金融机构扮演了至关重要的角色，成为腐败行为侦测的重要来源。

1. 可疑活动报告（SAR）的重要性

根据反洗钱金融行动特别工作组（FATF）和埃格蒙特集团的研究，全球范围内超过 50%的腐败行为侦测信息最初来源于金融机构提交的可疑活动报告（SAR）。SAR 的核心功能是帮助金融机构识别和报告异常的金融活动。这些活动可能包括大笔现金交易、跨境资金流动、账户异常活动等。通过 SAR 的分析，金融情报机构能够勾勒出一幅潜在腐败和洗钱活动的完整画面。

FinCEN 不仅仅依赖金融机构主动上报的 SAR，还会通过大规模的数据分析和自动化系统来进一步挖掘隐藏的可疑行为。FinCEN 的系统能够将 SAR 中的信息与其他数据库信息相结合，从而更有效地发现跨国腐败行为。例如，FinCEN 可以通过 SAR 数据追踪到隐藏在复杂企业结构背后的资金流动，揭露那些表面上看似合法但实际涉及非法活动的公司。

2. 数据分析和人工智能的作用

随着科技的进步，数据分析和人工智能已经成为反洗钱和反腐败的关键工具。美国的金融情报机构依托大数据和人工智能技术，能够在海量数据中迅速找到潜在的腐败迹象。例如，FinCEN 使用的 IT 警报系统能够实时监控大量金融交易，自动标记与已知腐败模式相匹配的可疑行为。这些系统不仅能够提高侦测的效率，还能大大减少人为失误。

大数据的另一个重要应用是对历史数据的分析。通过对过去几年甚至几十年的金融交易记录进行分析，金融情报机构能够发现长期存在的腐败模式和隐藏的洗钱网络。例如，通过对过去的交易数据进行回溯性分析，FinCEN 能够发现那些利用空壳公司进行的大规模资金转移，并查出其最终的受益者。

（三）美国反洗钱的特殊工具与手段

除了传统的金融情报和数据分析工具，美国还通过一系列特殊的法律和命令来进一步强化反洗钱和反腐败工作。

1. 地理目标命令（Geographic Targeting Order，GTO）

地理目标命令是 FinCEN 的一项重要创新工具。它允许 FinCEN 向特定的金融机构或交易类型发布特别命令，要求其提供更详细的交易信息。例如，2016 年和 2017 年，FinCEN 发布了一系列针对美国主要城市房地产市场的地理目标命令。这些命令要求产权保险公司披露全现金房地产交易的实际受益人，旨在打击利用空壳公司进行的洗钱活动。

地理目标命令的实施结果表明，在被调查的房地产交易中，大约 30% 的交易与可疑活动报告中提到的个人或公司有关。这一发现验证了 FinCEN 对空壳公司在高端房地产市场中滥用的担忧。地理目标命令的广泛应用不仅帮助揭露了房地产市场中的洗钱行为，而且推动了美国在监管领域的进一步改革。

2.《企业透明法案》（CTA）

《企业透明法案》是美国近年来通过的一项重要法律，旨在打击利用空壳公司进行的洗钱和腐败行为。根据该法案，所有在美国注册的公司都必须向 FinCEN 报告其实际控制人信息。这意味着公司不能再通过复杂的股权结构和代理公司隐藏其真正的所有者，从而增加了洗钱者和腐败官员的曝光风险。

《企业透明法案》的通过标志着美国在打击企业层面洗钱活动方面迈出了重要的一步。通过这一法案，金融机构和执法部门能够更有效地追踪公司资金的实际所有者，并打击利用匿名公司进行的非法活动。

（四）国际合作与执法

美国的反洗钱和反腐败活动不仅局限于国内，也依赖与其他国家的合作。国际合作在打击跨境洗钱和腐败方面发挥了至关重要的作用，美国通过多种手段与其他国家共享信息并协调行动。

1. "KleptoCapture" 特别工作组

"KleptoCapture" 特别工作组成立于 2022 年，旨在打击俄罗斯因俄乌冲突而受到制裁的个人和实体。该工作组的任务包括调查和起诉违反制裁规定的行为，特别是那些试图通过加密货币等新兴技术逃避制裁的行为。"KleptoCapture" 的成立标志着美国在反腐败和反洗钱领域的一个新方向，即通过制裁手段对腐败官员和商业寡头施加经济压力。

"KleptoCapture" 不只是针对俄罗斯的腐败官员和商业寡头，还针对全球范围内利用腐败和非法资金维持权力的政治人物。通过这一工作组，美国政府展示了其在全球反腐败斗争中的领导地位，并通过制裁、资产没收等手段对腐败行为进行有效打击。

2. 反洗钱金融行动特别工作组

反洗钱金融行动特别工作组（Financial Action Task Force，FATF）是一个全球性反洗钱和反恐怖主义融资的跨政府组织。美国在该组织中扮演了重要角色，通过 FATF 与世界各国共享信息、制定标准并监督各国的反洗钱执行情况。

FATF 每年对各国的反洗钱工作进行评估，并提出改进建议。美国利用其在 FATF 中的影响力，推动全球范围内反腐败措施的开展，加强各国之间的合作。例如，FATF 制定的"建议 40 条"成为全球反洗钱

和反腐败的标准，涵盖了尽职调查、可疑交易报告、国际合作等各个
方面。

（五）识别洗钱和腐败风险的指标与方法

识别洗钱和腐败风险的关键在于发现资金流动中的异常模式。这不仅
需要依赖金融机构的报告，还需要通过复杂的数据分析和专家判断，识别
隐藏在合法交易中的非法活动。

1. 使用空壳公司转移资金

空壳公司是全球洗钱和腐败网络中的重要工具。通过空壳公司，洗钱
者可以隐匿资金的实际来源和受益人，并利用复杂的金融交易结构掩盖资
金的非法来源。美国在打击空壳公司方面的成功案例之一是通过分析可疑
活动报告发现了一系列由空壳公司进行的跨境资金转移。这些公司往往利
用代理银行进行大量无明显商业目的的电汇，并通过多个离岸金融中心进
行资金转移。

为了应对这一挑战，金融情报机构开发了多种风险识别工具。例如，
FinCEN通过对空壳公司资金流动的分析，发现某些公司账户的电汇数量
远超其商业模式所需，这种异常行为往往与洗钱活动相关。此外，
FinCEN还通过检查公司注册信息，发现某些空壳公司共享同一地址或注
册代理，这些都是洗钱活动的潜在风险信号。

2. 高风险国家与行业的警示

除了空壳公司，金融情报机构还特别关注与高风险国家和行业相关的
交易。例如，某些国家由于政治不稳定、监管不力，成为全球洗钱和腐败
的重灾区。美国金融机构被要求对这些国家的交易进行特别审查，以确保
资金流动的合法性。

高风险行业包括房地产、奢侈品、贵金属等，这些行业因交易金额巨
大且交易过程复杂，成为洗钱和腐败行为的理想掩护。FinCEN特别关注
这些行业中的现金交易和跨境资金流动，要求金融机构在这些领域的交易
中加强尽职调查，并及时报告可疑活动。

（六）执法部门的合作与全球追逃行动

美国反洗钱和反腐败的成功离不开多部门的合作。美国司法部、财政

部、国土安全部以及多个情报机构通过共享信息、协调行动，形成了一个高效的执法网络。

"KleptoCracy"特别工作组的资产追回计划是美国反腐败行动中的重要一环。该计划通过鼓励举报人提供腐败官员隐藏资产的线索，推动了对全球腐败行为的打击。举报人可以通过提供信息获得丰厚的奖励，这一激励机制使得更多的人愿意站出来揭发腐败行为。

（七）美国政府与国际组织的合作

美国的反洗钱和反腐败不仅限于国内执法，还在全球范围通过与国际组织和其他国家政府的合作来实施和推动。美国通过全球金融监管合作、制裁机制、国际协定等多种手段推动全球反洗钱和反腐败政策改革，确保美国金融体系安全，同时也影响全球的金融环境。

1. 美国与 FATF 的合作

美国与反洗钱金融行动特别工作组（FATF）保持密切合作，通过该组织推动全球反洗钱和反腐败标准的制定和实施。FATF 的"建议 40 条"是全球公认的反洗钱和反腐败标准，美国作为 FATF 的成员国，积极推动这些标准的全球执行。例如，FATF 对高风险国家的评估报告会直接影响这些国家与国际金融体系的关系，如果评估结果不佳，该国将面临国际金融机构的制裁和限制。

美国通过与 FATF 的合作，不仅加强了国际反洗钱、反腐败的监管，还确保了全球范围内反洗钱和反腐败行动的统一性。这种合作机制使得美国能够在国际反洗钱、反腐败舞台上发挥领导作用，通过共同的标准和信息共享，推动全球反洗钱、反腐败工作的有效开展。

2. 国际反洗钱和反腐败立法合作

在全球化的背景下，许多洗钱活动和腐败行为具有跨国性。为了打击跨国非法活动，美国与其他国家和国际组织签署了多项合作协议和条约，旨在加强反洗钱和反腐败的执法合作。美国的《反海外腐败法》（FCPA）是打击跨国腐败的法律基础之一，通过该法美国能够追究美国企业和外国企业在国外的腐败行为。

此外，美国还与多个国家签署了信息共享协议，特别是在税务和金融领域。通过这些协议，美国政府可以获得外国账户持有人的信息，确保跨国腐败分子无法通过海外金融机构隐藏资金。美国还与欧洲联盟（EU）、经济合作与发展组织（OECD）等组织紧密合作，共同打击全球洗钱和腐败行为。

（八）利用媒体和公民社会力量的反腐败行动

美国在推动反洗钱和反腐败的过程中，充分利用了媒体和公民社会的力量。调查记者和非政府组织（NGO）在揭露腐败行为和推动国际反腐败行动中均起到了重要作用。美国政府通过各种方式支持这些媒体和公民社会组织，鼓励他们揭露腐败行为，推动提升透明度和完善问责制。

1. 调查记者的作用

2016 年的"巴拿马文件"（Panama Papers）是一个标志性事件，它揭露了全球范围内大量政治人物和商业精英通过离岸公司进行非法资金转移。这些文件的泄露不仅揭露了全球洗钱网络的复杂性，也促使多个国家加强了反洗钱和反腐败的监管力度。

美国政府通过资金支持和信息共享，帮助调查记者进行深入的调查和报道。例如，美国国际开发署（USAID）通过"支持透明度和问责制的调查报道项目"，资助全球范围内的调查记者和媒体机构，帮助他们揭露腐败和非法金融活动。此类项目不仅增强了全球反腐败行动的力度，也提升了公众对腐败现象的认识和警惕。

2. 非政府组织的作用

除了调查记者，非政府组织（NGO）也是美国推动全球反腐败工作的重要伙伴。透明国际（TI）、全球金融诚信组织（Global Financial Integrity，GFI）等非政府组织在全球范围内揭露腐败行为、推动反洗钱政策改进方面均发挥了重要作用。

美国政府通过与这些非政府组织合作，共享数据，发布报告，并参与全球反腐败会议。例如，美国国务院与透明国际共同主办了 2022 年的"国际反腐败会议"（IACC），该会议吸引了全球范围内的政府官员、学者和非政府组织代表参会，讨论了全球反腐败的现状和未来发展方向。

（九）反洗钱技术和未来发展趋势

随着科技的发展，反洗钱和反腐败的手段也在不断升级。大数据、区块链、人工智能等新兴技术在反洗钱领域的应用，极大地提高了金融机构和执法部门的工作效率。

1. 大数据和人工智能的应用

大数据技术的应用是反洗钱工作的一个重要突破。通过分析海量的金融交易数据，金融情报机构能够更快速、准确地识别异常交易和潜在的腐败行为。人工智能技术也开始在反洗钱工作中发挥重要作用，尤其是在交易模式识别、自动化分析和风险预测方面。

人工智能能够通过机器学习算法，自动识别复杂的洗钱模式和资金流动网络。这些算法可以学习过去的洗钱行为特征，并实时应用于新的交易数据分析中，从而在早期阶段就能够发现潜在的洗钱活动。美国的金融机构和执法部门已经开始大规模应用这些技术，显著提高了反洗钱工作的效率。

2. 区块链技术的应用潜力

区块链技术在反洗钱领域具有巨大的应用潜力。区块链的去中心化和不可篡改性为反洗钱提供了新的手段。通过区块链技术，金融机构和执法部门可以实时追踪资金流动，并确保交易记录的透明和可靠性。

此外，区块链技术还可以用来监控加密货币交易，防止加密货币被用于洗钱和恐怖主义融资活动。虽然加密货币的匿名性为洗钱者提供了一定的掩护，但通过区块链技术，执法部门可以追踪到资金的最终去向，并识别隐藏在交易背后的实际控制人。

（十）未来的挑战与展望

尽管美国在反洗钱和反腐败方面取得了显著成效，但未来依然面临诸多挑战。随着全球化的发展和金融技术的进步，洗钱和腐败的手段变得越来越复杂，执法部门需要不断更新和优化工具与策略。

1. 全球合作的持续推进

反洗钱和反腐败是全球性问题，必须通过国际合作来解决。未来，美国需要继续加强与其他国家的合作，特别是在信息共享、法律执行和金融监管方面。虽然美国在全球反腐败舞台上发挥着领导作用，但单靠一国之力无法彻底根除跨国腐败网络。因此，加强与 FATF、欧盟、OECD 等国际或区域组织的合作，推动全球范围内的反腐败机制建设将是未来的重要任务。

2. 新兴技术的威胁与机遇

虽然科技为反洗钱、反腐败工作提供了新的工具，但新兴技术也为洗钱者和腐败分子提供了新的途径。特别是加密货币和去中心化金融（DeFi）的发展，使得非法资金的流动更加难以追踪。未来，执法部门需要加强对这些新兴技术的监管，并通过技术手段应对其带来的挑战。

3. 提升公众意识与透明度

公众对洗钱和腐败行为的认知水平会直接影响反洗钱、反腐败工作的成效。未来，美国需要进一步推动公众对反洗钱和反腐败的认知，通过媒体、教育和公民社会的参与，增强公众对洗钱、腐败行为的警惕性。只有当公众对洗钱、腐败现象保持高度关注时，反洗钱、反腐败行动才能获得更广泛的支持与配合。

总的来说，美国的反洗钱和反腐败工作通过多种工具、方法以及国际合作，构建了一个庞大而高效的体系。金融情报机构支撑、大数据分析、现代技术的应用以及与国际组织和媒体的合作，确保了这一体系的持续发展。然而，随着全球化的深化和科技的迅猛发展，反洗钱和反腐败的挑战也在不断增加。美国需要持续优化其战略，推动全球范围内的反洗钱反腐败行动，有效应对未来的复杂局面。

四　美国反洗钱和反腐败的技术创新与制度创新

美国在反洗钱和反腐败领域进行了多项创新，以应对全球范围的金融犯罪。

（一）利用新兴技术打击腐败解决方案（Anti-Corruption Solutions through Emerging Technologies，ASET）

ASET 是在拜登政府发布《美国反腐败战略》后，由美国国务院、财政部和美国创新研究院（AIR）联合推出的，旨在通过技术创新打击全球腐败的解决方案。该项目利用大数据分析、区块链、人工智能和机器学习以及开源情报等技术来打击洗钱和腐败行为。通过大数据分析，该项目能够处理大量金融交易数据，识别异常模式，从而发现洗钱活动的线索。区块链技术提供了一个透明且不可篡改的记录系统，确保交易过程的可追溯性，防止非法资金流动。结合人工智能和机器学习，项目可自动监测和分析可疑活动，提升反腐败和金融监管的效率和准确性。以下是该项目的详细内容。

1. 项目背景和目标

ASET 项目旨在利用技术手段提高全球反腐败能力。通过结合创新技术和多方合作，项目致力于建立一个创新实验室，推动政府、公民社会和私营部门之间的开放式合作。这一实验室将着力开发新的技术工具或优化现有技术，以便更有效地预防和发现系统性腐败威胁。

2. 多方参与与合作

ASET 是一个多管齐下的项目，聚集了各类利益相关方，包括政府、执法机构、公民社会组织、金融机构、金融科技（Fintech）公司、学术界专家和私营部门的领导者。项目的核心是通过多方的合作，探索将先进技术应用于反腐败工作。

3. 具体措施和方法

（1）设立创新实验室。通过创建创新实验室，ASET 项目致力于推动新技术的开发和应用，重点解决腐败问题。实验室还将试行并推广已验证的反腐败技术。

（2）举办科技冲刺与挑战赛。ASET 项目定期举办科技挑战赛，鼓励来自美国及全球范围内的创新者提出反腐败技术解决方案。这些竞赛旨在激发各部门（政府、民间社会和私营部门）的利益相关者推出自己的科技冲刺项目，推动反腐败技术的应用。

（3）促进多边合作。ASET 项目还致力于加强多边合作，分享反腐败技术解决方案并促进其在全球范围内的应用。通过这样的合作，美国希望推动全球范围的反腐败努力，提升反腐败技术的标准化和应用水平。

（4）公私合作与创新。为了有效打击腐败，ASET 强调公私合作。项目致力于建立强大的公私伙伴关系，以便开发和实施创新的反腐败解决方案。通过整合政府与私人企业的资源和专业知识，ASET 希望创造更有效的反腐败技术和机制。

（5）推动全球反腐败倡议。ASET 不仅关注美国国内的反腐败工作，也积极推动国际社会的反腐败合作。通过技术创新和政策推动，项目旨在加强全球反腐败网络建设，确保腐败行为在国际范围内得到有效遏制。

ASET 项目代表了美国在反腐败技术创新方面的重要举措，通过促进跨部门合作和技术应用，该项目旨在建立一个更加透明和负责任的全球治理体系。这一项目不仅服务于反腐败目标，也有助于巩固美国在全球治理中的领导地位。

（二）反腐技术冲刺（Anti-Corruption TechSprint）

该项目是一个国际合作平台，专注于通过技术创新应对全球腐败问题。该项目由多个国际组织和私营企业资助，参与者包括政府机构、私营部门、技术专家、数据分析师、政策制定者和非政府组织。项目的目标是开发和应用创新工具，以提高供应链透明度，打击非法资金流动和洗钱行为。该项目采用大数据分析、区块链、开源情报以及人工智能和机器学习等先进技术，通过竞赛形式促使团队和个人提出可行的反腐败解决方案。

1. 项目的核心问题和目标

反腐技术冲刺项目要解决的核心问题是全球范围内普遍存在的腐败行为，如非法获取公共资源、洗钱、贿赂等。这些行为不仅削弱了政府和机构的透明度和问责制，还损害了经济增长和社会稳定。项目的主要目标是利用科技手段来识别、预防和打击这些腐败行为，建立更透明和高效的治理体系。

2. 技术应用与创新

（1）大数据分析。通过分析大量金融和非金融数据，项目能够识别异常模式和可疑活动，从而及早发现和应对腐败行为。

（2）区块链。区块链提供了一个透明且不可篡改的记录系统，使交易和资产转移可以被追踪，减少了欺诈和非法行为发生的可能性。

（3）开源情报。利用公开可获得的数据资源，项目可以更有效地收集证据、追踪资产和监测腐败风险。这种方法有助于综合各种信息源，为决策提供支持。

（4）人工智能和机器学习。这些技术被用于模式识别和异常检测，可以帮助相关部门在早期阶段发现潜在的腐败风险。这些技术能够处理大量数据并快速形成洞察力，从而提高反腐败的效率。

3. 参与者和协作模式

该项目吸引了来自全球的广泛参与者，包括技术公司、政府部门、学术界和民间社会组织。通过竞赛形式，团队和个人提交他们的创新解决方案。参与者不仅有机会获得资助和技术支持，还可以将他们的解决方案推广到更广泛的应用场景。项目通过这种协作模式，鼓励知识分享和跨领域合作，以开发更有效的反腐败工具。

4. 未来发展方向

反腐技术冲刺项目计划在未来继续扩展其影响范围，吸引更多国际参与者。通过推动技术创新和加强国际合作，项目希望设立新的反腐败标准，并在全球范围内提高透明度和完善问责制。这一创新平台不仅为当前的反腐败斗争提供了有效工具，还为应对未来的治理挑战提供了新思路。

总的来说，反腐技术冲刺项目代表了全球反腐败努力中的一个新兴趋势，即通过科技与合作来应对复杂的腐败问题。通过集成大数据分析、区块链、人工智能等技术，项目致力于增强腐败监测和预防能力，为全球建立更公正、透明和负责任的治理环境提供了有力支持。

（三）美国国际开发署（USAID）的"打击跨国腐败大挑战"

"打击跨国腐败大挑战"（The Combating Transnational Corruption Grand Challenge）是一个旨在整合全球各领域资源和优势，以创新科技手段打击跨国腐败的重大计划项目。该项目聚集了来自不同部门的合作伙伴，包括企业、技术专家、慈善家、其他政府机构、捐助者、民间社会组织和媒体。其目标是开发新工具和技术，有效应对腐败官员跨国掠夺资源。项目中的利益相关者协同工作，以提高高风险供应链的透明度和完善问责制，打击非法金融活动和商品贩运。

腐败官员通常利用复杂的跨国网络掠夺公共资源，并利用非法金融体系和不透明的供应链来隐藏不法行为。该项目希望通过技术手段，提升这些网络的透明度和可追踪性，从而有效遏制腐败行为。

该项目动员了广泛的国际合作伙伴，包括金融和科技公司如万事达卡、谷歌、亚马逊等，这些公司利用其技术专长帮助开发创新的反腐败工具。项目还与协会和联盟、技术专家、创新者、慈善家、其他政府和捐助者、民间社会组织和媒体合作，力求形成一个强大的全球反腐败联盟。

该项目利用"众包"（Crowdsourcing）的方法，向全球的创新者和技术开发者征集反腐败工具和技术。目标是开发能够检测和阻止高价值商品非法融资和贩运的技术，帮助提升全球供应链的透明度和完善问责制。通过这些手段，USAID 希望创造一套能够识别和遏制腐败行为的标准、实践和规范。

该项目的具体措施和工具包括：（1）建立联盟，不同的利益相关者协同合作，组建联盟，分享信息和资源，以更好地应对跨国腐败的复杂性；（2）开发技术工具，利用最新的技术，如人工智能、大数据分析、区块链等，来追踪非法资金流动和高风险供应链中的腐败行为；（3）促进全球合作，通过多边合作，推动国际社会采用统一的反腐败标准和实践，从而提高全球范围内的透明度和完善问责制。

通过推动科技创新和建立全球合作网络，USAID 的"打击跨国腐败大挑战"项目预计将显著提高国际社会在打击跨国腐败方面的能力。加强对腐败官员和非法活动的监测和阻止能力，不仅有助于维护全球金融系统的完整性，还能提高公共和私营部门的诚信度。项目最终目标是通过创新手段保护公共资源，打击全球范围的腐败行为，营造透明、公正和负责任的治理环境。

USAID 的"打击跨国腐败大挑战"项目代表了美国在反腐败领域的一次重要努力。通过整合多方力量和先进技术，该项目不仅有助于打击腐败，还为全球范围内的反腐败倡议设立了新标准。这种协同合作和技术创新的模式可能成为未来全球反腐败工作的蓝图。

（四）FinCEN 的 IT 现代化项目（IT Modernization Efforts）

该项目始于 2010 年，旨在升级美国金融犯罪执法网络（FinCEN）的信息技术基础设施，以增强《银行保密法》（BSA）要求监管数据的收集、分析和共享能力。这一项目包括引入电子报告系统（BSA E-Filing），允许金融机构通过安全网络提交报告和接收 FinCEN 的通知。通过开发 FinCEN 查询功能，授权用户更广泛和高效地搜索 BSA 数据。此外，FinCEN 门户为美国的联邦、州和地方执法及监管机构提供了一个集成访问点，用于审查和分析金融数据。

1. 项目目标和重要性

FinCEN 的 IT 现代化项目旨在确保美国金融系统的透明性，防范和打击金融犯罪，包括洗钱、恐怖主义融资和税收欺诈。项目通过创建一个现代化的信息管理和分析框架，提高数据收集的完整性和分析能力，从而加强美国的国家安全和经济稳定。

2. 核心组件

（1）BSA E-Filing 系统。支持金融机构向 FinCEN 提交电子报告，确保数据传输的安全性和及时性。该系统还用于向用户发布安全信息和系统更新通知。

（2）FinCEN 门户（Portal）。为授权的执法和监管机构提供访问 BSA 数据和其他金融数据的集成网关。

（3）FinCEN 查询（Query）。一个类似搜索引擎的应用程序，用于替代旧的 Web CBRS 系统，提供更广泛的搜索功能，使用户能够通过精确查询发现潜在的犯罪活动。

3. 治理和合作

该项目由美国财政部执行投资审查委员会（E-Board）监督，其技术方法得到管理和预算办公室的批准，BSA IT 现代化执行小组和执行指导委员会负责项目的监督和决策。多个利益相关方，包括 FinCEN 的技术解决方案和服务部门、数据管理委员会（DMC）、BSA 咨询小组（BSAAG）以及 IRS 的专家，参与了项目的开发和实施。

4. 成效与挑战

项目已取得显著进展，成功迁移了历史数据并改善了数据处理的速度和质量。尽管如此，持续的监督和管理仍然至关重要，以确保项目按时完成并在预算范围内运作。FinCEN 也在与相关利益方合作，确保数据的完整性和可靠性，以应对不断变化的金融犯罪威胁。

通过 IT 现代化项目的实施，FinCEN 不仅提升了其自身的数据处理能力，还加强了与执法机构和监管机构的合作，确保了美国金融系统的安全和诚信度，这对保持金融系统的稳定和有效应对未来的挑战至关重要。

（五）FinCEN 的"创新时间计划"

FinCEN 的"创新时间计划"（Innovation Hours Program）旨在为金融科技公司、学术界和其他技术创新者提供一个与 FinCEN 互动的机会。该计划通过定期会议，邀请参与者展示新的技术解决方案，这些解决方案可以应用于反洗钱（AML）和反恐怖主义融资（CFT）领域。目标是通过合作加速新兴技术的应用，提高金融犯罪的检测和预防能力。FinCEN 希望通过这种方式推动金融系统的创新，并确保监管措施与技术进步同步。

1. 项目目标和意义

"创新时间计划"旨在促进创新，确保反洗钱和反恐怖主义融资政策能够适应不断变化的金融科技环境。通过提供与 FinCEN 直接交流的机会，技术公司和学术机构能够展示如何利用新技术来提高金融数据的收集、分析和监控能力。这不仅可以帮助 FinCEN 了解最新的科技趋势，还为创新者提供了直接影响政策制定的渠道。

2. 参与和合作

该计划每季度举办一次开放会议，向合格的创新者和公司开放。参与者可以提交申请，说明他们的技术如何适用反洗钱与反恐怖主义融资。这些会议为参与者提供了一个展示平台，他们可以介绍最新的技术进展，并提出潜在的合作机会。通过这种互动，FinCEN 能够吸收外部的专业知识，增强其打击金融犯罪的能力。

3. 技术应用

在"创新时间计划"中展示的技术包括大数据分析、人工智能、机器学习和区块链等。这些技术可以用来改进异常活动检测方法、提高数据分析的准确性，以及提升交易的透明度。FinCEN 对这些技术的兴趣在于它们能够帮助快速识别和应对金融犯罪威胁，增强金融系统的安全性和稳定性。

4. 项目成果和未来方向

"创新时间计划"已经推动了一些有价值的合作，并引导了一些新技术的试点应用。未来，FinCEN 打算继续扩展这一计划，邀请更多的技术公司和学术机构参与，目标是构建一个更广泛的创新生态系统，确保美国金融系统在应对新兴威胁时始终处于技术的前沿。

通过"创新时间计划"，FinCEN 在反洗钱和反恐怖主义融资领域采取了积极的创新姿态。该计划不仅为技术公司提供了展示与合作的机会，还帮助 FinCEN 将前沿技术融入其监管框架，从而增强对金融犯罪的抵御能力。这种开放的合作方式将有助于在技术和监管之间建立更强的联系，提升金融系统的安全性和透明度。

五　美国对离岸金融体系改革的贡献与挑战

全球离岸金融体系为非法资金流动、逃税和洗钱行为提供了隐秘的通道，助长了全球范围内的腐败和金融犯罪。作为世界上最重要的金融中心之一，美国在打击离岸金融滥用方面扮演着关键角色。然而，尽管美国在国际金融治理中推动了诸多改革，但其国内的某些州却逐渐成为财富隐匿和逃税的"避风港"。

（一）美国在离岸金融体系中的双重角色

美国在全球金融治理中占据主导地位，尤其是在反洗钱和打击逃税领域。自 2001 年 "9·11" 事件以来，美国加大了对全球金融体系的监管力度，尤其是针对离岸金融中心和避税天堂。通过法律和国际合作，美国迫使瑞士等传统避税地交出美国客户的金融信息，极大地削弱了这些国家作为避税天堂的吸引力。

然而，美国在对外施加压力的同时，其国内金融系统中的漏洞依然存在，尤其是特拉华州、南达科他州和怀俄明州，这些州的宽松法律和保密性政策使得美国成为全球重要的离岸金融中心之一。

（二）美国国内州的保密天堂

美国的某些州，如特拉华州、南达科他州和怀俄明州，因其宽松的公司注册和信托法，逐渐成为全球财富隐匿的理想地点。根据国际调查记者同盟（ICIJ）和《华盛顿邮报》披露的"潘多拉文件"，数以千万计的美元资产被从加勒比和欧洲的避税天堂转移到南达科他州等美国州。这些州的信托产业在过去十年中迅速扩张，吸引了大量国际财富和非法资金。南达科他州的信托公司资产增长了4倍多，达到3600亿美元，成为全球富豪和权贵的财富避风港。而美国在国际金融治理中，主要集中打击传统的离岸避风港，如巴哈马和开曼群岛，却对国内的信托产业和避税行为保持相对宽松的态度。这种双重标准反映了美国在全球金融治理中的矛盾角色。

（三）美国对离岸金融体系改革的主要措施

1. 出台《外国账户税收合规法案》（FATCA）

FATCA是美国政府在反洗钱和打击逃税方面的一项关键法律，要求全球金融机构向美国国税局报告美国公民和居民的海外资产。然而，FATCA的局限性在于它仅针对美国公民的海外资产，而并未要求美国金融机构共享外国客户的金融信息。这使得美国成为全球富人和逃税者的首选避税地。

2. 建立实益所有权登记制度

2021年，美国通过了《企业透明法案》（CTA），要求公司向财政部的金融犯罪执法网络（FinCEN）报告其真实所有人信息。该制度旨在打击利用空壳公司进行的洗钱和腐败活动。财政部部长耶伦表示，此举标志着美国不再成为"黑钱的避风港"。

然而，这一改革仍面临诸多挑战。尽管建立了实益所有权数据库，但该数据库仅向执法部门、银行合规官员和监管机构开放，公众无法获取相关信息。这使得外界质疑该制度是否能够真正解决金融保密问题。此外，商业团体和小企业主对这一制度提出了强烈反对，称其增加了繁文缛节，可能对小企业造成不必要的负担。此外，尽管美国通过立法加强了对离岸金融体系的打击，但南达科他州等州的信托法依然为全球富豪提供隐匿财富的手段。南达科他州的立法者多年来持续推动对信托产业发展有利的法律修订，保护信托免受债权人、税务机关和外国政府的追索。这使得该州成为全球财富的庇护所，并引发了全球范围内的广泛关注。根据以色列学者亚当·霍夫里·维诺格拉多的研究，全球 20 个对信托限制最少的司法管辖区中，有 17 个位于美国。这表明美国州一级的立法仍在大力推动信托产业的扩张，而这些信托通常与逃税、腐败和洗钱活动密切相关。

（四）美国在离岸金融体系改革中面临的挑战

1. 全球金融透明度的双重标准

美国作为全球金融治理的领导者，拒绝加入 2014 年由 100 多个司法管辖区支持的"共同申报标准"（CRS），该标准要求各国金融机构自动共享外国客户的金融信息。美国的这一态度使其成为全球避税和财富隐匿的中心。

在全球范围内，随着其他避税天堂逐渐提升透明度，尤其是瑞士和开曼群岛等地，美国的金融保密性反而增强，吸引了大量非法资金流入。这使得美国在离岸金融体系改革中面临巨大的国际压力，尤其是在欧洲和其他发达经济体的呼吁下，美国亟须改革其国内的金融保密法律。

2. 国内政治压力与立法阻力

尽管美国政府出台了一系列打击离岸金融滥用的法律，但国内的政治压力和商业利益集团的反对使得这些改革举步维艰。例如，《企业透明法案》出台后，众议院金融服务委员会的一些共和党成员强烈反对，称该法案给小企业带来了过多的繁文缛节，甚至可能导致小企业主面临刑事处罚。

此外，美国国内的信托产业利益集团强大，南达科他州等州的信托公司与立法者紧密合作，推动有利于信托产业发展的法律修订。这些州的经济在很大程度上依赖信托产业，因此联邦政府在推动相关改革时面临巨大阻力。

（五）未来的政策方向与展望

1. 加强联邦对州级信托法的监管

要有效遏制美国国内的金融保密问题，联邦政府必须加强对州一级信托法的监管。南达科他州、特拉华州和怀俄明州等州的信托法律使得财富隐匿成为可能，而这些州在国际金融体系中扮演的角色日益重要。美国联邦政府应考虑建立统一的信托法监管框架，限制这些州通过信托法吸引非法资金流入。

2. 加入"共同申报标准"（CRS）

要真正解决全球避税和洗钱问题，美国必须加入"共同申报标准"。通过自动共享外国客户的金融信息，美国可以大大提升全球金融透明度，减少非法资金流动的机会。这将有助于恢复国际社会对美国金融体系的信任，并改变其作为全球财富隐匿中心的角色。

3. 加强国际合作

美国在全球金融治理中需要与其他主要经济体加强合作，推动离岸金融体系的改革。通过与欧洲、亚洲等地的主要金融中心建立更紧密的合作关系，美国可以更有效地打击全球范围内的逃税和洗钱活动。此外，美国应继续与国际反洗钱和反腐败组织合作，推动更广泛的全球金融透明度提升。

总的来说，尽管美国在反洗钱、反腐败和打击逃税方面做出了诸多努力，但其国内的金融保密体系仍然是全球离岸金融体系中重要的组成部分。南达科他州、特拉华州和怀俄明州的法律漏洞使得美国成为全球非法资金流入的重要目的地。未来，美国需要进一步加强对州一级信托法的监管，加入"共同申报标准"，并通过国际合作推动全球金融体系的改革，真正有效地遏制离岸金融滥用。

第九章　离岸金融体系改革的中国方案

在当今中美竞争日益加剧的背景下，离岸金融体系作为一个重要的灰色地带，可能长期存在并发挥作用。这个灰色地带不仅提供了避税和规避监管的途径，还为国家间的金融互动提供了隐秘渠道。在冷战时期，离岸金融体系的形成和发展为我们提供了理解其运作逻辑的历史参照。当时，东西方两大集团对抗严重，各国通过非正式渠道进行资本和人员的流动，以维护自身的战略利益。这些历史经验表明，在大国竞争的环境中，离岸金融体系能够提供一个灵活且隐蔽的空间，使各国在不违反表面规则的情况下进行操作。

离岸金融体系的长期存在有其独特的有利因素。首先，它为不同阵营之间提供了非正式的资金流动渠道，这在对抗时期尤为重要。冷战时期，离岸金融市场成为西方国家支持盟友、对抗苏联的一种重要手段。例如，通过离岸金融中心，秘密转移资金可以支持某些国家的经济发展或军事活动，而不直接引发国际争端。这种隐蔽的操作增强了各国在地缘政治博弈中的灵活性，避免了公开对抗的激化。其次，离岸金融体系为全球金融市场的稳定提供了某种支持。它通过提供灵活的资金流动途径和避税环境，吸引了大量资本。这些资本不仅促进了国际投资，还增强了金融市场的流动性。尤其在金融动荡时期，离岸金融市场成为规避风险、保持资本稳定的一种选择。

然而，离岸金融体系的存在也伴随着显著的风险。高度的保密性和宽松的监管环境，使得它容易成为洗钱、逃税和恐怖主义融资的温床。非法资金通过离岸金融中心得以隐藏和流动，增加了国际金融监管的难度。此外，离岸金融体系的广泛使用可能削弱各国的税收基础，扩大贫富差距，进而影响社会稳定和经济公平。这些风险不仅对单个国家构成威胁，还可能危及全球金融体系的稳定。

鉴于离岸金融体系既有有利因素也存在潜在风险，我国需要采取策略应对这一灰色地带的长期存在。首先，中国应加强对离岸金融体系的理解和研究，识别其运作模式和可能带来的风险。在此基础上，通过建立健全法律和监管框架，将离岸金融活动保持在可控的范围内，防止非法资金的流入和外逃。其次，中国可以战略性地将离岸金融体系作为工具，推动人民币国际化进程。通过利用离岸市场的流动性和避税优势，中国能够为人民币国际化创造更有利的条件，增加人民币在国际市场上的接受度。尤其是在全球金融不确定性加剧的背景下，离岸金融市场可以为人民币提供一个国际化的桥梁。同时，通过发展人民币的离岸市场，中国可以有效地在全球资本市场中获得更大的话语权。

与此同时，尽管可以利用离岸金融体系助推人民币国际化，但仍然需要继续推动监管和全球金融体系的改革与治理。中国应加强与国际社会的合作，积极参与反洗钱、反恐怖主义融资等领域的全球标准制定，确保离岸金融活动不会带来更多金融风险。积极参与国际治理，不仅能够保障国内经济的稳定，还能提升中国在全球金融治理中的地位和影响力。

一　借鉴离岸货币市场经验推动人民币国际化

人民币的国际化不仅关乎中国经济的全球影响力，也关乎中国在全球金融体系中的地位。回顾历史，欧洲美元市场的崛起为我们提供了一个重要的参照。冷战时期，欧洲美元市场在美国之外蓬勃发展，推动了美元的国际化进程，并改变了全球金融体系的格局。理解这一历史现象及其背后的运作机制，对推动人民币国际化具有重要的启示意义。在这一背景下，我们可以通过分析欧洲美元市场的成功经验，结合当前的全球去美元化趋势，探索人民币国际化的路径与策略。

（一）欧洲美元市场的历史背景及其对人民币国际化的启示

欧洲美元市场的发展是二战后全球金融体系最具影响力的现象之一，

它通过在美国境外进行美元交易，极大地推动了美元的国际化。理解欧洲美元市场的起源、发展及其参与者的角色，对人民币的国际化具有重要的借鉴意义。

1. 抓住大国竞争带来的机遇

欧洲美元市场的起源很大程度上是因为冷战时期苏联及其盟国出于对美国政府制裁和政治风险的担忧，选择将美元存储于欧洲的银行，避开美国的管制。如今，类似的情况出现在美国同中国、俄罗斯，甚至其他全球南方国家之间。由于西方国家对俄罗斯的制裁，俄罗斯被迫减少对美元和欧元的依赖，转而增加人民币的使用。许多其他国家，尤其是全球南方国家，因担忧西方的制裁也正在逐渐远离美元。特别是美国开展的全球反腐败战略，让很多非洲、中东、拉美国家担心可能因为政治风险及美国的反腐败举措，国家和一些个人在美国或其他西方国家的资产被冻结甚至没收。这种地缘政治背景下的去美元化潮流，为人民币提供了与当时欧洲美元市场相似的历史性机遇。我们也可以通过以下几方面入手，抓住地缘政治风险带来的机会。

首先，应增加人民币的国际使用。正如欧洲美元市场通过不受美国政府控制的欧洲银行发展起来，人民币也可以通过与不受西方控制的国家加强双边协作来扩大国际使用范围。像俄罗斯和其他金砖国家这样的国家由于地缘政治因素，正在积极寻求非美元的替代货币，人民币可以成为这些国家的一大选择。中俄贸易中以人民币结算的比例已大幅上升，这显示了人民币在特定区域内已经具备了替代美元的潜力。

其次，扩展货币互换和人民币计价的金融工具。与俄罗斯的货币互换协议以及人民币计价的债券发行，为人民币提供了流动性，并获得了更高的国际认可度。中国可以进一步推动类似的协议与其他国家，特别是金砖国家和全球南方国家，来增加人民币在国际储备中的份额。

最后，减少美元依赖，推动"去美元化"。当前一些国家出于对美国可能实施的金融制裁的担忧，正在寻找多极化的金融体系。人民币可以借此机会通过提供可替代的交易和储备货币，帮助这些国家减少对美元的依赖。尤其是在石油、天然气等资源交易中，中国可以通过与沙特阿拉伯等国家的合作，进一步扩大人民币在能源市场中的使用，从而挑战"石油美元"的垄断地位。

总结来说，人民币可以借鉴冷战时期欧洲美元市场的成功经验，利用当前全球去美元化的趋势，通过与其他国家建立更紧密的金融合作关系，增强人民币在国际贸易和储备中的作用。同时，通过放松资本管制和推行数字人民币，人民币的国际化将进一步加速。

2. 适时适度调整资本管控与监管环境以推动离岸人民币市场发展

20 世纪 60 年代初，美国为了应对国内的经济问题和国际收支赤字，实施了一系列资本管控措施，如利息平衡税等。这些措施限制了美国银行在国际市场上的活动，迫使跨国企业和金融机构寻找新的融资渠道。这些措施无形中推动了欧洲美元市场的形成，使得美元的借贷和存款转向了伦敦等离岸金融中心。

这一现象表明，人民币在国际化过程中，也可以通过适时适度地利用资本管制和监管政策，引导人民币离岸市场的发展。中国可以选择性地放松对离岸人民币交易的监管，鼓励更多的国际机构使用人民币进行贸易结算和投资，从而提升人民币的国际地位。

3. 建立离岸金融中心与培养具有国际视野和跨国经验的银行家

伦敦金融城在欧洲美元市场的发展中扮演了重要角色。银行家如乔治·博尔顿和西格蒙德·沃伯格等人推动了伦敦成为欧洲美元交易的中心。这些银行家利用英国相对宽松的监管环境和全球金融网络的优势，设立了各种金融工具和机制，使得非美国银行能够在伦敦自由交易美元。这种离岸金融市场的建立，不仅帮助规避了美国的资本管制，也促进了美元在全球范围内的使用。

人民币国际化可以从中借鉴，建立和利用区域性金融中心，如香港和上海，通过制定有吸引力的政策和法规，鼓励国际金融机构在这些中心进行人民币交易和融资。同时，中国应培养具有国际视野的金融人才，支持金融创新，推出更多符合国际需求的人民币金融产品。

4. 借鉴美英之间的微妙合作与竞争经验

美英两国在欧洲美元市场的形成过程中既有合作又有竞争。一方面，美国政府在 20 世纪 60 年代后期逐步认识到欧洲美元市场的存在，并在一定程度上接受了它，因为欧洲美元市场有助于分担美元的国际流动性压力。另一方面，英国则通过伦敦金融城的积极运作和灵活的政策，确保了伦敦在欧洲美元市场的主导地位。

这种微妙的合作与竞争关系表明，人民币国际化不仅需要中国政府的主动推动，还需要与其他主要经济体和国际金融中心的协作。英国通过灵活的政策和金融创新，确保了伦敦作为全球金融中心的地位。美国虽然对欧洲美元市场的兴起有一定抵触，但随着其意识到欧洲美元市场有助于缓解国内的金融压力，便逐渐接受并推动了美国银行在伦敦参与该市场。英美双方通过金融政策上的灵活调整，逐步实现了在全球金融体系中的共存与合作。

类似的，中国可以与其他国际金融中心，如英国、新加坡、阿联酋等寻找共同的利益点。在人民币国际化的过程中，利用这些国家的金融基础设施和优势资源，进一步推动人民币的离岸市场发展。例如，英国在确保伦敦金融地位的同时，也需要参与全球金融市场的多元化发展，这为人民币国际化提供了合作的可能性。通过类似的双边货币互换协议，中国可以借助这些金融中心的力量扩大人民币的国际使用。通过与其他国家在各自利益基础上的合作，人民币可以在全球金融体系中找到更大的发展空间，类似当年英美在欧洲美元市场上的合作推动了各自经济利益的增长。

（二）欧洲美元市场的运作模式与经验

1. 推动跨国银行网络与国际合作以增加市场流动性

欧洲美元市场之所以能快速增长，得益于跨国银行网络的广泛参与。这些银行通过在伦敦设立分行，建立了一个庞大的美元存贷款市场，确保了市场的流动性和交易的连续性。例如，花旗银行、德意志银行和巴克莱银行等国际大型银行成为欧洲美元市场的重要参与者，通过互相拆借和为跨国公司提供贷款，极大地推动了欧洲美元市场的发展。这种跨国银行网络的建立不仅增加了市场的深度和广度，还提高了市场对全球经济波动的适应能力。

在人民币国际化过程中，中国可以借鉴这一经验，通过推动中国的主要银行，如中国工商银行、中国银行等在全球设立更多的分支机构，加强与国际银行的合作，建立一个以人民币为中心的全球银行网络。这不仅有助于增加人民币的市场流动性，而且能够促进人民币在国际贸易和投资中的使用。

欧洲美元市场的利率由市场供求关系决定，主要通过伦敦银行同业拆借利率（LIBOR）来反映市场的资金成本。这种市场化的利率机制使得欧洲美元市场更具吸引力，因为它能够及时反映国际资本市场的变化，提供更为公正和透明的资金成本参考。这与当时大多数国家严格的利率管制形成了鲜明对比。

人民币的国际化也应逐步构建市场化的利率机制。中国可以继续推进人民币利率市场化改革，使人民币利率能够更真实地反映市场供求状况。通过完善上海银行间同业拆借利率（SHIBOR）等参考利率体系，使得人民币在国际市场上的借贷和投资更加透明和具有吸引力。

2. 创新金融工具

欧洲美元市场的成功还在于金融工具的创新。欧洲美元债券和各种衍生产品的推出，为投资者和借款人提供了多样化的选择。这些金融工具不仅满足了跨国公司和政府的融资需求，还为投资者提供了对冲风险和套利的机会。这种金融创新增强了市场的活力和竞争力。

在人民币国际化过程中，中国也可以通过推动离岸市场上创新更多人民币计价的金融工具，如人民币债券、期货和期权，丰富市场产品，吸引更多的国际投资者参与。这不仅可以提高人民币的市场占有率，还能够提高市场的深度和广度。

（三）关键人物和政策因素的启示

1. 战略银行家的全球视野和执行力

在欧洲美元市场的发展过程中，乔治·博尔顿和西格蒙德·沃伯格等银行家起到了至关重要的推动作用。他们通过金融创新，建立广泛的国际网络和与政府的良好关系，推动了欧洲美元市场的快速发展。这些银行家意识到利用伦敦的国际金融中心地位可以吸引全球的美元交易，而他们的远见和领导力促成了这一战略的成功。

中国在推进人民币国际化时，应注重培养和支持类似的金融引领者和创新者。通过政策支持和激励机制，鼓励国内金融机构和企业家在国际市场上大胆尝试，进行金融创新；鼓励我国银行家获得外国银行、国际组织的工作经验和人脉网络；同时，政府和监管机构应提供相应的政策支持，确保这些创新能够在稳健的框架内运行。

2. 加强同主要经济体外交、战略与学术界交流

在欧洲美元市场的发展过程中，美英之间的政策互动发挥了关键作用。英美财政部、央行以及外交系统在通过多次交流谈判后，逐渐清楚了对方的利益和底线，并对各自的立场和政策做出了适当调整。例如，美国在了解英国的态度，并意识到欧洲美元市场不可避免的增长后，逐步调整了其政策立场，而英国则利用这一时机，通过宽松的监管政策和金融创新巩固了伦敦作为全球金融中心的地位。这种策略显示了在全球金融市场中，需要对其他国家国内政治、意识形态、领导人认知以及政策优先项有足够的了解。这些都需要外交、战略以及学术界之间的交流。灵活的政策调整和国际合作是成功的关键，但政策的调整都是基于对其他国家态度和政策的准确研判。

人民币国际化应借鉴这一经验，在全球经济环境变化时保持政策的灵活性和适应性。中国可以通过加强与主要经济体的政策对话和协调，促进人民币国际化的有序推进。这不应仅仅局限于与其他国家银行领域的交流，也应包括外交、安全、学术等领域的交流。

（四）欧洲美元市场的风险与教训

1. 系统性风险与金融稳定性

欧洲美元市场的快速发展虽然推动了全球金融的繁荣，但也带来了显著的系统性风险。在金融危机时期，欧洲美元市场的高杠杆和流动性风险暴露无遗。例如，2008 年全球金融危机期间，欧洲美元市场的流动性紧张加剧了金融市场的动荡。这提醒我们，离岸金融市场的发展必须以健全的风险管理为基础。

在人民币国际化过程中，中国应加强对离岸人民币市场的风险监控，建立健全的金融风险预警和应急机制，确保在金融市场出现波动时能够迅速反应，稳定市场信心。同时，应推动国际合作，加强全球金融监管的协调，共同应对潜在的系统性风险。

2. 监管套利与合规问题

欧洲美元市场的发展部分得益于金融机构利用各国监管政策的不一致性进行套利。这种监管套利虽然短期内促进了市场的活跃，但也增加了市场的不稳定性和合规风险。例如，银行和其他金融机构可能通过复杂的金融结构规避监管要求，导致市场透明度降低。

在人民币国际化进程中，中国应重视监管套利的潜在问题，确保监管政策的一致性和透明度。通过建立国际合作机制，与其他国家和地区共享监管信息，共同打击非法金融活动，维护人民币市场的健康和稳定。

（五）人民币国际化的未来展望与策略

1. 构建多层次市场体系

欧洲美元市场的发展依赖广泛的跨国银行网络和金融市场的深度。人民币国际化可以借鉴这一经验，构建一个多层次、广覆盖的人民币市场体系。通过在中国香港、新加坡等地建立更多的离岸人民币中心，推动人民币在更多国家和地区使用，形成一个全球性的人民币交易网络。

2. 深化国际金融合作

欧洲美元市场的成功离不开国际合作与政策协调。人民币国际化应进一步深化与其他主要经济体和国际组织的合作，通过签订双边货币互换协议、参与国际货币基金组织特别提款权等多边框架，提升人民币的国际接受度和认可度。

3. 加强政策灵活性与创新

欧洲美元市场的发展历史表明，灵活的政策和金融创新是推动货币国际化的重要动力。中国应保持政策的灵活性，适应国际经济环境的变化，及时调整人民币国际化的战略和措施。同时，鼓励金融机构在离岸市场开展人民币金融产品创新，提升人民币的国际竞争力。

总的来说，欧洲美元市场的起源与发展为人民币国际化提供了丰富的经验和教训。通过借鉴欧洲美元市场建立、政策调整、国际合作以及风险管理方面的经验，中国可以更有效地推动人民币的国际化进程。在这一过程中，中国应保持战略定力，注重风险防控，积极参与国际金融治理，确保人民币国际化的可持续性和稳健性。

二　离岸金融体系改革的中国方案

全球离岸金融体系的发展既推动了经济全球化，也带来了巨大的风险。随着欧洲美元市场在 20 世纪 50 年代的出现，离岸金融体系迅速发展，成为跨国公司、高净值个人以及政治精英用以规避监管、隐藏资产的重要工具。尽管离岸金融中心在促进资本流动、提升投资效率方面起到了积极作用，但其匿名性和灵活性也使其成为洗钱、避税、腐败和其他非法活动的温床。

多年来，一系列涉及离岸金融的国际调查成果，如"巴拿马文件"和"潘多拉文件"，揭露了全球财富转移的黑幕，以及相关机构和个人如何通过复杂的公司架构和隐秘的金融交易隐藏财富。这些调查引发了国际社会对离岸金融体系透明度和问责制的广泛关注，并呼吁采取更严格的监管措施。

在全球大国竞争加剧的背景下，治理离岸金融体系不仅是国际社会的共同责任，也成为各国维护自身经济安全和主权的关键手段。特别是中国，作为世界第二大经济体，在推动全球金融治理改革方面具有独特的视角和立场。中国不仅面临如何防范资本外逃和税基被侵蚀的问题，同时也有责任在全球金融治理中发挥积极作用，以确保公平竞争和国际经济秩序稳定。

（一）中国的全球治理立场与原则

中国在全球治理中的立场和原则，可以概括为以下几个方面。

（1）主权平等与尊重多样性。中国坚持尊重各国主权和发展模式的多样性，反对将单一国家的标准强加于他国。中国认为，全球治理应建立在尊重各国自主选择的基础上，反对将反洗钱、反恐怖主义融资等问题政治化，避免借治理之名进行大国博弈。

（2）公平与包容。中国主张在全球治理中坚持公平与包容，特别是在涉及税收、金融监管等问题上，应充分考虑发展中国家的利益和关切。全球治理框架应体现公平性，防止发达国家利用其优势地位操纵规则，损害发展中国家的利益。

（3）合作与共赢。中国倡导通过多边合作实现共赢，主张加强国际合作，分享信息和经验，共同应对全球性挑战。各国应在相互尊重、平等互利的基础上，通过谈判和对话解决分歧，推动全球治理体系的完善。

（4）透明与责任。中国支持提高全球金融体系的透明度，加强对跨国公司和金融机构的监管，确保其遵守法律法规，履行社会责任。应通过加强信息披露和跨境监管合作，提升金融活动的透明度，减少非法活动的空间。

（二）全球治理方案：具体措施与实施路径

在上述原则的指导下，中国可以提出以下具体措施和实施路径，以推动全球离岸金融体系的治理优化。

1. 建立区域金融合作机制，推动亚洲金融治理合作

作为亚洲最大的经济体，中国可以积极推动建立区域性的金融合作机制，如亚洲金融治理论坛。这个论坛可以作为各国政府、监管机构、金融机构和专家学者之间的合作平台，共同讨论和制定地区性的反洗钱、反恐怖主义融资和税务合规标准。通过推动区域性合作，中国可以提升亚洲地区金融市场的透明度和稳定性，为全球金融治理提供区域经验和解决方案。

2. 推动"一带一路"共建国家金融监管能力建设

中国可以利用"一带一路"倡议框架，提供技术和能力建设支持，帮助沿线发展中国家提高金融监管和反洗钱能力，具体措施可以包括提供技术培训、建立信息共享平台、支持法律和制度建设等。通过这些措施，中国可以帮助这些国家建立健全金融监管体系，防止非法资金流入，保护本国经济安全。

3. 加强与国际组织的合作，支持多边机制的建设

中国应积极参与和支持国际货币基金组织（IMF）、经济合作与发展组织（OECD）以及联合国等国际组织的工作，推动全球金融治理的多边

机制建设。中国可以在这些平台上提出建设性建议，倡导设立统一的全球税收合规标准和反洗钱规定，并推动各国在信息交换和执法合作方面达成共识。通过与国际组织的合作，中国可以提升全球金融体系的稳定性和公平性。

4. 倡导全球区块链技术应用，提高金融交易透明度

区块链技术的去中心化和透明特性为提升金融交易的安全性和透明度提供了新的可能性。中国可以倡导在全球范围内推广区块链技术的应用，建立更加透明和安全的金融交易系统。这不仅有助于防止非法资金的流动，还可以提高跨境金融交易的效率和安全性。中国可以推动制定全球区块链技术标准，确保其合法合规使用，并为其他国家提供技术支持和经验分享。

5. 设立国际反腐败基金，推动全球反腐败合作

离岸金融体系的滥用往往与腐败问题密切相关，因此中国可以倡导设立国际反腐败基金，由各国政府和国际组织共同出资，支持反腐败调查和起诉工作。该基金可以为各国的反腐败机构提供财务支持和技术援助，帮助其提高执法能力和透明度。通过国际反腐败合作，中国可以推动建立更清廉的全球金融环境，减少腐败行为对全球经济的负面影响。

6. 设立全球财富申报制度，提高高净值个人和跨国公司的税务合规性

针对高净值个人和跨国公司利用离岸金融中心隐藏财富和逃避税收的问题，中国可以倡导建立全球财富申报制度。要求在多个司法管辖区拥有财产的个人和公司向其居住国或经营所在地的税务机关申报全球财富。这一措施可以加强对高净值个人和跨国公司的税收监管，确保税收义务的履行，并提高全球税收体系的公平性。

7. 推动离岸金融中心的制度改革，提高透明度和合规性

中国可以与主要经济体合作，推动离岸金融中心在信息披露、客户尽职调查和税务合规等方面的制度改革。通过建立国际标准和认证体系，确保离岸金融中心的运营符合反洗钱、反恐怖主义融资和税务合规要求。中国可以在国际金融会议和论坛上倡导这一改革，推动离岸金融中心的合法化和规范化运营，减少其被非法利用的风险。

8. 加强国内立法和监管，完善中国自身的金融治理框架

在全球治理的同时，中国也应加强国内立法和监管，提升自身金融体系的透明度和合规性。具体措施包括完善反洗钱和反恐怖主义融资法律法规，加强金融机构的客户尽职调查，提高税务合规标准，推进跨境资本流动的监控。通过提高自身的金融治理水平，中国可以为全球治理提供良好的示范作用。

9. 倡导国际社会对逃税避税行为的严厉打击

中国可以在国际场合倡导严厉打击逃税避税行为，推动国际社会在税务合规和信息交换方面的合作。通过支持 OECD 的税基侵蚀和利润转移（BEPS）行动计划，以及自动信息交换标准的实施，中国可以推动建立更加公平的全球税收环境，减少税基流失，确保各国税收权益。

10. 推动建立全球金融危机应对机制，提升全球金融稳定性

离岸金融体系的高风险性可能引发全球金融危机。为应对这一挑战，中国可以倡导建立全球金融危机应对机制，加强对系统重要性金融机构的监控和管理。该机制可以包括建立全球金融稳定监测体系，设立国际金融危机应急基金，制定危机管理和恢复计划等。通过这些措施，中国可以提升全球金融体系的抗风险能力，确保金融市场的稳定。

（三）中国在全球治理中的引领作用

中国作为世界第二大经济体和新兴大国，在推动全球离岸金融体系治理方面具备独特的优势。通过倡导建设公平、公正、透明的全球金融治理框架，中国可以在国际社会中发挥引领作用，促进全球金融市场的稳定和繁荣。

1. 贡献中国智慧，分享成功经验与技术

中国在过去几十年中，通过有效的金融监管和政策改革，实现了经济的快速发展和金融市场的稳定。这些成功经验可以为其他国家提供有益的借鉴。中国可以通过多边平台和双边合作，分享在反洗钱、税务合规和金融稳定方面的经验和技术，为全球治理贡献中国智慧。

2. 推动建立更广泛的国际共识，倡导包容性合作

中国主张在全球治理中坚持多边主义和包容性合作，反对单边主义和

保护主义。通过参与和推动多边对话，中国可以倡导在税收、公平贸易和金融透明度方面达成更广泛的国际共识，推动建立一个更加公正和包容的国际经济秩序。

3. 推动"一带一路"倡议与全球治理的有机结合

通过"一带一路"倡议，中国可以将国内发展与全球治理有机结合，为沿线国家提供经济支持和技术援助，推动地区间的经济合作和金融治理。通过在"一带一路"框架下的合作，中国可以促进共建国家的经济繁荣和社会稳定，为全球治理提供区域样本。

4. 建设全球金融人才网络，提高治理能力

金融治理的实施离不开高素质的人才支持。中国可以通过国际教育合作、人才交流计划和联合研究项目，培养和吸引全球金融治理人才。通过建立全球金融人才网络，中国可以提高自身和国际社会在金融治理方面的能力，共同应对离岸金融体系带来的挑战。

（四）实施过程中面临的挑战与应对策略

尽管中国在全球离岸金融体系治理中具备独特的优势，但实施上述方案仍面临诸多挑战，具体如下。

（1）国际社会的复杂性和多样性。全球治理涉及不同国家、地区和利益群体，其复杂性和多样性增加了共识达成和政策协调的难度。中国需要通过多边合作，推动各方在公平与透明原则基础上达成共识，协调各国的政策行动。

（2）利益冲突与大国竞争。大国之间的利益冲突和地缘政治博弈可能影响全球金融治理的进程。为应对这些挑战，中国应在坚持自身核心利益的同时，灵活应对国际形势的变化，积极参与国际谈判和规则制定，推动建立公平公正的国际经济秩序。

（3）技术差距与发展中国家的能力不足。发展中国家在实施高标准金融监管方面可能面临技术和资源不足的问题。中国可以通过技术援助、资金支持和能力建设，帮助这些国家提高金融监管能力，缩小全球治理的技术差距。

（4）公众意识与支持度的不足。全球金融治理的成功实施需要公众的广泛支持和参与。中国可以通过加强金融教育和宣传，提高公众对离岸金融体系的认识和理解，增强公众对全球治理措施的支持力度。

（五）小结

中国在全球离岸金融体系治理中应积极发挥引领作用，通过多边合作、技术创新和透明度提升，推动建立一个公正、透明和可持续的全球金融治理框架。这不仅有助于维护全球金融市场的稳定和安全，还将为全球经济的可持续发展做出贡献。在全球化和大国竞争日益加剧的背景下，中国应继续倡导多边主义，加强与各国和国际组织的合作，共同应对离岸金融体系带来的挑战，为全球治理贡献中国智慧和力量。

三　综述与启示：地缘政治、关键人物与国际货币及金融中心的形成

国际货币的演变和国际金融中心的兴衰，历来是全球经济史上最为复杂和引人注目的现象。这一过程不仅受到经济因素的影响，更深深嵌入了地缘政治的博弈、突发事件的冲击以及关键人物的推动。本章将对前文所述内容进行全面总结，深入探讨地缘政治、突发事件以及外交资本家如何影响一国货币发展为国际货币，以及地区如何崛起为国际金融中心。最后，结合中国的现实情况，提出对人民币国际化和中国建设国际金融中心的启示。

（一）地缘政治因素对国际货币的影响

1. 国家实力与货币地位的关系

国际货币的地位往往与发行国的综合国力密不可分。一个国家的经济规模、政治稳定性、军事力量和外交影响力，都可对其货币的国际地位产生直接影响。历史上，英镑之所以能在 19 世纪末 20 世纪初成为全球主要储备和结算货币，正是得益于当时英国的全球霸权地位。同样，二战后的美国凭借其强大的经济实力和政治影响力，使美元取代英镑，成为新的国际货币。

2. 地缘政治格局的变化

地缘政治格局的变化往往会引发国际货币体系的变革。例如，二战

后美国的崛起和英国的衰落，使得美元逐渐取代英镑，成为全球主要的储备货币和结算货币。此外，冷战期间的美苏对峙也深刻影响了国际货币体系的发展。苏联及其盟国出于对政治风险的担忧，不愿意持有美元资产，这促使其将美元存款转移到欧洲的银行，催生了欧洲美元市场。

3. 国际政治合作与货币体系的建立

国际政治合作为新的国际货币体系的建立提供了可能。二战后，美国主导建立了布雷顿森林体系，通过国际合作，确立了以美元为中心的固定汇率制度，各国货币与美元挂钩，美元则与黄金挂钩。这一体系的建立，既是美国经济实力的体现，也是国际社会合作的成果。

（二）突发事件对货币和金融中心的影响

1. 战争与危机的冲击

突发的战争和金融危机往往会对货币的国际地位和金融中心的发展产生巨大影响。以苏伊士运河危机为例，1956 年的这一事件不仅标志着英国在国际事务中的影响力进一步下降，也对英镑的国际地位造成了冲击。危机导致的资本外流和国际信心的下降，迫使英国金融界寻求新的出路，推动了伦敦金融市场的改革和创新。

2. 政策变化引发的连锁反应

政府政策的突然变化也会对国际资金流动产生深远影响。20 世纪 60 年代初，美国为应对国际收支赤字，实施了利息平衡税（IET）等资本管制措施，试图限制资本外流。然而，这些措施却适得其反，促使国际资本转向伦敦等欧洲金融中心，推动了欧洲债券市场的兴起，强化了伦敦的国际金融中心地位。

（三）外交资本家的关键作用

1. 外交资本家的定义与特点

外交资本家是指那些既具备深厚金融专业知识，又拥有广泛国际视野和政治影响力的金融家。他们善于利用自身的专业能力和人脉资源，在国际政治和经济舞台上推动金融创新和市场发展。这些人往往抱有宏大的战略目标，如重振国家金融中心地位，或推进区域经济一体化。

2. 典型案例

乔治·博尔顿，作为英格兰银行的前副行长，看到英国衰落和英镑国际地位下降的趋势后，积极谋划重振伦敦金融中心的策略。他利用苏伊士运河危机的契机，转任伦敦南美银行主席，推动银行业务从英镑转向美元，积极发展欧洲美元业务。他的远见和决策，使伦敦在新的国际金融格局中找到了定位。

西格蒙德·沃伯格，出身于银行世家，不仅有卓越的金融才能，更有推进欧洲一体化的政治抱负。他敏锐地抓住美国资本管制带来的市场空白，创立了欧洲债券市场。他的努力不仅为欧洲企业和政府提供了新的融资渠道，也加强了欧洲各国资本市场的联系，推动了欧洲经济的整合。

（四）国际金融中心的形成与发展

1. 金融创新的重要性

金融创新是推动国际金融中心形成和发展的核心动力。伦敦在 20 世纪 50 年代末 60 年代初，通过发展欧洲美元市场和欧洲债券市场，成功吸引了全球资本的流入，重新确立了其国际金融中心的地位。这些创新不仅满足了市场的需求，也避开了当时各国的资本管制政策。

2. 宽松的监管和税收政策

适度宽松的监管环境和有竞争力的税收政策，有助于吸引国际金融机构和资本。伦敦在发展离岸金融市场时，采取了"善意忽视"（Benign Neglect）的监管策略，对非居民的美元交易不施加过多限制。同时，英国的税收政策也对金融机构和高净值个人具有吸引力。

3. 人才和机构的聚集

国际金融中心的形成离不开高素质的金融人才和领先的金融机构。伦敦和纽约等地之所以能够成为全球金融中心，很大程度上得益于其聚集了大量的金融专业人士、银行、投资机构和服务提供商，形成了完善的金融生态系统。

4. 完善的金融基础设施

完善的金融基础设施，包括交易系统、支付清算系统、法律和会计服务等，是金融中心高效运行的保障。伦敦在这些方面具有悠久的传统和丰富的经验，为全球金融活动提供了便利。

（五）地缘政治、突发事件与金融中心的互动

1. 地缘政治塑造金融中心

地缘政治因素不仅影响货币的国际地位，也深刻影响金融中心的命运。国家的政治稳定性、国际地位和外交政策都会对其金融中心的吸引力产生影响。例如，纽约作为美国的金融中心，就受益于美国的全球领导地位和开放的经济政策。

2. 突发事件催化金融创新

战争、危机和政策变化等突发事件，往往成为金融创新的催化剂。在面对危机时，金融家和政策制定者会寻求新的解决方案，推动市场的变革。例如，苏伊士运河危机迫使伦敦的银行家们寻求新的业务模式，促进了欧洲美元市场的形成。

3. 关键人物引领变革

关键人物的远见和行动，往往在历史的转折点上发挥决定性作用。他们能够识别机遇，整合资源，推动创新，改变金融市场的格局。博尔顿和沃伯格正是这种个人力量影响历史发展的典型案例。

（六）对中国的启示

1. 抓住地缘政治机遇

当前，全球地缘政治格局正在发生深刻变化。中美关系的复杂化、全球化的逆流、新兴市场的崛起，都为人民币国际化和中国建设国际金融中心提供了新的机遇。中国应积极参与全球治理，提升在国际组织中的影响力，为人民币走向国际创造有利的政治环境。

2. 深化金融改革与开放

中国需要继续深化金融市场的改革，提高市场化水平，完善法律法规，提升监管效率。同时，应稳步推进金融市场的开放，吸引国际投资者参与中国市场，增加市场的深度和广度。

3. 推动人民币国际化

一是扩大人民币在贸易结算中的使用。鼓励国内企业和贸易伙伴使用

人民币进行跨境贸易结算，降低对美元等外币的依赖。推进"一带一路"倡议，深化与共建国家的经贸合作，扩大人民币的使用范围。二是发展离岸人民币市场。支持中国香港、新加坡、伦敦等地的离岸人民币市场发展，提供多元化的人民币投资和融资工具，满足国际投资者的需求。三是加强货币互换与合作。与更多国家和地区签订货币互换协议，建立区域性的清算和结算机制，提升人民币在国际金融交易中的地位。

4. 建设国际金融中心

一方面，打造上海等地为全球金融中心。上海作为中国的金融中心，应继续提升其国际化水平，吸引全球金融机构和人才入驻。完善金融基础设施，提升金融服务的质量和效率。另一方面，优化监管和税收政策。借鉴伦敦和纽约的经验，在风险可控的前提下，提供更具吸引力的监管和税收政策，吸引国际资本和相关机构。

5. 防范金融风险

在推进金融开放和人民币国际化的过程中，要高度重视金融风险的防范。建立健全风险预警和应急机制，加强对跨境资本流动的监测，确保金融市场的稳定。

6. 培养金融人才

国际金融中心的建设离不开高素质的人才支撑。中国应加大对金融人才的培养力度，鼓励创新，提升从业人员的国际化视野和专业化水平。

回顾历史，国际货币的发展和金融中心的变迁，无不受到地缘政治、突发事件和关键人物的影响。大国的兴衰、战争与危机的冲击、金融家的远见与行动交织在一起，塑造了全球金融的格局。对中国而言，在新的历史时期既面临挑战，也拥有难得的机遇。抓住地缘政治格局变化带来的机会，深化改革，开放市场，推进人民币国际化，建设国际金融中心，是中国实现经济转型升级、提升国际地位的重要战略选择。未来，中国需要在全球舞台上发挥更大的作用，为世界经济的稳定和发展贡献力量。同时，要警惕和防范各种风险，确保金融体系的安全和稳定。只有这样，才能实现中华民族伟大复兴，推动构建人类命运共同体。

总　结

本书全面探讨了离岸金融体系的起源、发展及其对全球金融体系的深远影响，尤其是在当今全球大国竞争和金融治理的背景下。离岸金融体系起源于 20 世纪 50 年代，特别是在冷战期间，欧洲美元市场迅速崛起，成为全球资本流动的关键机制。这一体系为跨国公司和高净值个人提供了避税和规避监管的渠道，推动了全球资本流动。然而，离岸金融体系的运作也滋生了洗钱、逃税等金融犯罪，给全球金融监管带来了严峻挑战。

本书深入分析了离岸金融体系的优缺点。其主要优点在于促进了全球资本的流动，推动了一些地区的经济发展，并为跨国公司提供了灵活的财务管理工具。但与此同时，它也削弱了各国的税收基础，扩大了贫富差距，并通过影子银行等高风险操作增加了全球金融体系的不稳定性。2008 年全球金融危机进一步揭示了离岸金融体系潜藏的系统性风险。

美国和国际社会在治理离岸金融体系方面发挥了核心作用。美国通过《银行保密法》和《反洗钱法案（2020）》等立法，强化了对跨境资本流动的监管。与此同时，国际组织如反洗钱金融行动特别工作组（FATF）和经济合作与发展组织（OECD），也制定了全球反洗钱和税收透明度标准，推动各国加强金融治理。

在全球金融体系中崛起的中国，面临离岸金融体系带来的机遇与挑战。本书提出，人民币国际化是中国应对未来全球金融格局变化的重要战略目标。借鉴欧洲美元市场的发展经验，中国应通过建立离岸人民币市场、推动达成货币互换协议、发行人民币计价的金融工具等，逐步提升人民币在国际市场上的地位。同时，中国需要加强国内外金融监管，防范离岸金融活动带来的潜在风险，确保金融体系的稳健性与安全性。

　　通过对离岸金融体系的历史回顾、全球治理现状分析以及中国的战略路径建议，本书揭示了这一体系的复杂性和全球影响力，强调了国际合作与金融监管的重要性。加强对离岸金融体系的治理，对维护全球金融稳定、构建公平和透明的国际金融环境具有重要意义。

附录：名词和概念列表

1. 欧洲美元（Eurodollar）

欧洲美元是指在美国境外的银行存放的以美元计价的存款。这些存款不受美国国内银行法规的约束，主要在伦敦等欧洲金融中心进行交易。欧洲美元市场的出现源于 20 世纪中期美国的资本管控，导致美元流动性向欧洲转移。

2. 欧洲货币（Eurocurrency）

欧洲货币指在发行国境外进行存款和借贷的任何货币，不限于美元。这种形式的货币交易最早出现在欧洲，故此得名。欧洲货币市场通过减少货币交易的管制和税收负担，为跨国公司和投资者提供了更灵活的融资和投资机会。

3. 欧洲债券（Eurobond）

欧洲债券是指在发行国境外，以外国货币发行的债券。这类债券通常不受发行国的法律限制，为国际投资者和发行方提供了更多的财务灵活性。

4. 欧洲市场（Euro Market）

欧洲市场包括所有以欧洲货币进行交易的金融市场，涵盖欧洲美元市场、欧洲债券市场等。这些市场提供了跨国融资渠道，使得资本能够更自由地在全球流动。

5. 离岸金融中心（Offshore Financial Center，OFC）

离岸金融中心是专门为非居民提供金融服务的地区或国家，服务通常包括低税收、宽松的监管和高度的隐私保护。著名的离岸金融中心包括开曼群岛、英属维尔京群岛、新加坡和中国香港。

6. 离岸金融体系（Offshore Financial System）

离岸金融体系在本书中包括两方面内容：一是由欧洲美元、欧洲债券等组成的离岸货币市场；二是离岸金融中心。

7. 国际清算银行（Bank for International Settlements，BIS）

BIS 成立于 1930 年，是一个国际金融组织，旨在促进各国中央银行之间的货币和金融合作。BIS 提供银行服务、研究和政策建议，以支持全球金融稳定。

8. 国际货币基金组织（International Monetary Fund，IMF）

IMF 成立于 1944 年，旨在促进国际货币合作，确保金融稳定，促进国际贸易，实现高水平就业和经济增长。IMF 向成员国提供财政援助和技术支持，并监督全球经济政策执行情况。

9. 反洗钱金融行动特别工作组（Financial Action Task Force，FATF）

FATF 成立于 1989 年，致力于制定和推动实施打击洗钱和恐怖主义融资的全球标准。FATF 通过发布反洗钱倡议，提升全球金融系统的透明度和合规性。

10. 国际调查记者同盟（International Consortium of Investigative Journalists，ICIJ）

ICIJ 是一个全球性调查新闻组织，成立于 1997 年，专注于揭露腐败、金融犯罪等跨国问题。其著名项目包括"巴拿马文件"（Panama Papers）和"天堂文件"（Paradise Papers）等，揭露了富豪和政客通过离岸避税天堂隐藏财富的秘密。ICIJ 通过跨国合作，推动了全球透明度的提升和政府反腐败行动的开展。

11. 透明国际（Transparency International，TI）

TI 成立于 1993 年，致力于打击腐败和提升全球透明度。通过发布全球清廉指数和推动政策改革，TI 在全球范围内揭露和打击腐败行为。

12. 有组织犯罪和腐败报告项目（Organized Crime and Corruption Reporting Project，OCCRP）

OCCRP 是一个全球调查记者网络，专注于揭露有组织犯罪和腐败问题。OCCRP 通过创新的数据平台和全球合作，成功揭露了诸多复杂的犯罪网络。

13. 金融稳定理事会（Financial Stability Board，FSB）

FSB 前身是金融稳定论坛（FSF），成立于 1999 年，旨在通过加强国际金融合作和制定全球金融监管标准来维护全球金融稳定。

14. 经济合作与发展组织（Organisation for Economic Co-operation and Development，OECD）

OECD 是一个国际经济组织，致力于通过政策协调与合作促进经济增长和稳定。OECD 在全球税收治理和打击避税行为方面发挥了重要作用。

15. 金融犯罪执法网络（Financial Crimes Enforcement Network，FinCEN）

FinCEN 是美国财政部下属的金融情报机构，专注于打击洗钱、恐怖主义融资和其他金融犯罪。FinCEN 通过收集和分析可疑活动报告，为美国及国际执法提供支持。

16. 全球反腐败联盟（The Global Anti-Corruption Consortium，GACC）

GACC 由透明国际与有组织犯罪和腐败报告项目（OCCRP）等组织联合成立，旨在通过联合调查、倡导和推动政策改革来打击全球范围内的腐败行为。

17. 伦敦金融城（City of London）

伦敦金融城通常简称"金融城""伦敦城"或"西堤区"，是指位于英国伦敦中心的金融区域。这个区域是全球重要的金融中心之一，拥有众多银行、保险公司、证券交易所及其他金融机构。伦敦金融城历史悠久，以其高密度的金融活动和庞大的经济影响力闻名于世。

18. 石油美元（Petrodollar）

石油美元是指通过石油交易而获得的美元收入。由于石油市场上大多数交易以美元计价，石油输出国（如欧佩克国家）在出售石油后会积累大量美元储备，这些美元被称为"石油美元"。石油美元的积累不仅影响了这些国家的财政收入和经济发展，还对全球金融市场和国际货币体系产生了深远影响，尤其是在推动美元的国际化以及资本流动的过程中起到了关键作用。

19. 金融情报机构（Financial Intelligence Unit，FIU）

FIU 是指专门负责收集、分析和传递与金融犯罪相关的情报的国家或地区机构。FIU 的主要任务是打击洗钱、恐怖主义融资、腐败等金融犯罪活动。它们通过从金融机构、企业和公众等渠道获取可疑交易报告和其他相关数据，进行分析并向执法部门或其他相关机构提供分析结果和线索。FIU 通常在国家或国际层面运作，成为打击金融犯罪的关键环节。其角色不仅仅是被动接收信息，还通过主动分析，发现潜在的金融犯罪行为，协助政府制定相关政策。FIU 在国际合作中也扮演了重要角色，尤其在跨国金融犯罪案件中，通过与其他国家 FIU 的合作，打击洗钱和恐怖主义融资行为。

参考文献

A. Alstadsaeter, N. Johannesen, and G. Zucman, "Who Owns the Wealth in Tax Havens? Macro Evidence and Implications for Global Inequality," *Journal of Public Economics* 162 (2018).

Abdelal R. , *Capital Rules: The Construction of Global Finance*, Harvard University Press, 2009.

Adam Smith, *Paper Money*, Summit Books, 1981.

Airy S. , "Changing Fortunes: The World's Money and the Threat to American Leadership," *Kew Bull* 37 (1993).

Armand Dormael, *The Power of Money*, London: Palgrave Macmillan UK, 1997.

Asraa Mustufa, "Advocates Celebrate Major US Anti-money Laundering Victory," December 11, 2020, The International Consortium of Investigative Journalists, https://www.icij.org/investigations/paradise-papers/advocates-celebrate-major-us-anti-money-laundering-victory.

B. Braun, A. Krampf, and S. Murau, "Financial Globalization as Positive Integration Monetary Technocrats and the Eurodollar Market in the 1970s," *Review of International Political Economy* 28 (2021).

B. Maurer, "Re-Regulating Offshore Finance," *Geography Compass* 2 (2015).

Bank of England, *The International Capital Markets of Europe*, Quarterly Bulletin, 1970, Q3.

Basha i Novosejt Aurélie, "C. Douglas Dillon, President Kennedy's

Economic Envoy," *The International History Review* 40 (2018).

Binder A., *Offshore Finance and State Power*, Oxford University Press, 2023.

C. O' Malley, *Bonds without Borders : A History of the Eurobond Market*, Chichester: John Wiley & Sons, 2015.

Cassara, John A., *Money Laundering and Illicit Financial Flows: Following the Money and Value Trails*, Independently published, 2020.

Cassard M. , *The Role of Offshore Centers in International Financial Intermediation*, International Monetary Fund, 1994.

Chavagneux C. , Palan R. , and Murphy R. , *Tax Havens: How Globalization Really Works*, Cornell University Press, 2013.

Cooley A. , Heathershaw J. , and Sharman J. C. , "The Rise of Kleptocracy: Laundering Cash, Whitewashing Reputations," *Journal of Democracy* 29 (2018).

David Kynaston, and Richard Roberts, *The Lion Wakes: A Modern History of HSBC*, Profile Books, 1990.

David Kynaston, *The City of London*, London: Chatto and Windus, 2001.

David Mulford, *Packing for India: A Life of Action in Global Finance and Diplomacy*, Potomac Books, Inc. , 2014.

Derek F. Channon, *British Banking Strategy and the International Challenge*, Macmillan, 1977.

Dirty Money and Tax Tricks, Panama Papers, http: //www. guengl. eu.

Eric Helleiner, *States and the Reemergence of Global Finance: From Bretton Woods to the 1990s*, Cornell University Press, 1996.

European Banks and the Rise of International Finance The post-Bretton Woods.

Financial Stability Forum, "Report of the Working Group on Offshore Centres," Basel, 2000.

FinCEN, "Anti-money Laundering and Countering the Financing of Terrorism National Priorities," June 30, 2021.

Francis J. Gavin, and Mark Atwood Lawrence, *Beyond the Cold War: Lyndon Johnson and the New Global Challenges of the 1960s*, Oxford University Press, 2014.

Gary Burn, *The Re-emergence of Global Finance*, London: Palgrave, 2006.

Gary Kitchener, "Paradise Papers: Are We Taming Offshore Finance?" November 6, 2017, BBC News, https://www.bbc.com/news/business - 41877924.

Hampton M., *The Offshore Interface: Tax Havens in the Global Economy*, Palgrave Macmillan, 1996.

Hardoon, Deborah, "An Economy for the 99%: It's Time to Build a Human Economy that Benefits Everyone, not Just the Privileged Few," Oxfam, 2017.

Hendrikse R., and Rodrigo F., "Offshore Finance," Transnational Institute, https://longreads.tni.org/stateofpower/offshore-finance.

Henry J. S., "The Price of Offshore Revisited," *Tax Justice Network* 22 (2012).

Holdsworth N., "Britain's Hidden Empire," *Modern Times Review*, June 3, 2018.

Klopstock, Fred H. "Impact of Euro-Markets on the United States Balance of Payments." *Law and Contemporary Problems* 34, No. 1 (1969).

International Monetary Fund, *Offshore Financial Centers*, IMF Background Paper, 2000.

J. A. Frieden, *Banking on the World: The Politics of American International Finance*, Routledge, 2015.

James Saku, *The Imagined Economies of Globalization*, 2005.

Jannick Damgaard, Thomas Elkjaer, and Niels Johannesen, "Piercing the Veil," Finance & Development, International Monetary Fund, June, 2018, https://www.imf.org/en/Publications/fandd/issues/2018/06/inside - the - world-of-global-tax-havens-and-offshore-banking-damgaard.

Jennifer Calfas, "What are the Pandora Papers? Documents Link

Politicians, Prominent Individuals to Offshore Holdings, Report Says New Report is Based on Nearly 12 Million Financial Documents from 14 Offshore Services Firms," the Wall Street Journal, October 4, 2021, https://www.wsj.com/articles/what-are-the-pandora-papers-documents-link-politicians-prominent-individuals-to-offshore-holdings-report-says-11633384779.

Jeremy Green, "Anglo-American Development, the Euromarkets, and the Deeper Origins of Neoliberal Deregulation," *Review of international studies* 42 (2016).

Jim Drinkhall, "IRS vs. CIA, Big Tax Investigation was Quietly Scuttled by Intelligence Agency," *The Wall Street Journal*, April 18, 1980, https://www.washingtonpost.com/archive/politics/1980/04/24/cia-helped-quash-major-star-studded-tax-evasion-case/a55ddf06-2a3f-4e04-a687-a3dd87c32b82/.

John Ruggie, "Embedded Liberalism in the Post-war Economic Order," *International Organization* 36 (1982).

John Williamson, *The Failure of World Monetary Reform*, New York: New York University Press, 1977.

Johnson R. B., *The Economics of the Euro-Market History, Theory and Policy*, New York: St. Martin's Press, 1982.

Joseph C. Sternberg, "The Pandora Papers' Secret: Everyone Already Knows This Stuff," *The Wall Street Journal*, October 7, 2021, https://www.wsj.com/articles/pandora-papers-flat-tax-reform-wealth-inequality-loophole-11633616530.

Kalena Thomhave, "Dynasty Trusts: How the Wealthy Shield Trillions from Taxation Onshore," Institute for Policy Studies, 2021.

Karlick, John R., "Some Questions and Brief Answers about the Eurodollar Market: A Staff Study Prepared for the Use of the Joint Economic Committee, Congress of the United States," US Government Printing Office, 1977.

268

Kumar, Lakshmi, and Kaisa de Bel, "Acres of Money Laundering: Why US Real Estate is a Kleptocrat's Dream," Global Financial Integrity, 2021.

Kurt Richebächer, *The Problems and Prospects of Integrating European Capital Markets*, 1969.

Leo Panitch, and Sam Gindin, *The Making of Global Capitalism: The Political Economy of American Empire*, London: Verso, 2013.

Lim, Kyuteg, "Why, When, and How the US Dollar was Established as World Money," *Peace Studies* 27 (2019).

M. Goodfriend, "The Nature of the Eurodollar," Federal Reserve Bank of Richmond, 1998.

MacMillan Ingham G., "Capitalism Divided? The City and industry in British Social Development," London, 1984.

Marcia Stigum, and Anthony Crescenzi, *Stigum's Money Market*, 4th ed., New York: McGraw-Hill, 2007.

Marco Cipriani, and Julia Gouny, "The Eurodollar Market in the United States," Federal Reserve Bank of New York, May 27, 2015, https://libertystreeteconomics.newyorkfed.org/2015/05/the-eurodollar-market-in-the-united-states/.

Mark P. Hampton, and Jason P. Abbott, eds., *Offshore Finance Centers and Tax Havens: The Rise of Global Capital*, Purdue University Press, 1999.

Marshall I. Goldman, *The Piratization of Russia: Russian Reform Goes Awry*, New York: Routledge, 2003.

McCauley R., McGuire P., and Wooldridge P., "Seven Decades of International Banking," *BIS Quarterly Review* 20 (2021).

McCulloch R., Maurice R. Greenberg, and Lionel H. Olmer, "International Competition in Services," *The United States in the World Economy*, University of Chicago Press, 1988.

McGuire P., "A Shift in London's Eurodollar Market," *BIS Quarterly Review*, September, 2004.

Michael G. Findley, Daniel L. Nielson, and J. C. Sharman, *Global Shell*

Games： *Experiments in Transnational Relations*， *Crime*， *and Terrorism*，Cambridge University Press，2014.

Neels Heyneke ， and Mehul Daya， "The Rise and Fall of the Eurodollar Sysetm," Nedbank，September，2016.

Niall Ferguson，*High Financier*：*The Lives and Time of Siegmund Warburg*，Penguin，2012.

Nicholas Shaxson，*The Finance Curse*：*How Global Finance is Making Us all Poorer*，Random House，2018.

Nick Shaxson， "Tax Havens：Britain's Second Empire," Tax Justice Network， September 29, 2019， https：//taxjustice. net/2019/09/29/tax － havens－britains－second－empire/.

Ogle V. ， "Archipelago Capitalism：Tax Havens，Offshore Money，and the State，1950s－1970s," *The American Historical Review* 122（2017）.

Oliver Bullough，*Moneyland*：*The Inside Story of the Crooks and Kleptocrats Who Rule the World*，New York：St. Martin's Press，2019.

"Oil Price，The U. S. is Facing a Major Challenge as Petrodollar Loses Force," Business Insider，February 2, 2023，https：//markets. businessinsider. com/news/stocks/the－us－is－facing－a－major－challenge－as－petrodollar－loses－force－1032063614? op＝1.

P. Pogliani，G. V. Peter，and P. Wooldridge， "The Outsize Role of Cross-border Financial Centres," *BIS Quarterly Review*，2022.

Palan R. ， "Trying to Have Your Cake and Eating it：How and Why the State System Has Created Offshore," *International Studies Quarterly* 42（1998）.

Palan R. ，and Anastasia N. ， "Shadow Banking and 'Offshore Finance'," Handbook of Global Economic Governance，2013.

Paul A. Volcker， "Changing Fortunes：The World's Money and the Threat to American Leadership," no title，1992.

Paul A. Volcker，and Christine Harper，*Keeping at It* ：*The Quest for Sound Money and Good Government*，New York：Public Affairs，2018.

Paul Einzig， "Some Recent Changes in the Euro-Dollar System," *Journal of Finance* 19（1964）.

Philip Coggan, *The Money Machine: How the City Works*, London: Penguin Books Ltd. , 2009.

Philip Mader, et al. , *The Routledge International Handbook of Financialization*, Routledge, 2020.

Picciotto, Sol, *International Business Taxation*, London: Weidenfeld & Nicolson, 1992.

Picciotto, Sol, *Regulating Global Corporate Capitalism*, Lancaster University, 2011.

R. Fernandez, A. Hofman, and M. B. Aalbers, "London and New York as a Safe Deposit Box for the Transnational Wealth Elite," *Environment and Planning A: Economy and Space* 48（2016）.

R. Hendrikse, and R. Fernandez, "Offshore Finance: How Capital Rules the World," *State of Power* (2019).

R. T. Naylor, *Hot Money and the Politics of Debt*, McGill-Queen's University Press, 2004.

R. T. Naylor, *Hot Money and the Politics of Debt*, McGill-Queen's University Press, 2004.

Raghuram G. Rajan, and Luigi Zingales, *Saving Capitalism from the Capitalists: Unleashing the Power of Financial Markets to Create Wealth and Spread Opportunity*, Princeton, 2003.

Richard Benzie, *The Development of the International Bond Market*, Bank for International Settlements, Monetary and Economic Department, BIS Economic Papers, No. 32, 1992.

Richard Fry, *A Banker's World: The Revival of the City 1957–1970*, New York: Routledge, 2013.

Richard Phillips, Matt Gardner, Alexandria Robins, and Michelle Surka, "Offshore Shell Games 2017: The Use of Offshore Tax Havens by Fortune 500 Companies," October, 2017.

Rickards, James, *Sold Out: How Broken Supply Chains, Surging Inflation, and Political Instability Will Sink the Global Economy*, Penguin, 2022.

Ron Chernow, *The House of Morgan: An American Banking Dynasty and the Rise of Modern Finance*, Grove/Atlantic, Inc., 2010.

Ron Chernow, *The Warburgs: The Twentieth-Century Odyssey of a Remarkable Jewish Family*, Vintage, 2016.

Schenk C. R., "The Origins of the Eurodollar Market in London: 1955-1963," *Economic History* 35 (1998).

Shaxson N., *Treasure Islands: Tax Havens and the Men Who Stole the World*, Random House, 2011.

Steffen Murau, Joe Rini, and Armin Haas, "The Evolution of the Offshore US-Dollar System: Past, Present and Four Possible Futures," *Journal of Institutional Economics* 16 (2020).

Susan Strange, "International Monetary Relations," in *International Economic Relations of the Western World, 1959-1971*, eds. by J. S. Moser, et al., Oxford: Oxford University Press, 1976.

"Shining a Light: Bringing Money out of the Shadows Means Improving Governance," *Finance and Development Journal*, September, 2019.

Tax Justice Network, "State of Tax Justice 2023," August, 2023, https://taxjustice.net/wp - content/uploads/SOTJ/SOTJ23/English/State% 20of%20Tax%20Justice%202023%20-%20Tax%20Justice%20Network%20-% 20English. pdf.

The Congress of the United States, Congressional Budget Office, *The Economic Effects of Capital Controls*, August, 1985.

Tracie Mauriello, "We Wouldn't Have Been Able to do Pandora Papers without it: The Powerful Platform behind ICIJ's Biggest Investigations," October 3, 2023, https: //www. icij. org/investigations/pandora-papers/we-wouldnt-have-been-able-to-do-pandora-papers-without-it-the-powerful-platform-behind-icijs-biggest-investigations/.

"Towers of Secrecy: Piercing the Shell Companies," The New York Times, https: //www. nytimes. com/news-event/shell-company-towers-of-secrecy-real-estate.

U. K. Banks' Claims External in Foreign Liabilties and Currencies.

William Engdahl, *A Century of War*: *Anglo-American Oil Politics and the New World Order*, Dr. Bottinger, 1993.

Zoromé, Ahmed, "Concept of Offshore Financial Centers: In Search of an Operational Definition," International Monetary Fund, 2007.

外交部:《关于美国国家民主基金会的一些事实清单》, 2022 年 5 月 7 日, https: //www. mfa. gov. cn/zyxw/202205/t20220507_ 10683088. shtml。

外交部:《美国国家民主基金会的所作所为及真实面目》, 2024 年 8 月 9 日, https: //www. fmprc. gov. cn/wjbxw _ new/202408/t20240809 _ 11468602. shtml。

鸣　谢

在本书付梓之际，笔者心中充满感恩之情。

衷心感谢国家社科基金对本书研究工作的资金支持，感谢海南师范大学为本书的完成提供的科研平台。同时，特别感谢伦敦政治经济学院戈登·巴拉斯（Gordon Barrass）教授在英格兰银行档案查询过程中给予的宝贵帮助。本书的最后修订阶段于华南理工大学公共政策研究院（IPP）完成，感谢IPP的支持，特别感谢郭海、周盈等老师的帮助。

廖凯于广州

2024-12-20

图书在版编目(CIP)数据

全球治理视角下的离岸金融体系 / 廖凯著 . -- 北京：
社会科学文献出版社，2024.12. -- ISBN 978-7-5228
-4681-1

Ⅰ. F831

中国国家版本馆 CIP 数据核字第 2024AP9896 号

全球治理视角下的离岸金融体系

著　　者 / 廖　凯

出 版 人 / 冀祥德
责任编辑 / 周雪林
责任印制 / 王京美

出　　版 / 社会科学文献出版社（010）59367126
　　　　　地址：北京市北三环中路甲 29 号院华龙大厦　邮编：100029
　　　　　网址：www.ssap.com.cn
发　　行 / 社会科学文献出版社（010）59367028
印　　装 / 三河市尚艺印装有限公司

规　　格 / 开　本：787mm×1092mm　1/16
　　　　　印　张：17.75　字　数：278 千字
版　　次 / 2024 年 12 月第 1 版　2024 年 12 月第 1 次印刷
书　　号 / ISBN 978-7-5228-4681-1
定　　价 / 98.00 元